이슬람

ISLAM : A Short History

Copyright ⓒ 2000, 2002, Karen Armstrong
Published by arrangement with Weidenfeld & Nicolson
All rights reserved

Korean Translation Copyright ⓒ 2012 Eulyoo Publishing Co, Ltd.
Korean translation rights arranged with The Wylie Agency LTD through Milkwood Agency.

이 책의 한국어판 저작권은 밀크우드 에이전시를 통해 저작권자와 독점 계약한 ㈜을유문화사에 있습니다.
저작권법에 의하여 한국 내에서 보호를 받는 저작물이므로 무단전재와 무단복제를 금합니다.

islam
이슬람

카렌 암스트롱 지음 | 장병옥 옮김

을유문화사

옮긴이 장병옥

한국외국어대학교를 졸업하고 동 대학원에서 정치학 박사 학위를 받았다. 현재 한국외국어대학교 이란어과 교수이자 중동연구소 소장, 외국어연수평가원장이다. 텍사스 오스틴대학교 교환교수, 히로시마 국립대학교 국제관계대학원 일본 정부 초빙교수, 한국중동학회 회장을 역임하였다. 저서 및 역서로『중앙아시아 분쟁과 이슬람』,『중앙아시아 국제정치의 이해』,『이란 들여다보기』,『현대이란정치』,『이란외교정책론』,『이슬람과 미패권주의』,『베이루트에서 예루살렘까지』 등이 있다.

이슬람

초판 1쇄 발행 2003년 4월 21일
초판 6쇄 발행 2010년 6월 25일
신판 1쇄 발행 2012년 12월 10일
신판 7쇄 발행 2022년 5월 5일

지은이 | 카렌 암스트롱
옮긴이 | 장병옥
펴낸이 | 정무영
펴낸곳 | (주)을유문화사

창립일 | 1945년 12월 1일
주　소 | 서울시 마포구 서교동 469-48
전　화 | 02-733-8153
팩　스 | 02-732-9154
홈페이지 | www.eulyoo.co.kr
ISBN 978-89-324-7200-3 03900

* 이 책의 전체 또는 일부를 재사용하려면 저작권자와 을유문화사의 동의를 받아야 합니다.
* 책값은 뒤표지에 있습니다. 잘못된 책은 구입하신 곳에서 바꾸어 드립니다.

서문 · 007

제1장
이슬람 초기

예언자 무함마드(570~632) · 013
정통 칼리프(632~661) · 038
제1차 내전(Fitnah) · 049

제2장
이슬람 발전기

우마이야 시대와 제2차 내전 · 057
종교운동 · 062
우마이야 왕조 후기(705~750) · 068
압바스 왕조의 칼리프 시대(750~935) · 072
비교비전주의(秘教秘傳主義)운동 · 087

제3장
이슬람 전성기

새로운 질서 · 105
십자군 · 118

확장 · 120
몽골 제국(1220~1500) · 122

제4장
이슬람 황금기

이슬람 제국(1500~1700) · 141
사파비 제국 · 143
무굴 제국 · 151
오스만 제국 · 157

제5장
고뇌하는 이슬람

서양의 세계 제패 · 169
근대적인 이슬람 국가는 어떤 것인가? · 185
원리주의 · 193
소수 민족의 무슬림 · 205
이슬람의 미래 · 208

주요 인물 · 219
이슬람 용어 · 231
연표 · 237
옮긴이의 말 · 259
찾아보기 · 263

서문

언뜻 보기에 종교의 지난 역사는 순수한 믿음(신앙)의 개념과는 거리가 먼 것처럼 보인다. 믿음은 인간의 내부적인 것이다. 정치적 성격을 띤 요소라기보다는 정신과 관련된 개념이다. 종교는 현실의 여러 가지 현상에 관여하기보다 예배 의식, 교리, 묵상을 통한 영혼의 안녕을 추구하는 도구이다. 그러나 실제로 종교는 현실 세계와 직접적인 관계를 맺어 왔다. 여러 종교 지도자들은 국가 정책이나 세계에서 일어나는 여러 사건과 현상에 관여해 왔고, 오히려 그것을 즐기는 모습을 보여 왔다. 또한 자신들이 지니고 있는 믿음에 도전하는 세력과 서로 다른 종교 세력들과 다투기도 한다. 비전통적인 의식과 서로 다른 해석을 둘러싸고 같은 종교 내부에서 갈등이 일어나기도 한다.

신부, 목사, 랍비, 이맘, 샤먼 등 여러 종교의 지도자들은 여느 정치인들과 같이 세력을 키우려는 야심을 보이기도 한다. 이러한 모습은 종교의 이상향과는 거리가 먼 모습들이다. 이들의 세력 다툼은 종교가 진정으로 추구하는 모습과 다르며, 오히려 종교적인 삶을 방해하는 역할을 한다. 종교는 세속적인 것들과 무관한 모습을 보여야 한다. 사실 많은 종교인들이 "불화와 반목으로 점철된 인간의 역사는 진정한 종교적 삶과 양립할 수 없다"고 표명하면서 세속과의 인연을 끊고 있다.

힌두교에서 인간의 역사는 덧없고 무상하며 중요한 의미가 없는 부차적인 산물이라고 여기고 있다. 고대 그리스 철학자들은 세속과 관련된 인간이 만든 법은 자신들과 무관한 것이라 여겼다. 성경에서 예수는 제자들에게 하느님 나라는 이 세상에 있는 것이 아니라 믿는 자들의 마음속에 있다고 말씀하시면서, 하늘 나라에 대해 처음에는 그 무엇보다도 작으나 싹이 트면 무엇보다도 커지는 겨자씨에 비유하셨다.

현대 서구 사회는 종교와 정치를 분리시켜 놓았다. 이러한 분리는 부패가 만연된 사회에 속박된 종교를 해방시키려는 계몽주의 사상가들에 의해 처음 제창되었으며, 그 결과 종교는 세속과 분리되었다. 하지만 이러한 순수한 종교에 대한 열망에도 불구하고 사람들은 현실 안에서 신의 존재를 찾아야 한다. 종교인들은 자신이 처한 현실을 극복하기 위하여 종교의 필요성을 느끼고 있다. 세속과 철저하게 담을 쌓은 종교인조차 완전히 깨닫지는 못하더라도 바깥 세상에서 일어나고 있는 현상들의 영향을 받고 있다. 전쟁, 전염병, 기아, 불경기, 정치 등에 의해 그들의 삶은 분명히 영향을 받고 있다.

실제로 현실 속에서 일어나는 여러 가지 크고 작은 사건들은 사람들을 종교에 귀의하게 하는 계기가 되기도 한다. 여기에서 인간의 역사와 종교의 상징적인 관계를 알 수 있다. 부처께서 말씀하셨듯이 우리는 자신의 삶이 올바르지 않다고 인식하고 절망의 구렁텅이에 빠지지 않게 하는 방패막이로 종교라는 대안을 찾는 것이다.

아마도 종교의 최대 모순이라면 종교의 개념은 현실과 무관한 초월적인 것인데 반해, 인간은 현실 세계 안에서만 신의 존재를 경험할 수밖에 없다는 데 있다. 사람들은 바위에서, 산에서, 예배당에서, 법률에서, 책 속에서, 다른 사람들에게서 신의 존재를 느끼고 깨닫는다. 현실과 관계없는 신비한 곳에서 직접적으로 초월적인 존재를 느끼지 못한다. 우리의 신앙은 '현실' 속에서 존재하는 것이다.

종교인들은 신을 느끼기 위해서 창조적인 상상력을 동원하여 여러 사물의 또 다른 이면을 본다. 장 폴 사르트르는 상상은 존재하지 않는 것에 대해 사고할 수 있는 능력이라고 정의하였다. 인류는 상상력을 발휘할 수 있는 존재이기 때문에 종교적이다. 인간은 그런 존재이기 때문에 숨은 의미를 찾으려 노력하고 그 속에서 만족감을 얻는 것이다. 여러 문화는 여러 사물을 바라보고 그 속에 존재하는 신을 느낄 수 있도록 가르치는 역할을 한다.

반면 이슬람은 인간의 역사 안에서 신의 존재를 찾는다. 이슬람 경전인 코란은 무슬림(이슬람교도)들에게 역사적인 사명을 부여한다. 그들의 가장 주요한 의무는 남녀노소, 빈부 격차를 떠나 무슬림 모두가 절대적인 사랑과 존경 안에서 살 수 있는 이상적인 공동체를 형성하는 것이다. 신의 뜻대로 살아가는 것이 무슬림들의 의무이기 때문에 이러한 사회를 건설하고 살아가면서 그들은 신을 느낀다. 무슬림은 사회를 이상적인 이슬람 사회로 만들어 나갈 의무가 있으며, 이는 현실적으로 여러 정부 정책들이 종교의 교리와 떨어질 수 없는 이유가 된다.

무슬림 사회의 정치적 안정은 그들이 추구하는 가장 중요한 목표이다. 다른 종교들처럼 무슬림 역시 피비린내나는 인류 역사 속에서 이상향을 추구하기가 거의 불가능하였다. 그러나 다른 종교와 달리 무슬림들은 고난을 당할 때마다 의연히 일어서서 다시 이슬람 사회를 건설하였다. 이슬람도 다른 종교와 마찬가지로 그들 자신의 의식과 신비주의, 철학, 교리,

경전, 법, 성원 등의 형식을 발전시켰다. 하지만 다른 종교와 달리 이슬람교는 현세에 일어나는 갖가지 사건과 현상들에 대하여 종교적인 의미를 부여하였다. 만약 정부가 코란의 말씀과 일치하지 않는 정책을 시행하고 정치 지도자가 악행을 저지르거나 외부 침입자들에 의해 이슬람 사회가 고통을 당하게 되면, 무슬림들은 인생의 궁극적인 목표와 가치인 신앙 안에서의 삶이 위협을 받고 있다고 여긴다. 이슬람을 본래의 순수한 모습으로 되돌려 놓기 위한 노력이 계속되지 않는다면, 종교적인 삶 자체가 파괴되어 삶의 의미를 잃어버릴 것이라고 생각하기 때문이다.

무슬림에게 있어 정치는 그리스도교인들이 말하는 성찬 의식과 동일하다. 정치는 무슬림이 그 안에서 신을 체험하고 종교가 현실 세계에 잘 적용되도록 하는 각축장인 셈이다. 결론적으로 정치적 내분, 내전, 침략, 왕조의 흥망성쇠 등 이슬람 사회의 여러 고난과 시련은 종교와 분리되어 일어나는 것이 아니라, 이슬람이 궁극적으로 추구하는 목표를 위한 기초가 된다.

그리스도교인들이 구체적인 현실을 직시하여 창조적인 상상력으로 그 이면에 존재하는 신의 의미를 찾고 있는 반면, 무슬림들은 자신이 겪는 현실과 과거의 역사 자체에서 신의 존재를 찾고 느끼고 있다. 그러므로 무슬림들의 역사는 단순한 부차적 산물이 아니다. 왜냐하면 이슬람의 주요한 특징 중 하나는 인간 역사의 신성화이기 때문이다.

제1장
이슬람 초기

예언자 무함마드(570~632)

서기 610년 라마단 성월聖月 기간에 한 아랍인 무역상은 세계사를 변화시킬 큰 경험을 하게 된다. 매년 이때쯤이면 무함마드 이븐 압달라Muhammad ibn Abdallah는 히라 산 정상에 있는 동굴로 들어가곤 했다. 이 히라 산은 아라비아 반도 히자즈의 메카 바로 외곽에 있었고, 무함마드는 그곳에서 기도와 금식을 하며 가난한 사람들에게 자선을 베풀었다. 그는 당시 아랍 사회가 위기에 처해 있음을 감지하고 그것에 대해 오랫동안 고민해 왔다.

최근 몇십 년간 그의 쿠라이시족은 주변 국가들과의 무역으로 많은 부를 축적하였다. 그에 따라 메카는 번창하는 상업도시가 되었으나, 부를 추구하는 과도한 물질 만능 세태로 옛 부족적 가치들의 일부가 상실되었다. 그 동안 쿠라이시족은 미풍양속으로 전해 내려온 유목 생활 규범과는 달리 부족의 약자들을 돌보지 않고, 더 가난한 계층이나 다른 가문을 희생시켜 가며 부를 축적하는 데 여념이 없었다. 이로 인해 메카는 물론 아라비아 전역에서는 정신적인 안정감을 찾아볼 수 없었다.

아랍인들은 비잔틴 제국과 페르시아 제국에서 신봉하던 유대교 및 기독교가 그들의 다신교보다 더 세련된 종교라는 사실을 알고 있었다. 일부 아랍인은 신을 의미하는 알라Allah가 유대인 및 기독교인들이 신봉하는 유일신과 같다는 것을 믿게 되었다. 그러나 그들은 알라가 아랍 민족에게는 자신들의 언어인 아랍어로 씌어진 경전이나 어떠한 예언자도 내려보내지 않았다는 것 역시 인식하고 있었다.

유대인과 기독교인은 신의 구원을 받지 못하는 아랍인들을 불쌍하게 여겼다. 아라비아 반도에서는 한 부족이 다른 부족과 싸우면서 복수가 복수를 낳는 살인이 난무하였다. 아라비아의 의식 있는 많은 사람들은 아랍 민족이 문명 세계에서 영원히 추방되고 하느님으로부터 버림받은 잊혀진 민족이라고까지 생각하게 되었다. 그러나 라마단 성월 17일 밤, 무함마드가 성령의 폭발적인 힘의 권능에 의해 잠에서 깨어났을 때 그러한 생각은 변화되었다. 성령이 그의 전신을 완전히 압도했으며, 그의 입에서는 새로운 아랍어 경전의 첫 구절이 터져 나오기 시작했다.

처음 2년 동안 무함마드는 이러한 사실에 대해 조용히 침묵하고 있었다. 그는 새로운 계시를 받은 후에 비로소 그의 부인 하디자Khadijah 및 기독교도인 그녀의 사촌 와라카Waraqa ibn Nawfal에게 넌지시 그것을 털어놓았다. 두 사람은 이러한 계시가 신으로부터 내려온 것이라고 확신했으나, 정작 무함마드가 설교할 권능을 부여받고 점차적으로 개종자가 늘어나기 시작한 것은 612년이 되어서다.

최초의 개종자로는 그의 사촌 동생 알리 이븐 아비 탈립Ali ibn Abi Talib(또는 알리Ali), 그의 친구 아부 바크르Abu Bakr, 우마이야 명문 가문 출신인 젊은 무역상 우스만 이븐 아판Uthman ibn Affan이 있었다. 상당한 수의 여성을 포함한 개종자들 중의 다수는 극빈층이었다. 그 밖의 다른 개종자들은 메카에서의 새로운 불평등이 전통적인 아랍 정신에 어긋난다고 느끼고 있었던 불만 계층이었다.

무함마드의 메시지는 단순한 것이었다. 그는 아랍인들에게 신에 관한 새로운 교리를 설파하지는 않았다. 쿠라이시족의 대부분은 유대인, 기독교인과 같이 알라가 세상을 창조했고 최후의 심판일에 인간을 심판할 것이라고 이미 믿고 있었다. 무함마드는 자신이 새로운 종교를 창시한다고 생각하지 않고, 단순히 아랍 민족에게 유일신에 대한 옛 신앙을 회복시켜 준다고 생각했다.

사실 아랍인들은 과거 예언자를 가져 본 일이 없었다. 그의 주장에 따르면 사유재산을 축적하는 것은 나쁜 것이며, 약자가 존중받을 수 있는 사회를 건설하고 부를 나누는 것은 선한 일이다. 만약 쿠라이시족이 자신들의 잘못된 생활양식을 고치지 않는다면, 과거 정의롭지 못했던 다른 사회가 멸망했듯이 그들의 사회도 붕괴되었을 것이다. 왜냐하면 그들은 존재의 근본적인 법률을 지키지 않았기 때문이다. 이것이 코란이라고 부르는 새로운 성서의 핵심적인 가르침이다. 무함마드 자신을 포함해서 대부분의 신자들이 문맹이었기 때문에 코란의 각 장을 회중들이 낭송하는 것을 듣는 것으로 그 가르침을 받아들였다.

코란은 신자들의 공동체에서 일어난 어떤 문제나 위기에 대응해 21년 동안 각 절과 절, 그리고 각 장과 장 하나씩 차례로 무함마드가 계시받은 것이다. 무함마드는 계시를 위해 고통스러운 과정을 거쳤다며 다음과 같이 말하곤 했다.

"내가 계시를 받을 때는 언제나 나의 영혼이 찢겨 나가는 듯한 느낌을 받았다."[1]

각주의 *는 원주이고 나머지는 역주이다.

1 *Jalal al-Din Suyuti, al-ifqan fi ulum al aqram in Maxime Rodinson, Mohammed (번역 : Anne Carter, London, 1971), 74.

초기에 그 충격이 너무나도 컸기 때문에 그의 전신은 경련을 일으키며 파르르 떨었다. 그는 선선한 날씨에도 땀을 뻘뻘 흘렸으며 중압감을 느꼈고 이상한 소리나 음성을 듣기도 했다. 이것은 무함마드가 그의 민족이 직면한 큰 문제들을 같은 시대 사람들보다 더 깊이 인식하고 정치뿐만 아니라, 정신적으로도 그 해결책을 찾기 위한 내면 성찰의 고통스러운 과정을 겪은 것이라고 할 수 있다. 그는 또한 새로운 아랍 문어체 형태와 아랍 시 및 산문의 걸작품을 처음으로 쓴 창시자라고도 할 수 있다.

최초의 신자들 중 많은 사람이 자신들의 가장 깊은 열정과 조화를 이루는 코란의 순수한 아름다움에 매혹되어 개종하였다. 그것은 유목민 전체의 생활 방식을 변화시킬 수 있는 지적인 사상과 위대한 예술적 차원의 영감을 아랍 민족에게 부여한 것이었다. 이러한 과정에서 가장 극적이었던 것은 지금까지 우상 숭배에 열중했던 우마르의 개종이었다. 그는 무함마드의 메시지를 강하게 반대하여 신흥 종교와 종파를 없애 버리려고 하였다. 하지만 아랍 시에 조예가 깊었던 그가 코란 낭송을 들은 그 순간부터 매우 아름다운 감미로움에 압도되어 버렸다. 그가 말한 것과 같이 코란의 말씀이 그를 완전히 해방시켜 자유롭게 했던 것이다. 즉 "내가 코란의 말씀을 낭송하는 것을 들었을 때, 마음이 온화해지고 어느새 눈물이 주르르 흘렀다. 그리고 내 마음속에 이슬람이 들어왔다."[2]

새로운 종교는 결국 '이슬람Islam'이라고 불리워졌다. 이 종교를 믿는 신자를 무슬림Muslim이라고 하는데, 알라의 뜻에 따라 완전히 순종하는 사람을 뜻한다. 알라는 인간이 정의, 평등, 그리고 연민의 정으로 상호 행동할

---

2 *Muhammad ibn Ishaq, Sirat Rasul Allah (번역 및 편집자 : A. Guillaume, The Life of Muhammad, London, 1955), 158.

것을 명한다. 이러한 태도는 무슬림이 하루에 세 번 바닥에 엎드려 예배를 보는 의식 과정에 잘 나타나 있다. 그 후에 이 예배는 매일 하루 다섯 번으로 늘어났다.

옛 부족적 윤리 관념은 인류 평등주의였다. 아랍인들은 군주제 사상에 찬성하지 않았다. 노예와 같이 굴종하는 것은 그들에게 혐오스러운 일이었다. 엎드려 예배 보는 의식은 메카에서 급속히 퍼지고 있었던 자만심과 교만함을 제어하기 위한 것이다. 무슬림들이 엎드려 예배 보는 자세는 이기심과 자만심을 버리게 하는 교육적인 가르침이며, 알라 앞에서는 자신들이 하찮은 존재라는 것을 일깨우게 하는 한 방법이다.

코란의 엄격한 교리에 따라 무슬림들은 가난한 사람들을 위해 구빈세 성격의 세금인 자카트zakat를 희사한다. 또한 그들은 굶주림으로 고통받는 가난한 자들의 마음을 체험하고 공감하기 위해서 한 달 동안 금식을 하는 라마단을 행하기도 한다.

사회 정의는 이슬람의 중요한 미덕이다. 무슬림은 부의 공평한 분배가 이루어지는 실제적인 동질감을 가질 수 있는 이슬람 공동체인 움마ummah의 건설을 그들의 첫번째 의무로 부여받았다. 이것은 신의 어떤 교리적 가르침보다도 훨씬 더 중요하다.

코란은 아무도 실체를 확인할 수 없고 말로 표현할 수 없는 변덕스러운 신학적 사추zannah에 대해 부정적이다. 즉 난해한 교의에 관해 논쟁하는 것은 무의미한 것으로 본다. 유일신이 인간에게 지시한 방식대로 살려고 하는 노력, 즉 지하드jihad가 훨씬 중요하다.

움마의 정치·사회적 복지는 무슬림에게 신성한 가치를 의미한다. 움마가 번영하면, 그것은 무슬림이 신의 뜻에 따라 살고 있다는 징표이다. 신에게 순종하는 진정한 이슬람 공동체의 삶에서 신자들은 신성한 초월적 영감을 경험할 수 있는 것이다.

이러한 사회적 관심은 위대한 세계 종교들이 지닌 비전의 핵심이다. 위대한 종교는 역사학자들이 (중요한 중심축과 같은) 축軸의 시대Axial Age(B.C. 700~B.C. 200)라고 부르는 기간 동안 발전했고, 우리가 알고 있듯이 인류의 정신을 풍부하게 하는 신앙심과 함께 문명도 발전했다. 즉 중국에서는 도교와 유교, 인도에서는 힌두교와 불교, 중동에서는 일신교, 그리고 유럽에서는 합리주의가 번성한 것이다. 사회 규모가 더 커지고 복잡해짐에 따라 그러한 현실에 더 이상 맞지 않는 우상 숭배는 이와 같은 위대한 신앙으로 대체되면서 사회를 개혁하는 데 기여하게 된다.

당시 사회는 이러한 문화적 노력을 뒷받침할 수 있는 중상주의 경제로 나아가고 있었다. 좀더 큰 국가에서 사람들은 더 큰 시야를 얻게 되었고, 그리하여 오랫동안 신봉되었던 각 지역의 미신적 토착 신앙은 더 이상 적합하지 않았다. 그 결과 축의 시대에 있어서 신앙은 초월적 최고 유일신성을 중심으로 발전하였다.

혹자는 그들 사회의 근본적인 불평등에 대해서 우려했지만, 모든 근대 이전 문명은 경제적으로 농업 생산의 잉여물에 기반을 두고 있었다. 그렇기 때문에 이는 당시 사회 지도층만이 누릴 수 있는 고상한 문화를 공유할 수 없는 농민들의 노동력에 의존한 문명이었다고 할 수 있다. 이에 반기를 든 새로운 종교는 자비와 연민 그리고 사랑을 내포하는 동정성同情性을 중요시하였다.

당시 아라비아 반도는 문명화되지 못했다. 아라비아의 척박한 환경은 아랍인들이 굶주림의 극한 상황에서 살아가고 있었음을 의미한다. 아랍인들은 사산조 페르시아 제국이나 비잔틴 제국과 대등한 위치에 있을 수 있는 잉여 농업 경작지를 얻을 길이 없다고 생각했다. 그러나 쿠라이시족이 대상 무역 중심의 시장 경제를 발전시키기 시작했을 때, 그들의 관점도 변하기 시작했다. 많은 민중이 옛 우상 숭배의 전통을 여전히 따랐지만, 유일신인 알라를 믿어야 한다는 추세가 점차 강해졌다. 이러한 분위기는 메카에서 발전하고 있던 새로운 문명의 부산물인 불평등에 대한 사회적 불안감의 팽배에서 비롯되었다. 아랍 민족은 이제 그들 자신의 축의 시대 신앙을 받아들일 자세가 되어 있었다. 그러나 이러한 일들은 그들이 아랍 전통 전체를 거부하는 것을 의미하지는 않았다. 축의 시대 예언자들과 개혁가들 모두는 그 지역의 고유한 옛 이교도적 의식을 기반으로 하였고 무함마드 역시 마찬가지였다.

무함마드는 아랍인들에게 마나트, 알라트, 그리고 알 우자흐 등과 같은 잡신들에 대한 우상 숭배 의식을 버리고 유일신 알라를 믿을 것을 설교하였다. 코란에 의하면 여러 잡신들은 자기 종족을 책임질 의무가 있는 연약한 부족장과 같은 것이다. 그러나 실제로 그들은 자신의 종족을 충분히 보호할 능력이 없었다. 코란은 유일신 사상에 대해서 어떤 철학적 논쟁을 제시하지는 않는다. 즉 코란은 실제적이므로 실용주의적인 아랍 민족의 정서에 적합했던 것이다. 옛 종교는 단순히 제 구실을 하지 못한다고 코란은 가르치고 있다.[3]

당시 최고의 아랍 전통과 부족 규범을 침식하는 정신적 불안정, 만성적이고 파괴적인 전쟁, 그리고 불의가 만연하고 있었다. 그러므로 정의와 평등이 지배하는 통합된 움마와 유일신에 대한 종교는 필연적으로 요구될 수밖에 없었다.

코란에 따르면 신의 메시지는 모든 사람이 알아두어야 할 진리를 단순

---

[3] *코란 25 : 3 ; 29 : 17 ; 44 : 47 ; 69 : 44. 코란에서 인용한 모든 인용구들은 무함마드 아사드에 의해 번역된 *The Message of the Quran*, Gibraltar, 1980년판에서 발췌.

히 '일깨워 주는 것'이다.(코란 80: 11) 이것은 과거의 여러 예언자들이 인류 전체에게 설교했던 원초적 신앙이었다. 신은 인간이 살아가야 할 이치에 대해서 인간을 무지한 상태로 내버려 두지 않는다. 즉 신은 지상의 모든 사람들에게 예언자를 내려보내 주었다. 이슬람 전통에 따르면 무한성을 암시하는 상징적 숫자인 12만 4천 명의 예언자가 존재했었다고 한다. 이 모든 예언자들은 각각 그들의 민족에게 하느님의 영감을 받은 성서를 주었다. 그들 각각은 신의 진리의 메시지를 달리 표현했을 뿐 근본적인 내용 면에서는 모두 동일했다. 마침내 신이 쿠라이시족에게 한 명의 예언자와 또 하나의 경전을 보냈던 것이다. 코란에 따르면 무함마드가 더 오래된 옛 종교들을 없애거나, 그 예언자들과 충돌하여 새로운 교리를 믿도록 하기 위해서 이 땅에 온 것이 아니라고 한다. 그의 메시지는 예언자 아브라함, 모세, 다윗, 솔로몬, 예수 등의 메시지와 동일하다.(코란 2: 129~32 ; 61: 6)

코란은 아랍 민족에게 알려진 그러한 예언자들만을 언급하고 있다. 그러나 오늘날 무슬림 학자들의 논의에 따르면, 만약 무함마드가 불교도, 힌두교도, 또는 오스트리아나 아메리카 원주민에 대해서 알고 있었더라면 코란은 그들 신앙의 현인들도 인정해 주었을 것이다. 왜냐하면 무함마드는 신을 따르는 모든 올바른 종교는 인간이 만든 여러 잡신을 거부하고, 정의와 평등은 동일한 신성에서 나온다고 설파했기 때문이다.

무함마드는 기독교인이나 유대교인이 굳이 이슬람을 받아들이고 싶어 하지 않을 경우에는 결코 강요하지 않았다. 그들은 이미 그들 스스로가 완전히 합당한 계시를 받았기 때문이다. '신앙의 문제에 강요란 있을 수 없다'(코란 2: 256)고 코란은 강력하게 주장하며, 기독교인과 유대교인의 종교를 존중해 주도록 무슬림들에게 명하고 있다.

코란에서 일반적으로 '경전의 백성들'로 번역되는 '아흘 알 키탑Ahl

al-kitab'[4]이라고 불리는 코란은 더 완전한 신의 메시지를 담고 있다.

> 경전의 백성들을 인도함에 있어서 매우 친절한 방법으로 인도하되 논쟁하지 말라. 그러나 그들 중에 사악함으로 대적하는 자가 있다면 말하라. "우리는 우리에게 계시된 것과 너희에게 계시된 것[5]을 믿느니라. 우리의 신과 너희의 신은 같은 한 분의 신이시니, 우리는 그 분께 순종함이라.(코란 29: 46)

근대 이전 사회에서 문화와 전통이 계속 이어진다는 것은 중요하다. 무함마드는 과거와 단절하거나, 다른 신앙 공동체와 불협화음을 내지 않고 아라비아 반도의 정신적 환경에 새로운 종교를 뿌리내리기 원했다. 무슬림들은 사우디아라비아에서 가장 중요한 성지인 메카의 중심부에 있는 정방형 성소聖所, 즉 카바에서 관습적인 의식 행사를 지속하였다. 그것은 심지어 무함마드 시대에도 이미 상당히 오래된 의식으로서 원래의 의미는 거의 잊혀졌지만, 해마다 전국에서 순례를 위해 모여드는 아랍인들은 이를 여전히 중요하게 생각하고 있다.

그들은 태양이 움직이는 방향에 맞춰 카바를 일곱 번 돈다. 카바를 일곱 번 돌고 난 후 카바의 한 모퉁이에 박혀 있는 검은 돌에 입을 맞추기도 한다. 그리고 나서 카바 근처의 돌 언덕으로 자리를 옮긴다. 알 사파al-Safa라고 하는 이 돌 언덕에서 다른 언덕al-Marwah으로 일곱 번 오고 가면 우므라umrah 절차는 끝나게 된다. 우므라는 어느 때나 수행할 수 있다.

히즈라(이슬람력)로 12번째 달인 하즈달에 수행할 때는 특별히 이를 하즈

---

[4] 이슬람 이전 자신들의 종교 경전을 가진 비무슬림, 즉 유대인, 기독교인, 사바교인 등을 의미한다. 이 용어를 '성서의 백성'들로 번역해도 무방하나 기독교적 뉘앙스 때문에 이슬람에서는 '경전의 백성'들로 구별하여 사용하는 것이 더 좋을 듯하다.
[5] 구약(타우라)과 신약(인질).

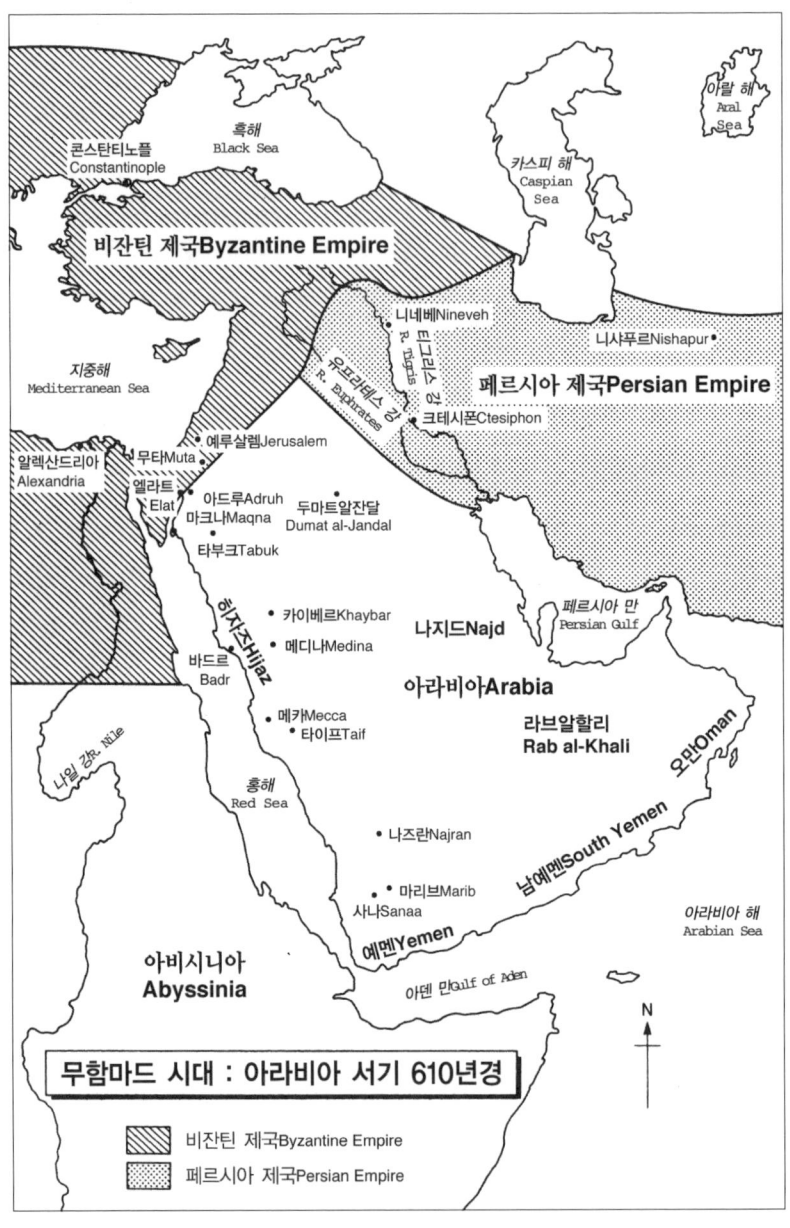

라고 부른다. 하즈 순례는 카바를 일곱 번 도는 의식 외에도 메카에서 4킬로미터 떨어진 미나Mina로 옮겨 8일간 의식을 치룬다. 아라파트 산과 무즈달리파도 이 의식 과정에 포함된다. 하즈 의식이 끝나면 머리를 깎고, 동물로 희생제를 치룬다. 이 동물제 의식을 이드 알 아드하Id al-Adha라고 부른다.

움마의 이상은 카바의 종교의식에 있어서 중요하다. 모든 폭력은 메카를 위시한 전국에서 언제나 금지된다. 이것은 쿠라이시족의 경제적 성공의 핵심 요인으로 이 때문에 아랍인들은 부족들간의 약탈의 두려움 없이 교역을 할 수 있었다. 순례 기간에 순례객들은 무기 소지와 동물 사냥이 금지될 뿐만 아니라, 심지어 벌레를 죽여서도 안 되고 논쟁이나 저주 또는 욕설도 금해야 한다. 이러한 모든 것은 움마를 위한 무함마드의 이상과 부합되었다. 그는 몸소 성소 카바에 헌신하며 자주 의식 행사를 갖고 카바 옆에서 코란 암송하기를 좋아했다.

공식적으로 카바는 나바티엔Nabatean 신神인 후발Hubal에게 바치는 것이다. 카바 주위에는 360개의 우상이 있었는데, 이것은 아마도 1년의 각 날을 나타내는 듯하다. 그러나 무함마드의 시대까지 카바는 존귀한 알라의 성소로서 숭배되었던 것처럼 보인다. 그것은 알라가 일신론자들에 의해 경배되던 유일신과 같은 것이라는 폭넓은 확신감의 표시이다.

비잔틴 제국의 변방에 거주하며 기독교로 개종한 북부 부족 출신의 아랍인들은 이교도들을 따라서 함께 순례 여행을 하기도 했었다. 하지만 무함마드의 초기 전도 시절에는 무슬림들이 카바의 친밀한 이교도로부터 등을 돌리고 예루살렘 성지를 향해서 예배, 즉 '살라트salat'를 하도록 명하였다. 이것은 아랍인들이 유일신을 믿도록 하려는 열정의 분출이었다.

무함마드는 소규모의 추종자들을 얻게 되었고, 약 70개 가문이 이슬람으로 개종했으나 처음에 메카의 가장 강력한 권력을 소유한 사람들은 무슬림들을 무시했다. 616년까지 그들은 선조들의 신앙을 욕되게 했다면서 무함마드를 극도로 증오한 동시에 그를 단지 예언자인 척하는 사기꾼이라고 비난했다. 그들은 코란에 묘사된 '최후의 심판'에 격분하면서 원시적이고 비이성적인 것이라고 격하시켰다. 아랍인들은 내세를 믿지 않았으므로 그것은 그들에게 동화 같은 이야기에 불과했다.(코란 25: 4~7) 그러나 그들은 코란에서 이러한 유대-기독교적인 신앙이 자신들의 잘못된 자본주의에 경종을 울렸다는 데에 대해서는 특별한 관심을 가졌다.

최후의 심판 날에 아랍인들은 그들 부족의 부와 권력이 전혀 도움이 되지 못할 것이라는 경고를 받았다. 즉 자신들의 선한 행위와 공적에 따라서 심판을 받는다는 것이다. 그들이 왜 가난한 자들을 돌보아 주지 않았던가? 그들은 왜 자신들의 부를 분배하지 않고 재산을 축적했었던가?

새로운 메카에서 선행을 베풀고 있었던 쿠라이시족 사람들은 덕담이라 할지라도 이것을 호의적으로 받아들이지는 않았던 것 같다. 코란에서 '무지의 아버지', 즉 아부 자흘Abu Jahl이라는 별명이 붙었던 아부 알 하캄Abu al-Hakam, 한때 무함마드의 친구로서 매우 영리했던 아부 수피얀Abu Sufyan, 그리고 열광적인 이교도 수하일 이븐 아므르Suhayl ibn Amr가 이끄는 반대 세력이 나타나기 시작했다. 그들은 모두 자신들의 선조가 믿어온 신앙을 버려야 한다는 생각 때문에 불안해하고 있었다. 그들의 주변에는 이미 이슬람으로 개종한 친인척이 나타나기 시작했고, 이러한 분위기는 혹시 메카에서의 리더십과 주도권이 무함마드에게 넘어가지 않을까 하는 반대파들의 우려를 낳았다.

코란에 의하면 무함마드는 정치적 기능을 하지 않고 단지 '경고자nadhir'에 불과하다.(코란 74: 1~5, 8~10 ; 88: 21~2) 그러나 알라로부터 명령을 받았다고 주장하는 사람이 얼마나 더 오랫동안 일반인의 지배를 받아들일 수 있을 것인가?

이슬람으로 개종한 사람들과 개종을 반대하는 사람들 간의 관계는 급속하게 악화되었다. 아부 자흘은 쿠라이시족이 무슬림과 결혼하거나 무역하는 것을 금지함으로써 무함마드의 씨족을 고립시키고 배척했다. 이는 그들에게서 식량거리를 사거나 팔 수도 없었음을 의미한다. 무함마드 씨족에 대한 불매운동이 2년 동안 지속된 결과, 식량난으로 그의 사랑하는 부인 하디자가 아사했다.

이것은 일부 무슬림들을 경제적으로 파멸시켰던 사건이었다. 이슬람으로 개종했던 노예들은 밧줄로 묶이거나 뜨거운 태양에 그을리도록 방치되는 등 더욱 가혹한 처벌을 받았다. 이러한 개종자들에 대한 핍박이 사라진 뒤, 619년에 일어났던 가장 심각한 일은 무함마드의 삼촌이자 보호자인 아부 탈립의 죽음이었다. 무함마드는 고아였고 부모는 그가 어렸을 때 세상을 떠났다. 아라비아에서는 죽음에 대한 혹독한 복수 관습 때문에 보호자가 없이는 어느 누구나 아무런 죄 없이 살해될 수 있었다. 그러나 이제 무함마드는 자신의 후견자가 되어 줄 메카의 유력자를 찾는 것이 어려워졌다. 메카에서는 이슬람 공동체가 유지되기 힘들었으므로 새로운 해결책을 찾지 않을 수 없었다.

무함마드는 메카 북부에서 약 250마일 떨어진 농경 정착지 야스립(Yathrib: 오늘날의 메디나) 출신 부족장의 의견에 귀를 기울였다. 많은 부족들은 유목 생활 방식에서 벗어나 그곳에 정착했다. 그러나 그들은 수세기 동안의 전쟁을 겪고 나자 함께 스텝지역에서 평화롭게 살아가는 것이 불가능하다는 사실을 깨달았다. 정착지 전체는 차례대로 구성원간의 심각한 불화에 휩싸였다. 이 부족들의 일부는 유대교로 개종했거나 유대인 혈통이었다.

이러한 이유로 야스립 주민들은 일신교 사상에 익숙할 수 있었고 옛 우상 숭배 관습에 속박되지 않으면서, 하나의 공동체 안에서 함께 살아갈 수 있는 새로운 길을 모색하는 데 필사적인 노력을 기울였다.

620년 순례 기간 동안 무함마드에게 접근한 야스립 출신 사절단이 이슬람을 받아들이고, 무슬림들과 상호간에 싸우지 않고 공동의 적에 협력해 방어하자는 내용의 서약을 했다. 마침내 622년 무슬림들은 한 사람씩 빠져 나와 야스립으로 히즈라(hijra, hejira : 이주)를 단행하게 된다. 자신의 새로운 보호자를 잃어버린 무함마드는 아부 바크르와 함께 피신하기 전에 암살당할 뻔하기도 했다.

히즈라는 이슬람 원년으로 무슬림 시대의 개막을 의미한다. 그 이유는 무함마드가 코란의 이상을 충분히 시행할 수 있게 되었고, 이슬람이 역사의 주요한 한 요소가 된 시점이 바로 이 무렵이기 때문이다. 이것은 혁명적이라 할 수 있다. 히즈라는 단순히 달력의 원년이라는 의미뿐 아니라 이슬람 이전의 아라비아가 갖고 있었던 부족에 대한 신성한 가치를 지니고 있었다. 혈연 중심의 사회에서 자신의 부족을 버리고 다른 부족으로 간다는 것은 있을 수 없는 불경스러운 일이었다.

쿠라이시족은 자신들의 혈연 집단에서 이탈하는 것을 용서하지 않았다. 그들은 야스립에 있는 이슬람 공동체를 파멸시킬 것을 맹세했다. 무함마드는 여러 부족 집단 연합체의 우두머리가 되었다. 이 부족 연합체는 혈연이 아니라 같은 이데올로기를 공유한다는 점에서 당시 아라비아 사회에서는 혁신적인 것이었다. 이슬람교로 개종할 것을 아무도 강요받지는 않았으나 무슬림, 이교도, 그리고 유대인 모두는 하나의 움마에 속하였다. 그래서 그들은 서로가 더 이상 공격할 수 없었을 뿐만 아니라 상호 보호해 줄 것을 서약했다. 이러한 획기적인 '초부족' 연합체에 관한 소식이 전해지자,

처음에는 아무도 그것이 상호 생존의 기회라고 믿지 않았다. 그러나 이것은 히즈라 후 만 10년 뒤인 632년 예언자 무함마드가 죽기 전에 아라비아 반도에 평화를 가져다 준 위대한 영감으로 판명되었다.

야스립은 메디나(도시)로 알려졌다. 왜냐하면 메디나는 완벽한 무슬림 사회의 모형이 되었기 때문이다. 무함마드가 메디나에 도착했을 때 그의 첫번째 행동 중의 하나는 간단한 마스지드(masjid: 이슬람 성원, 문자 그대로의 의미는 엎드려 절하는 장소)를 건축하는 것이었다. 그것은 간소한 건물로서 초기 이슬람 이상의 내핍과 검소함을 나타내는 것이다. 세 개의 기둥이 지붕을 바치는 형태로 하나의 돌은 기도하는 방향qiblah을 표시하고 예언자는 설교를 하기 위해 나무 기둥에 섰다. 그 후의 이슬람 성원은 가능한 한 이 모델에 따라서 건축되었다. 또한 이곳에는 무슬림들이 만나서 움마의 모든 관심사, 즉 종교적인 것뿐만 아니라 정치, 사회, 군사적 문제들에 대해서 논의할 수 있는 큰 안뜰이 있었다. 무함마드와 그의 부인들은 안뜰 주변의 조그만 오두막집에서 살았다. 종교적인 활동과 예배를 위주로 사용되는 기독교 교회와는 달리, 이슬람 성원은 어떠한 활동도 할 수 있는 무슬림의 일상생활 공간이다.

코란의 관점에서 보면 성스러운 것과 세속적인 것, 종교적인 것과 정치적인 것, 그리고 남녀 구별과 예배 사이에는 어떠한 이분법적 구별도 없다. 생활 전체가 잠재적으로 성스러운 것이고 신의 영역에서 이루어져야 한다. 신의 목적은 타우히드tawhid[6]로써 통합된 공동체 내에서 삶의 전체를 유기적으로 결합하는 것이다. 무슬림들은 타우히드에서 하느님도 유일신이라는 암시를 받는다.

---

[6] 아랍어로 '하나가 되는 것', '하나로 만드는 것' 등 유일성을 뜻한다. 무슬림에게 있어서 '신은 한 분이고 다른 신은 없다는 유일신과 관련이 있다.

그 동안 무함마드에게는 많은 부인들이 있었지만, 그가 후기의 일부 이슬람 통치자들처럼 관능적인 쾌락에 빠졌을 것이라고 생각하는 것은 잘못이다. 비록 당시 일부다처제가 아라비아에서 성행했지만, 무함마드는 메카에 있을 때까지는 일부일처제를 준수하며 부인인 하디자 한 여자와 살았다. 하디자는 무함마드보다 한참 연상의 여인이었고 두 사람 사이에는 여섯 명의 자식이 있었는데, 그 중 네 명의 딸만 살아남았다. 메디나에서 무함마드는 위대한 사이드(sayyid: 우두머리, 지도자)가 되었으므로 큰 하렘(harem: 여자들이 기거하는 곳)을 두고 많은 여자들을 거느릴 것으로 생각하는 사람들이 있을 것이다.

그러나 이러한 결혼의 대부분은 정략적이거나 정치적인 동기에서 이루어진 경우가 많았다. 무함마드가 그의 새로운 초부족 연합체를 형성했기 때문에, 그는 그들을 함께 묶어 두기 위해서 가장 가까운 동료 중의 일부 가문과 혼인 관계를 맺기 원했다. 그가 사랑했던 새 부인은 아부 바르크의 딸인 아이샤Aisha였고, 우마르의 딸인 하프사Hafsah와도 결혼했다. 그리고 그는 자신의 두 딸을 우스만과 알리에게 각각 시집보냈다. 그의 다른 부인들 중에는 무함마드보다 나이가 더 많은 여성들도 있었다. 그들은 보호자가 없거나 움마의 동맹체였던 부족들의 부족장과 관련이 있었다. 그들 중에 어느 누구도 예언자 무함마드에게 자식을 낳아 주지 못했다.[7] 그의 부인들은 때때로 기쁨보다는 방해가 되었다. 한 가지 일례로 그들이 전리품 분배 문제로 언쟁을 벌였을 때, 무함마드는 이슬람 가치 기준에 따라 더 엄격한 생활을 하지 않는다면 모두 다 이혼해 버리겠다고 으름장을 놓기도 했다.(코란 33: 28~9)

---

[7] *기독교 신자이자 무함마드의 첩이었던 마리암은 무함마드 사이에서 이브라힘이라는 아들을 낳았는데, 이브라힘은 어린 나이에 죽고 말았으며 이로 인해 무함마드는 크게 상심하게 된다.

그러나 무함마드가 여성들과의 교제를 정말로 즐기는 몇 안 되는 사람들 중의 하나라는 것은 사실이다. 그의 남자 동료들 중 몇몇은 그의 부인들이 그에게 대들고 말대꾸를 해도 잘 대해 주는 것에 깜짝 놀랐다. 무함마드는 집에서 허드렛일을 도와주고 자신의 옷을 직접 수선해 입으며 부인들과 함께 잘 지내기를 바랬다. 그는 그들 중의 한 명을 원정 여행에 자주 동행시켜 상의도 하며 진지하게 충고도 받아들이곤 했다. 어떤 경우에는 그의 가장 현명한 부인인 움 살라마Umm Salamah가 반란을 미연에 방지하는 데 도움을 주기도 했다.

여성 해방은 예언자의 마음속에 남아 있던 하나의 귀중한 과업이었다. 코란은 서구 여성이 미처 누리지 못했던 이혼과 상속권을 이미 수세기나 앞서 무슬림 여성에게 부여했던 것이다. 예언자의 부인은 베일을 쓰고 다른 곳에 있어야 했지만 모든 여성들이 그렇게 해야 한다는 의무 사항은 코란의 어느 곳에서도 찾아볼 수 없다. 그러한 관습은 예언자 사후 3~4세대 가량 지난 후에야 채택된 것으로 보인다. 그 당시 무슬림들은 긴 베일을 쓰고 여성을 분리시켜 놓았던 비잔틴 제국의 그리스 기독교인들을 모방하고 있었다. 그러면서 일부 기독교인의 여성분리 사상을 받아들인 것이다.

코란은 신 앞에서 남녀를 동일한 의무와 책임을 가진 인생의 동반자로 규정한다.(코란 33: 35) 또한 코란은 일부다처제를 허용하고 있는데, 이것은 메카와의 전쟁에서 무슬림들이 전사했을 때 받아들여진 것이다. 많은 여성들이 보호자를 잃고 미망인이 되었을 때, 남성들은 최대 네 명의 부인을 얻을 수 있다. 그 대신 남편은 부인들을 평등하게 대해야 하고 어느 한 부인만을 편애해서는 안 된다.(코란 4: 3)

메디나에 있었던 첫번째 움마의 여성들은 공공 생활 문제에 활발히 참여했으며, 그 중 일부는 아랍 관습에 따라 전투에 나가서 남성과 함께 싸웠다. 그들은 이슬람을 공격적인 종교로 받아들이지 않았던 것처럼 보인다. 비록 그 뒤에 기독교에서처럼 남성들이 신앙을 전유물로 삼아 가부장제 확립에 기여했지만 말이다.

메디나 초기 시절에 두 가지 중요한 발전이 있었다. 무함마드는 유대인 부족들과 함께 일할 수 있다는 밝은 전망으로 매우 흥분했다. 히즈라 바로 직전 그는 유대교와 좀더 밀접해지기 위해 일부 의식을 이슬람에 도입하기까지 했다. 바로 그것이 금요일 오후 기도회이며 그때 유대인들의 안식일의 준비, 속죄의 날의 금식 등이 이루어졌다. 메디나의 유대인들이 무함마드를 진실한 예언자로서 받아들이기를 거부했을 때 그는 생애에서 가장 큰 실망감을 느꼈다.

유대인들에게 있어서 구약을 마지막으로 예언의 시대는 이미 끝났다. 그러므로 그들이 무함마드를 예언자로 인정할 수 없었던 것은 당연하다. 그러나 코란의 상당 부분을 차지하고 있는 메디나의 유대인과의 논쟁은 그것이 무함마드를 곤혹스럽게 만들었음을 보여주는 하나의 사례이다. 노아나 모세와 같은 예언자에 관한 코란의 일부 이야기 내용은 성경에 나오는 내용과는 다르다. 유대인 가운데 많은 사람은 이러한 내용이 이슬람 성원에서 낭송되었을 때 비웃었다. 또한 세 개의 주요 유대인 부족들은 무함마드의 예언자 행세에 화를 내며, 자신들의 지역에 강력한 방어막을 치고 그를 격하시켜 제거할 것을 결의하였다.

그러나 좀더 작은 유대인 씨족들 중의 일부는 유대인 성서에 대한 무함마드의 지식을 높이 샀으며, 그에 대해서 우호적이었다. 그는 특히 창세기에서 아브라함이 두 아들 이삭과 그의 첩 하갈의 소생인 이스마일을 두었다는 이야기를 듣고 기뻐했다. 아브라함은 하갈과 이스마일을 황야로

쫓아내지 않을 수 없었지만, 하느님이 그들을 구하여 하갈과 이스마일 역시 위대한 아랍 민족의 조상이 될 것이라고 약속했다.(창세기 16 ; 18: 18~20)

지방 민간 전승에 의하면, 하갈과 이스마일은 메카에 정착했고 아브라함이 그곳을 방문했다. 그리고 아브라함과 이스마일은 함께 카바(원래 아담에 의해 세워졌으나 파손 상태에 있었다)를 다시 세웠다고 한다.[8] 이러한 이야기는 무함마드의 귀에는 감미로운 음악이나 다름없었다. 아랍 민족은 마침내 신의 구원 대상에서 제외되지 않았고, 카바는 숭배받을 만한 일신교적인 신앙의 징표가 되었다.

624년까지 대부분의 메디나 유대인들이 예언자 무함마드와 결코 화해하지 않았다는 것은 확실하다. 무함마드는 같은 신앙에 속한다고 생각했던 유대인과 기독교인이 심각한 신학상의 차이점을 가지고 있다는 사실에 충격을 받았다. 그러나 그는 초기 유대교인과 기독교인 모두가 이러한 불명예스러운 분파주의에 관용적이지만은 않았을 것이라고 생각했다.

624년 1월, 무함마드는 가장 획기적인 행동 중의 하나가 될 지침을 발표했다. 예배 동안에 회중들이 예루살렘 방향보다는 오히려 메카 방향을 향해서 기도하라고 말했다. 이 기도 방향의 변경은 이슬람의 독자성을 선언한 것이다. 예루살렘으로부터 유대교 및 기독교와 아무런 관련이 없는 카바로 방향을 돌림으로써 무슬림들은 자신들이 아브라함의 원래 순수한 일신교주의로 복귀했다는 것을 넌지시 과시했던 것이다.

사실 아브라함은 유대교인과 기독교인 각각에게 복음(토라Torah와 가스펠Gospel)이 계시되기 전, 즉 유일신 하느님의 종교가 적대적인 분파를 겪기 전에 살았던 것이다.(코란 2: 123~32 ; 3: 58~62 ; 2: 39) 무슬림은 알라만을 향

---

[8] *D. Sidersky, *Les Origenes dans legendes musulmans dans le Coran et dans les vies des prophetes*(Paris, 1933).

해서 예배드렸다. 알라 앞이 아닌 기존의 종교나 인간이 만든 제단 앞에서 절을 하는 것은 그들에게 있어서 우상 숭배 행위였다.

　　실로 그들의 신앙심을 분열시켜 파벌을 조성하는 자 있도다. 그러나 너희들 안에는 있지 아니하며… 내가 말하노니 '보라, 실로 나의 주님께서 나를 바른 신앙의 길로 인도하셨으니, 그 길은 아브라함의 영원한 진리의 길이라. … 실로 내가 드리는 기도와 모든 예배 행위, 그리고 나의 삶과 죽음 모두가 만유의 유일신인 알라를 위해서이니라.'(코란 6: 159, 161~2)

모든 아랍 무슬림들은 기도 방향의 변경을 수긍했고, 특히 메카로부터 이주해 온 무슬림에게 호소력이 있었다. 무슬림은 그 동안 자신들을 비웃었던 유대인과 기독교인을 뒤쫓아 다니지 않고, 곧바로 알라를 향한 독자적인 방향을 선택했다.

두번째 주요한 발전은 기도 방향 변경 후에 일어났다. 무함마드와 메카에서 이주자들은 메디나에서 특별한 생계 수단이 없었다. 그들은 농사를 지을 땅이 충분하지 않았으므로 어떤 경우에는 농업이 아니라 상업이나 무역업에 종사했다. 조력자ansar로 알려졌던 메디나 사람들은 메카 이주자들을 계속 도와줄 여유가 없었기 때문에 이들 이주자들은 약탈 원정인 가주ghazu를 단행할 수밖에 없었다.

가주는 아라비아에 있어 일종의 국민 스포츠였을 뿐만 아니라 전국의 자원을 재분배하는 초보적인 수단이었다고 할 수 있다. 약탈 단원들은 사막의 대상大商이나 라이벌 부족의 분견대를 습격하고 전리품과 가축을 탈취했지만 사람들을 죽이거나 다치게 하지는 않았다. 왜냐하면 인명 살상은 보복의 악순환을 초래하기 때문이다. 또한 강력한 부족 세력으로부터 보호망을 찾는 약한 부족 집단이 동맹 세력 또는 의뢰자가 될 부족에 대해서 약탈 행위를 하는 것이 금지되었다.

쿠라이시족에 의해서 핍박받고 고향을 떠나지 않을 수 없었던 이주자들은 부유한 메카 대상을 상대로 약탈하기 시작했다. 이것은 그들에게 큰 수입의 수단이었지만, 자기 자신의 부족에 대해서 약탈을 하는 것은 심각한 불화의 선례가 되었다. 약탈 단원은 초기의 성공을 즐거워했고, 624년 3월에 무함마드는 연중 가장 큰 메카 대상을 귀로 도중에 약탈하기 위해서 대규모의 약탈대를 인솔하고 해안가의 길목을 지키고 있었다. 쿠라이시족은 이러한 약탈 첩보를 접하고 자신들의 대상을 보호하기 위해서 원군을 파견했으나, 예상과는 달리 무슬림들은 바드르 전투Battle of Badr에서 메카군을 일거에 괴멸시켰다. 비록 메카군이 숫자상으로는 우월한 위치에 있었지만, 그들은 각 족장이 자신의 부하들을 이끄는 옛날 아랍 전투 방식으로 싸웠다. 그러나 무함마드의 군대는 훈련을 잘 받은 병사들로서 그의 통합된 명령하에서 싸웠다. 강력한 쿠라이시족이 무슬림에게 쉽게 무너지는 광경을 본 베두윈 유목민은 큰 감명을 받았고 그 중 일부는 환호했다.

이 전투 이후에도 움마에는 운명의 나날들이 계속되었다. 무함마드는 메디나의 일부 이교도들의 적대 행위에 대항해서 싸워야만 했다. 그들은 새로 이주해 온 무슬림들의 커져 가는 세력을 질시하며 그 지역에서 그들을 쫓아내고자 했다. 무함마드는 메카와 협상하지 않을 수 없었다. 왜냐하면 그곳에서 아부 수피안은 무함마드에 대항할 군사작전을 지시했었고, 그 후 메디나의 무슬림을 향해 두 번의 주요한 공격을 단행했기 때문이다. 그의 목표는 전투에서 움마를 단순히 패배시키는 것이 아니라 모든 무슬림의 존재를 완전히 없애 버리는 것이었다. 사막지대의 혹독한 윤리

관은 전쟁에서 미봉책이란 있을 수 없음을 의미하는 것이다. 가능하다면 승리한 부족장은 적을 절멸시키고자 했고, 그래서 움마는 완전 파멸의 위협에 직면하게 되었다.

625년에 메카는 우후드 전투Battle of Uhud에서 움마에 심각한 패배를 안겨 주었으나, 2년 뒤 무슬림군은 참호 전투Battle of Trench에서 메카군을 참패시켰다. 참호 전투라고 명명된 것은 무함마드가 메디나 주변에 참호를 파고 항전하여 쿠라이시군을 격퇴시켰기 때문이다. 쿠라이시군은 전쟁을 여전히 기사도적인 게임으로 생각했고, 자신들을 혼란에 빠뜨릴 그런 술책에 대해서 여태껏 들어본 적이 없었으므로 그들의 막강한 기병대도 힘없이 쓰러질 수밖에 없었다. 수적으로 우세한 쿠라이시군(무슬림군은 3만 명이었던 반면 메카군은 10만 명)에 대한 무함마드의 제2차 승리는 하나의 전환점이 되었다.

유목민 부족들은 무함마드는 떠오르는 태양과 같은 사람이고 쿠라이시족은 지는 태양이라고 생각했다. 유목민 부족들은 여러 신의 이름으로 싸웠지만 승리의 여신은 자신들의 편에 서지 않았고 아무런 효과도 없었다. 많은 부족들이 움마와 동맹하기를 원하자 무함마드는 강력한 부족 연합체를 결성하기에 이른다. 이 연합체의 구성원들은 상호 공격을 중단하지 않고 다른 적에 대항하여 싸울 것을 맹세했다. 일부 메카인들 또한 이탈하여 메디나로 이주했다. 이러한 위기의 시간이 흐른 5년 뒤 마침내 무함마드는 움마가 살아남을 수 있다고 확신할 수 있었다.

메디나에서 무슬림의 성공은 무함마드를 반대하고 메카와 동맹을 각각 맺은 세 개의 유대인 부족 카이누카, 나디르 그리고 쿠라이자와 같은 주요 희생자들을 낳았다. 그들은 강력한 군대를 소유했기 때문에 무슬림들에게 위협적인 존재였다. 왜냐하면 그들의 영토는 그들이 메카군에 쉽게 합류하거나 후방에서 공격할 수 있는 요충지였기 때문이다. 625년에 카이누카 부족이 무함마드에 대항해 반란을 일으켰으나 실패로 끝났고, 아랍 관습에 따라 그들은 메디나에서 추방되었다.

한편 무함마드는 나디르 부족을 안심시키기 위해 그들에게 특별 대우를 해주었다. 그러나 나디르 부족이 자신을 암살하려는 음모를 포착했을 때, 무함마드는 그들마저 추방시켜 버렸다. 그러자 나디르족은 근처의 카이바르 유대인 정착 지역에 합류하여 북부 아랍 부족들 가운데 아부 수피안의 지원을 받으려고 애썼다. 이제 나디르 부족은 메디나 외부에 있는 어떤 부족보다도 훨씬 더 위험한 세력이 된 것이다. 이에 무함마드는 쿠라이자 유대인 부족이 참호 전투에서 메카 편을 들어 무슬림군이 위기에 처하게 되자 어떤 자비심도 보여주지 않았다. 결국 700명의 쿠라이자 유대인이 살해되었고, 그들의 어린 자식들과 여성들은 노예로 팔려 나갔다.

쿠라이자족의 대학살은 끔찍한 사건이었으나 오늘날의 판단 기준으로 평가하는 것은 잘못일 수도 있다. 이때는 매우 원시적인 사회로 무슬림 자신들도 파멸 위기에서 간신히 벗어났을 때이다. 만약 무함마드가 쿠라이자족을 단순히 추방시키기만 했더라면, 그들은 카이바르 지역에서 더 큰 유대인 반대 세력을 결집하여 움마에 또 다른 전쟁을 일으켰을 것이다.

7세기 아라비아에서 아랍 부족장은 쿠라이자족과 같은 반란자들에게 자비심을 베풀 수는 없었다. 이러한 무자비한 처형은 카이바르에 대한 경고의 메시지가 되었고, 메디나의 다른 이교도 반대 세력을 억누르는 데 도움이 되었다. 왜냐하면 이교도 지도자들은 반란을 일삼는 유대인들의 동맹 세력이었기 때문이다. 이것은 죽음을 무릅쓴 싸움으로 모든 사람들은 여기에 위험 부담이 크다는 사실을 알고 있었다. 전쟁은 일반적으로 전체 유대인을 향한 적대감이 아니라, 단지 세 개의 유대인 반란 부족을 겨냥한 것이었다.

코란은 무슬림에게 유대인 예언자들을 존중하고 초기 기독교인과 유대인 등, 성서의 백성을 존경하도록 일관되게 가르치고 있다. 소규모 유대인 집단이 메디나에 계속 거주했고, 나중에 유대인들은 기독교인과 같이 이슬람 제국 내에서 완전한 종교적 자유를 누렸다. 반유대인 배척주의 사상은 기독교의 악덕이다. 유대인에 대한 증오심은 1948년 이스라엘이 수립되면서 아랍이 팔레스타인 지역을 상실한 직후부터 무슬림 세계에 나타났다.

무슬림이 유럽으로부터 반유대인 배척 신화를 받아들이고, 「시온 장로들의 의정서Protocols of the Elders of Zion」와 같은 악의에 찬 교서를 아랍어로 번역할 수밖에 없었던 상황은 자명하다. 사실 무슬림에게는 그러한 반유대인 사상이나 전통이 없었다. 유대인들에 대해 새로이 부각된 적대적인 감정 때문에, 오늘날 일부 무슬림은 자신들의 주장을 정당화하기 위해서 무함마드와 전쟁을 벌였던 세 개의 유대인 부족들이 등장하는 코란 구절을 인용하기도 한다. 이러한 구절 속에서 그들은 코란의 메시지와 유대교에 증오심을 느끼지 않았던 무함마드의 태도를 모두 왜곡해 왔던 것이다.

무함마드가 쿠라이자 유대인과 타협하지 않은 것은 가능한 한 빨리 모든 적대 관계를 청산할 의도였다. 코란의 가르침에 따르면, 전쟁은 너무도 큰 재앙이므로 무슬림은 최단 시간에 평화를 찾고 정상적인 상태를 회복하기 위해서 있는 힘을 다하여 모든 수단을 강구해야만 한다.(코란 8: 16~17) 아라비아 반도는 역사적으로 폭력이 난무한 사회였으므로 평화의 길로 나가기 위해서 싸우지 않을 수 없었다. 무함마드가 아라비아 반도에서 시도한 모든 형태의 주요한 사회적 변화는 피를 흘리지 않고는 거의 성취되지 않는 것이었다. 그러나 참호 전투 후에 무함마드가 메카에 굴욕감을 주고 메디나에 있는 반대 세력을 진압했을 때, 그는 이제 지하드를 멈추고 평화 공세를 시작할 시점이라고 느꼈다.

628년 3월, 무함마드는 아무도 생각하지 못한 분쟁을 종식시킬 대담한 계획을 준비하기 시작했다. 그는 당시 위험했던 메카로 순례를 갈 것이라고 발표하고 자신과 동행할 지원자를 구했다. 순례자들은 무기를 소지하는 일이 금지되어 있었기 때문에 무슬림들은 사자의 굴에 직접 기어 들어가는 격이었다. 그것은 호전적인 쿠라이시족의 희생물이 되려고 몸을 내던지는 것과 다름없었다. 그럼에도 불구하고 약 1천 명의 무슬림이 예언자와 같이 가겠다고 나섰고, 그들은 순례자들의 전통 복장인 하얀 예복을 입고 메카를 향해 출발했다.

만약 쿠라이시족이 아랍인이 카바로 접근하는 것을 금지하거나 독실한 순례자를 공격한다면, 그들 스스로가 성지 수호자의 신성한 의무를 저버리는 것이다. 그리하여 그들은 순례자들이 폭력이 금지된 시 외곽 지역에 도착하기 전에 먼저 습격하기 위해서 군대를 파견했다. 그러자 예언자는 쿠라이시족을 피해 일부 베두윈 동맹 세력의 도움을 받아 성소 가장자리에 도착한 후, 후다이비야에 진을 치고 사태의 추이를 지켜보며 쿠라이시족을 기다리고 있었다. 마침내 쿠라이시족은 이러한 평화로운 순례 행진에 압도되어 움마와의 조약에 서명했다. 하지만 그것은 두 세력 모두에게 만족스런 것은 아니었다. 대부분의 무슬림들은 그 조약을 수치스러운 것이라고 생각하고 무력적인 행동으로 보여주고 싶어했으나, 무함마드는 평화로운 수단을 이용하여 승리를 쟁취하고자 하였다.

후다이비야는 또 다른 전환점이 되었다. 베두윈은 무함마드의 평화적 전략에 감명을 받았고, 그 결과 이슬람으로 개종하는 것이 더 이상 거스를 수 없는 추세라는 사실을 깨달았다. 결국 630년에 쿠라이시족이 예언자의 부족 연합체 중 한 부족을 공격하여 그 조약을 위반하자, 예언자는 1만 명의 군대를 이끌고 메카로 진격했다. 이러한 압도적인 세력에 맞서게 된 쿠라이시족은 그것이 무엇을 의미하는지를 깨닫고 현실적인 선택으로 성곽의 문을 열고 패배를 인정하였다. 그리하여 무함마드는 피 한 방울 흘리지 않고 메카에 입성하게 되었다. 무함마드는 유일신 알라를 위해 카바 주위의 우상들을 파괴하였다. 그는 순례에 대한 옛날의 이교도 의식과 아브라함, 하갈, 이스마일에 관한 이야기를 연계시킴으로써 이슬람적 의미를 부여했다. 쿠라이시족 중 누구도 강압에 의해 이슬람으로 개종한 사람은 없었으나, 무함마드의 승리는 과거의 종교가 잘못된 것이라는 사실을 아부 수피안과 같은 원리주의적 세력들마저도 납득시켰다는 데 있다.

무함마드가 632년에 사랑하는 그의 아내 아이샤 품안에서 죽음을 맞이했을 때, 아라비아 반도 전역의 대부분의 부족들은 부족 연합체로서 움마에 합류했거나 무슬림으로 개종했다. 물론 움마의 구성원들이 서로 공격할 수 없었으므로 부족들간의 무시무시한 보복 전쟁으로 이어졌던 악순환의 고리는 끊어졌다. 예언자 무함마드는 전쟁의 상흔으로 점철된 아라비아 반도에 혼자의 힘으로 평화를 가져온 것이다.

정통 칼리프(632~661)

예언자 무함마드의 생애와 업적은 무슬림들의 정신, 정치, 윤리적 관점에 영원히 영향을 미칠 것이다. 그들은 영생을 얻기 위해서 아담이 범한 '원죄'에 대한 속죄의 교리와는 무관한 이슬람적 '구원'을 경험했을 것이다. 이슬람적 '구원'이란 인류를 위해 신의 뜻을 실천으로 옮길 수 있는 사회 구현을 말한다. 이것은 이슬람 이전 아라비아에 존재했던 일종의 정치, 사회적으로 지옥과 같은 곳에서 무슬림들을 구할 뿐만 아니라 신에게 완전히 순종할 수 있는 곳을 제공하였다.

무함마드는 신에게 복종하는 전형적이고 원초적인 귀감이 되었다. 앞으로 살펴보겠지만, 무슬림들은 그들의 정신적이고 사회적인 삶에서 이러한 기준에 순응하려고 애쓴다. 무함마드는 결코 신과 동급으로 숭배되지 않았고 완전한 사람Perfect man으로서만 여겨지고 있다. 무함마드의 신에 대한 순종은 너무나도 완벽해서 사회를 변화시키고 아랍 민족을 서로 조화롭게 살도록 하였다. 이슬람Islam이란 말은 어원적으로 평화salam와 관계가 있고, 이슬람은 초기 몇 년에 걸쳐 화합과 단합을 도모하는 데 공헌하였다.

무함마드는 신의 계시를 받음으로써 성공적이고도 위대한 업적을 이루었다. 그의 생애를 통해서 알라는 코란이라는 경전을 내려보냈다. 그는 위기나 곤경에 처했을 때, 자기 내면으로 깊이 들어가서 신이 들려주는 해결의 음성을 들었다. 그의 생애는 초월자와 세속 사이의 끊임없는 대화를 특징으로 한다. 그러므로 코란은 정치에 있어서 신의 인도와 지혜를 받아들여 공공의 문제와 현실 문제에 해결책을 제시한다.

무함마드의 계승자들은 예언자가 아니었으므로 그들은 자신들의 인간적 통찰력에 의존해야만 했을 것이다. 무슬림이 신성한 명령에 창의적이고 직접적으로 계속 반응했다는 것을 그들이 어떻게 보장하겠는가? 그들이 통치했던 움마는 모든 사람이 서로 알고 조직적인 관료제가 필요하지 않았던 메디나의 소규모 공동체 때보다 훨씬 더 크고 점점 더 복잡해졌다. 무함마드의 새로운 대리인(칼리파Khalifha, 영어의 칼리프Caliph)이 초기와는 사뭇 달라진 환경에서 어떻게 최초의 움마의 정수를 보존할 수 있을 것인가?

예언자 무함마드를 계승한 네 명(아부 바크르, 우마르, 우스만, 알리)의 칼리프는 이러한 어려운 문제를 놓고 고민했다. 그들은 모두 예언자의 가장 가까운 동료들로서 메카와 메디나에서 주요 역할을 했던 사람들이다. 그들은 '정통' 칼리프rashidun로 알려졌으며, 그들의 통치 시대는 예언자의 시대만큼이나 이슬람 발전 초기 단계라 할 수 있다. 무슬림들은 자신들이 이러한 시대의 혼란스럽고 영광스러우며 비극적인 사건들을 평가하는 방식에 따라서 그들 자신과 그들의 신학을 정의할 수 있었을 것이다.

예언자 사후에 지도자적인 무슬림들은 움마가 어떠한 형태를 갖추어야 할 것인가에 대해서 결정해야 했다. 그들 중 일부는 아라비아에 전례가 없었던 정치체제인 '국가'가 당연히 있어야 한다는 사실을 믿지 않았을지도 모른다. 또 어떤 이들은 각 부족 집단이 각각의 지도자인 '이맘imam'을 내세워야 한다고 생각했던 것 같다. 그러나 예언자의 동료들인 아부 바크르와 우마르는 예언자 무함마드의 통치 때와 마찬가지로 움마가 하나의 통합된 공동체가 되어야 하며, 이곳에 한 명의 통치자를 두어야 한다고 주장했다.

다른 사람들은 예언자가 자신의 가장 가까운 친척인 알리 이븐 아비 탈립을 후계자로 삼기를 원한다고 믿었다. 혈족 관계가 신성시되었던 아라비아에서 부족장의 특별한 자질은 그의 후손들에게 전수된다고 생각했다. 그러므로 일부 무슬림들은 알리가 무함마드의 특별한 자질을 물려받았다고 믿었다. 비록 알리의 경건한 신앙심은 의문의 여지가 없었지만, 그는 아직 어리고 경험도 없으므로 아부 바크르가 다수의 득표를 얻어 예언자의 초대 칼리프로 선출되었다. 아부 바크르의 통치 시기는 짧았지만 상당히 중요한 의미를 갖는다. 여러 부족들이 움마에서 탈퇴하고 이전의 독립된 상태로 돌아가려고 시도하자, 그는 소위 배교背敎, 즉 리다riddah 전쟁을 강행하였다.

그러나 종교적 이탈 현상이 만연했다고 간주하는 것은 잘못이다. 반란은 주로 정치, 경제적인 이유에서 비롯되었다. 이슬람 연합체에 들어왔던 베두원 부족들 중의 대부분은 무함마드의 이슬람교에는 거의 관심이 없었다. 그 반란은 현실주의자인 무함마드가 당시 아라비아의 관습대로 그 자신이 결성했던 연합체에게 부족간의 상호동맹을 맺도록 한 것에서 비롯된 순수한 정치적 문제였다. 일부 부족장들은 자신들의 협약이 단지 무함마드에게만 유효한 것으로 생각하고, 그의 계승자들과는 관계가 없다고 믿었던 것 같다. 이러한 생각은 무함마드가 죽은 이후에 움마 내 부족간의 약탈 과정에서 무슬림의 반격을 초래하기도 하였다.

많은 반란자들이 자신들의 반란에 종교적 정당성을 부여하고자 하는 강한 욕구를 느꼈다는 것은 중요한 일이다. 즉 반란의 지도자들은 종종 자신들을 예언자라고 주장하고 코란 형식의 '계시'를 하곤 했다. 아랍인은 이러한 '깊은 경험'을 하고 있었으나, 그것은 현대적 의미에서 종교적 성격의 경험이 아니었다. 왜냐하면 많은 사람들에게 있어서 그 '경험'은 내적 변화를 일으키는 개인적 신앙이 아니었기 때문이다.

예언자는 과거와의 고리를 끊었다. 그리하여 순간적일지는 몰라도 갑자기 아랍인들은 자신이 끊임없는 전쟁의 짐에서 벗어나 통합된 공동체의 구성원이 되었다는 것을 처음으로 인식하게 되었다. 무함마드의 짧은 통치 동안에도 그들은 종교적 변화와 밀접한 관계가 있는 완전히 다른 생활양식을 누릴 수 있는 가능성을 어렴풋이 느꼈던 것이다. 지금까지 일어났던 일이 너무나 놀라운 것이었기 때문에 움마에서 이탈하기를 원했던 자들조차도 예언자적 측면에서 생각할 수밖에 없었다. 코란에 명시적으로 나와 있지는 않지만 무슬림들이 무함마드가 예언자들 중에서 최후의 가장 위대한 예언자라고 확신을 가지기 시작한 때는, 무함마드 이후 예언자라 자칭하는 배교자들의 도전이었던 리다 전쟁 동안이었을 것이다.

아부 바크르는 온건하고도 지혜롭게 반란을 진압하여 아라비아 반도의 통일을 완수했다. 그는 반란자들의 불만을 슬기롭게 다루었기 때문에 이슬람 신도가 된 사람들에 대한 보복은 일어나지 않았다. 반란자들도 많은 전리품을 챙길 수 있는 이웃 나라의 약탈 원정에 참여하기 위해 움마로 복귀하고 싶은 유혹을 느꼈다. 이것은 특히 제2대 칼리프 우마르Umar 1세(634~644)의 통치하에서 극적인 힘을 발휘하였다. 이러한 약탈은 반도에서 새로운 이슬람 평화가 불러일으킨 문제에 대한 반응이었다.

수세기 동안 아랍 민족은 약탈이라는 수단을 통해서 부족한 자원을 보충하며 근근히 살아갔다. 그러나 이슬람은 움마의 부족들이 상호 공격하는 것을 허용하지 않았으므로 약탈 행위를 중지시켰다. 그렇다면 무슬림들의 빈곤한 삶을 그럭저럭 꾸려나갈 수 있었던 약탈 행위는 무엇으로 대체되었는가?

우마르는 움마에 사회 질서가 필요하다는 사실을 깨달았다. 무법자들도 사회 통제하에 있어야 하며, 과거 약탈과 반목으로 낭비되던 에너지도 이제 하나의 공통된 활동으로 수렴되어야만 했다. 이 문제의 명쾌한 해결책은 이웃 나라에 사는 비무슬림 공동체에 대한 약탈 원정이었다. 움마는 외견상 이러한 직접적인 대외 공격에 의해서 유지되었다. 이것은 또한 칼리프의 권위를 한층 더 높이는 데에도 기여했다. 아랍 민족은 전통적으로 왕권에 혐오감을 갖고 있었으며, 군주제를 도모하는 통치자에 대해서도 경계심이 있었다. 그러나 그들은 군사 원정을 하거나 새로운 목초지를 찾아 나설 때에는 부족장의 권위에 순응했다. 그러므로 우마르는 자기 자신을 '믿는 자들의 사령관amir al muminim'이라고 불렀고, 무슬림들도 개인들이 스스로 해결할 수 있는 문제가 아니라 전체로서의 움마에 관한 문제에 대해서는 그의 통치를 받아들였다.

우마르의 통치하에서 아랍인은 이라크, 시리아, 이집트를 격파하면서 놀라운 승리를 거두었다. 그들은 이러한 여세를 몰아 637년의 카디시야 전투Battle of Qadisiyyah에서 페르시아 사산 왕조의 수도 크테시폰을 함락시켰다. 무슬림들은 더 많은 인적 자원을 갖게 되자, 곧 페르시아 제국 전체를 정복할 수 있었다. 그들은 비잔틴 제국과의 전쟁에서 더욱 격렬한 저항을 받았지만, 마침내 아나톨리아에 있는 비잔틴 심장부의 영토를 차지했다. 무슬림 군대는 636년 북부 팔레스타인에서 벌어진 야르무크 전투 Battle of Yarmuk에서 승리했고, 638년에는 예루살렘을 정복했다. 그 다음 641년까지 시리아, 팔레스타인, 그리고 이집트 전역을 점령하고 통제했다. 무슬림 군대는 북아프리카 해안을 병합하며 시레나이카까지 진격해 들어갔다.

바드르 전투 후 20년 만에 아랍인들은 자신들이 상당히 큰 제국을 건설했음을 알았다. 예언자 사후 1세기 동안 이슬람 제국은 피레네 산맥에서 히말라야 산맥에 이르는 영역을 차지하였다. 그것은 또 다른 기적이며 알라의 축복의 표시인 것처럼 보였다. 이슬람이 등장하기 전의 아랍인은 멸시받는 외톨박이 집단에 불과했으나 단기간에 페르시아와 비잔틴 양 제국에 결정적인 패배를 안겨 주었다.

정복을 이미 경험한 그들은 앞으로 자신들에게 더욱 큰 일이 일어날 것이라는 사실을 감지할 수 있었다. 움마의 구성원이 되었다는 것은 지금까지 없었던 초월적 경험이었다. 그것은 정복을 통해 옛 부족 집단 시절에 알고 있었거나 상상할 수 있었던 것을 능가하는 감각을 갖게 하였다. 그들의 성공은 아랍인들 자신에게도 코란의 메시지를 받아들이고 그것을 확신하는 계기가 되었다. 이것은 신법에 따라 올바르게 인도된 사회는 번영할 수밖에 없다는 것을 뜻한다. 그들이 일단 신의 뜻에 순종하자마자 무슨 일이 일어났던가를 보라! 기독교인들은 실패와 패배를 자신들에게 안겨 주려는 신의 분명한 뜻을 알고 있었고, 또한 예수가 십자가에 못 박혀 죽었을 때 무슬림들은 그들 삶 속의 신의 계시와 성령의 축복을 경험했던 것이다.

아랍 민족이 아라비아를 벗어나 외부로 팽창해 나갈 때, '이슬람'의 폭발적인 힘에 의존하지 않을 수 없었다는 사실을 이해하는 것은 매우 중요하다. 서구인들은 이슬람이 그 신도들을 전쟁으로 몰아넣은 호전적이고 폭력적인 신앙심을 부추기는 종교라고 생각해 왔다. 그러나 이것은 무슬림의 팽창 전쟁에 대한 부정확한 해석이다. 전쟁을 수행하는 데 있어서 종교적 성격을 띤 부분은 전혀 없었다. 우마르는 세계를 정복하라는 신의 명령을 받은 적이 없다고 생각했던 것이다. 우마르와 그의 부하 전사들의 생각은 전적으로 실용주의적이었다. 그들은 약탈을 원하면서도 움마를 유지시켜 줄 공통의 활동을 중시했던 것이다.

수세기 동안 아랍인들은 반도를 넘어 부유한 정착지에 대한 약탈을 시도했다. 지금까지와 다른 점이 있다면, 당시 국제적인 힘의 공백기를 맞이했다는 사실이다. 페르시아와 비잔틴 제국은 장기간의 전쟁으로 국력이 약화되었다. 몇십 년 동안의 전투로 양 제국의 국력 소모는 이루 말할 수 없이 컸다. 페르시아에서는 당파 싸움이 일어났고, 설상가상으로 대홍수가 일어나 국가의 농업 기반마저 파괴되었다. 사산 왕조의 군대는 대부분이 원래 아랍 출신이었으나 전시에 무슬림 군대로 넘어갔다. 시리아와 비잔틴 제국의 북부 아프리카 지역에서 그리스 정교의 종교적 불관용 정

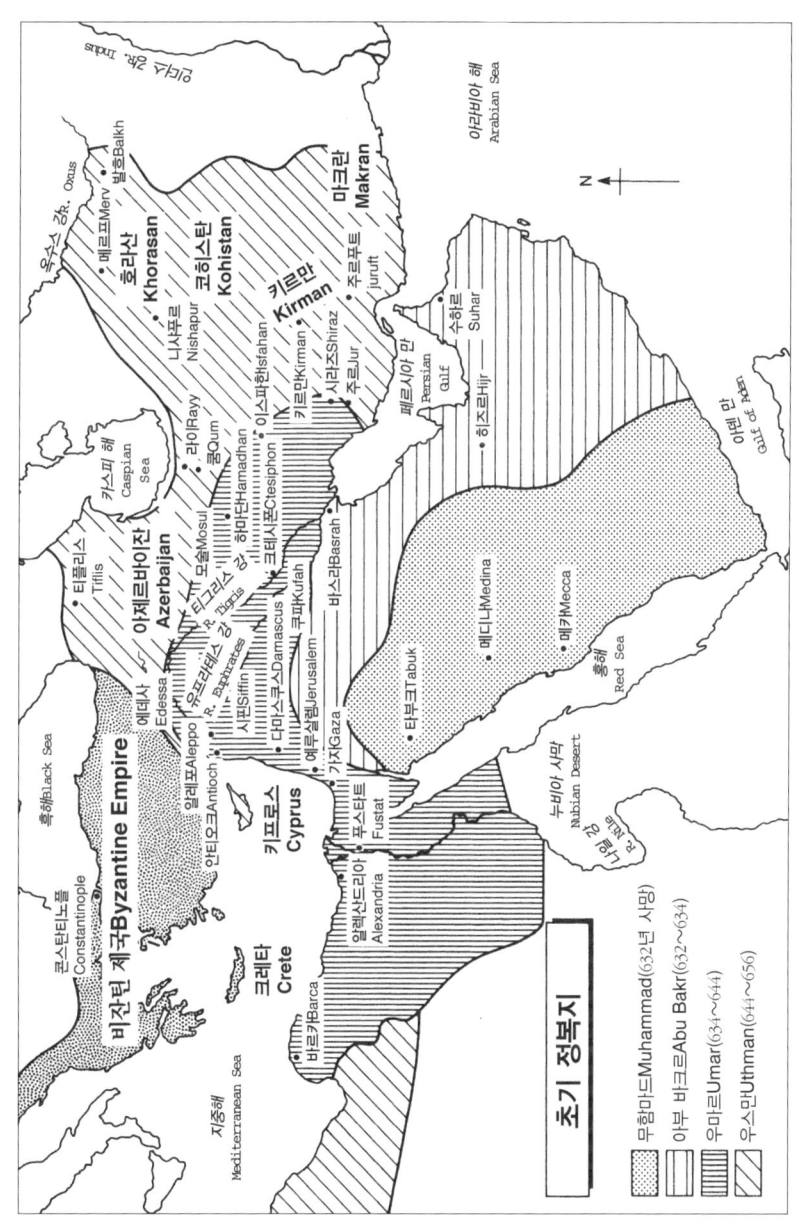

책으로 그 지방 주민들의 민심은 이반되어 있었다. 비록 무슬림 군대가 비잔틴 제국의 중심부인 아나톨리아까지는 진격할 수 없었다 할지라도 그들은 아랍 무슬림 군대가 침략했을 때 방관하고 있었던 것이다.

그 후 무슬림이 대제국을 건설했을 때, 이슬람법은 이러한 정복에 대해 종교적 해석을 내려 세계를 '이슬람 평화의 영역Dar al Islam'과 이와 영원한 갈등 관계에 있는 '비이슬람 전쟁의 영역Dar al Harb'으로 나누었다. 그러나 실제로 무슬림은 그 당시 팽창의 한계점에 도달했다는 사실을 인정하고 비이슬람 세계와 우호적으로 공존했다.

코란은 전쟁을 인정하지 않았다. 고귀한 가치를 보호하기 위해서 자기 방어라는 정당한 전쟁의 개념을 발전시켰지만 침략과 살육을 비난하고 금지했다.(코란 2: 194, 252 ; 5: 65 ; 22: 40~42) 더욱이 일단 아랍인들이 반도를 떠나자, 그들은 모든 사람들이 신으로부터 진정한 경전을 받은 '경전의 백성'에 속한다는 사실을 깨달았다. 그러므로 그들은 이슬람으로 개종할 것을 강요받지 않았다. 8세기 중엽까지는 이슬람으로 전향하는 것이 장려되지 않았던 것이다. 유대교가 이삭의 자손들의 신앙인 것처럼 무슬림들은 이슬람이 이스마일 후예들의 종교라고 생각했다.

아랍 부족들은 비아랍인으로서 무슬림으로 개종한 사람들, 즉 마왈리 Mawali에 대한 보호의 손길을 뻗쳐 나갔다. 새로운 이슬람 제국 내에서 유대인, 기독교인, 그리고 조로아스터교인 등 보호받는 딤미(Dhimmi: 신민)가 되면, 무슬림은 어떤 식으로든 그들을 약탈하거나 공격할 수 없었다. 아랍인들 사이에서는 마왈리를 적절히 대접하고 도와주거나 그들을 위해 복수를 해주는 것이 미덕으로 간주되었다. 비아랍 신민은 군사적 보호를 받는 대신에 인두세를 지불하고 코란의 계율에 따라 자신들의 신앙을 유지할 수 있었다. 그리스 정교에서 이단자로 취급당하고 핍박을 받았던 일부 기독교인들은 비잔틴 제국의 통치보다는 이슬람 제국의 통치를 훨씬 더 선호하였다.

우마르는 건전한 사회 기강을 유지하고자 했다. 이러한 사회 분위기 속에서 아랍 병사들은 전리품을 포함한 승리의 과실을 누릴 수 없었으며, 점령지는 장군들에게 분배되지 않고 기존의 경작 주인에게 돌아갔다. 대신 그들은 무슬림 국가에 세금을 냈다. 무슬림들은 그러한 도시에 정착할 수 없었다. 그 대신에 무슬림을 위한 새로운 '수비대 병영 도시amsar'가 전략 요충지에 건설되었다. 이라크의 쿠파, 시리아의 바스라, 이란의 쿰, 나일강 입구의 푸스타트 등의 주요 도시가 그 대표적인 예이다. 다마스쿠스는 무슬림 중심지가 된 유일한 옛 도시였다.

이슬람 성원이 각 수비대 병영 도시에 세워졌으며, 그곳에서 무슬림 병사들은 금요 예배를 보았다. 이 도시에서 병사들은 검소하게 살도록 교육받았다. 우마르는 가족과 가정의 소중함을 강조하는 동시에 술에 취하는 것을 엄격하게 금지했다. 그는 항상 소박한 삶을 살아왔던 예언자 무함마드의 금욕적 미덕을 장려하면서 자신도 그렇게 실천했다.

그러나 병영 도시는 아랍인의 거주 지역이었으므로 코란적 세계관에 적합한 전통이 외국 땅에 계속 남게 되었다. 이러한 시점에서 이슬람은 아직도 본질적으로 아랍 종교였다. 개종한 비아랍 신민도 그들 부족 중 하나가 되어 아랍체제에 흡수 동화되어 갔다. 하지만 이러한 승리의 기간도 잠시였다. 우마르에게 개인적 원한을 품었던 페르시아인 전쟁 포로가 그를 메디나의 이슬람 성원에서 살해한 644년 11월에 종말을 맞았다. 정통 칼리프의 마지막 몇 년의 두드러진 특징은 바로 폭력이 난무했다는 것이다.

우스만 이븐 아판Uthman ibn Affan은 예언자의 교우 여섯 명의 추대로 제

3대 칼리프로 선출되었다. 그는 그의 전임 칼리프들보다도 더 유약했지만 6년간의 재임 기간에 움마는 계속해서 번창해 나갔다. 우스만은 통치를 잘했고 새로운 영토를 점령했다. 그의 군대는 비잔틴 제국으로부터 사이프러스를 빼앗고 마침내 지중해 서안에서 비잔틴군을 몰아냈다. 북아프리카에서는 무슬림군이 오늘날의 리비아에 있는 트리폴리까지 진격했다. 동부에서 무슬림 군대는 아르메니아 영토의 많은 부분을 차지하고 카프카스(코카서스)로 침투하여 이란의 옥수스 강과 아프가니스탄의 헤라트 그리고 인도 아대륙의 신드까지 진격하여 이슬람 통치권을 확립했다.

그러나 이러한 승리에도 불구하고 병사들은 만족할 수 없었다. 그들은 거대한 변화를 겪었다. 10년이라는 시간이 지났을 때 그들은 이전과는 다른 전문화된 군대의 생활양식으로 더 이상 거친 유목민의 존재가 아니었다. 그들은 여름에 전투를 하면서 보냈고, 겨울에는 고향에서 멀리 떨어진 병영 도시에서 외롭게 지냈다. 그 거리는 너무나 광대해서 전쟁 작전에는 더 많은 힘이 소모되었으나, 병사들의 약탈 행위는 이전보다 줄어들었다.

우스만은 군사령관들과 부유한 메카 가문이 이라크와 같은 나라들에서 개인 부동산을 취득하는 것을 허용하지 않았다. 이러한 일 때문에 그는 힘있는 계층의 지지를 잃었는데, 특히 쿠파 및 푸스타트에서 그러했다. 또한 우스만은 가장 명예로운 높은 관직을 자신의 우마이야 가문에 할당함으로써 메디나의 무슬림들과도 소원하게 될 수밖에 없었다. 비록 우마이야 가문 출신의 관료들의 능력은 인정하면서도 무슬림들은 우스만을 비난했던 것이다. 예를 들면 우스만은 무함마드의 옛 적인 아부 수피안의 아들 무아위야Muawiyyah를 시리아 총독으로 임명했다. 그는 훌륭한 무슬림으로서 매사에 준비성이 치밀하고 상황 판단이 빠른 재능 있는 행정가

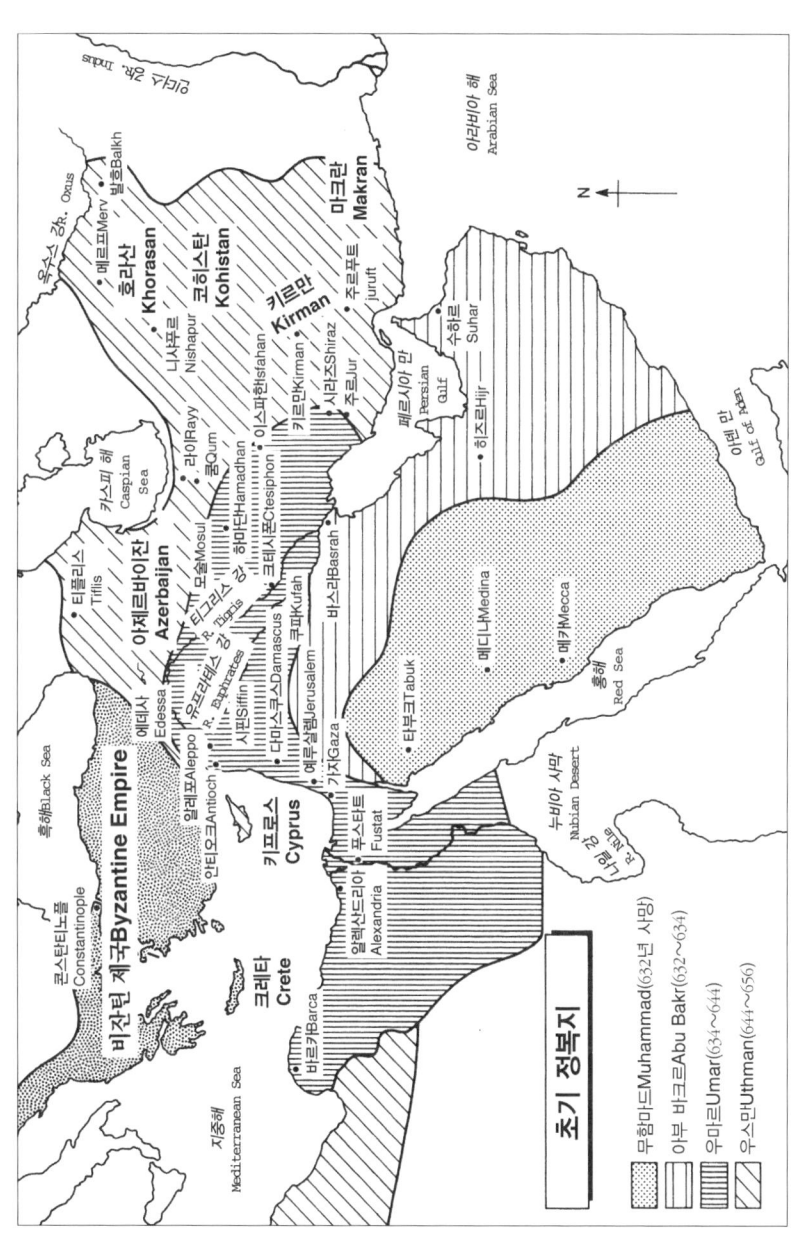

1 · 이슬람 초기

책으로 그 지방 주민들의 민심은 이반되어 있었다. 비록 무슬림 군대가 비잔틴 제국의 중심부인 아나톨리아까지는 진격할 수 없었다 할지라도 그들은 아랍 무슬림 군대가 침략했을 때 방관하고 있었던 것이다.

그 후 무슬림이 대제국을 건설했을 때, 이슬람법은 이러한 정복에 대해 종교적 해석을 내려 세계를 '이슬람 평화의 영역Dar al Islam'과 이와 영원한 갈등 관계에 있는 '비이슬람 전쟁의 영역Dar al Harb'으로 나누었다. 그러나 실제로 무슬림은 그 당시 팽창의 한계점에 도달했다는 사실을 인정하고 비이슬람 세계와 우호적으로 공존했다.

코란은 전쟁을 인정하지 않았다. 고귀한 가치를 보호하기 위해서 자기방어라는 정당한 전쟁의 개념을 발전시켰지만 침략과 살육을 비난하고 금지했다.(코란 2: 194, 252 ; 5: 65 ; 22: 40~42) 더욱이 일단 아랍인들이 반도를 떠나자, 그들은 모든 사람들이 신으로부터 진정한 경전을 받은 '경전의 백성'에 속한다는 사실을 깨달았다. 그러므로 그들은 이슬람으로 개종할 것을 강요받지 않았다. 8세기 중엽까지는 이슬람으로 전향하는 것이 장려되지 않았던 것이다. 유대교가 이삭의 자손들의 신앙인 것처럼 무슬림들은 이슬람이 이스마일 후예들의 종교라고 생각했다.

아랍 부족들은 비아랍인으로서 무슬림으로 개종한 사람들, 즉 마왈리 Mawali에 대한 보호의 손길을 뻗쳐 나갔다. 새로운 이슬람 제국 내에서 유대인, 기독교인, 그리고 조로아스터교인 등 보호받는 딤미(Dhimmi: 신민)가 되면, 무슬림은 어떤 식으로든 그들을 약탈하거나 공격할 수 없었다. 아랍인들 사이에서는 마왈리를 적절히 대접하고 도와주거나 그들을 위해 복수를 해주는 것이 미덕으로 간주되었다. 비아랍 신민은 군사적 보호를 받는 대신에 인두세를 지불하고 코란의 계율에 따라 자신들의 신앙을 유지할 수 있었다. 그리스 정교에서 이단자로 취급당하고 핍박을 받았던 일부 기독교인들은 비잔틴 제국의 통치보다는 이슬람 제국의 통치를 훨씬 더 선호하였다.

우마르는 건전한 사회 기강을 유지하고자 했다. 이러한 사회 분위기 속에서 아랍 병사들은 전리품을 포함한 승리의 과실을 누릴 수 없었으며, 점령지는 장군들에게 분배되지 않고 기존의 경작 주인에게 돌아갔다. 대신 그들은 무슬림 국가에 세금을 냈다. 무슬림들은 그러한 도시에 정착할 수 없었다. 그 대신에 무슬림을 위한 새로운 '수비대 병영 도시amsar'가 전략 요충지에 건설되었다. 이라크의 쿠파, 시리아의 바스라, 이란의 쿰, 나일강 입구의 푸스타트 등의 주요 도시가 그 대표적인 예이다. 다마스쿠스는 무슬림 중심지가 된 유일한 옛 도시였다.

이슬람 성원이 각 수비대 병영 도시에 세워졌으며, 그곳에서 무슬림 병사들은 금요 예배를 보았다. 이 도시에서 병사들은 검소하게 살도록 교육받았다. 우마르는 가족과 가정의 소중함을 강조하는 동시에 술에 취하는 것을 엄격하게 금지했다. 그는 항상 소박한 삶을 살아왔던 예언자 무함마드의 금욕적 미덕을 장려하면서 자신도 그렇게 실천했다.

그러나 병영 도시는 아랍인의 거주 지역이었으므로 코란적 세계관에 적합한 전통이 외국 땅에 계속 남게 되었다. 이러한 시점에서 이슬람은 아직도 본질적으로 아랍 종교였다. 개종한 비아랍 신민도 그들 부족 중 하나가 되어 아랍체제에 흡수 동화되어 갔다. 하지만 이러한 승리의 기간도 잠시였다. 우마르에게 개인적 원한을 품었던 페르시아인 전쟁 포로가 그를 메디나의 이슬람 성원에서 살해한 644년 11월에 종말을 맞았다. 정통 칼리프의 마지막 몇 년의 두드러진 특징은 바로 폭력이 난무했다는 것이다.

우스만 이븐 아판Uthman ibn Affan은 예언자의 교우 여섯 명의 추대로 제

3대 칼리프로 선출되었다. 그는 그의 전임 칼리프들보다도 더 유약했지만 6년간의 재임 기간에 움마는 계속해서 번창해 나갔다. 우스만은 통치를 잘했고 새로운 영토를 점령했다. 그의 군대는 비잔틴 제국으로부터 사이프러스를 빼앗고 마침내 지중해 서안에서 비잔틴군을 몰아냈다. 북아프리카에서는 무슬림군이 오늘날의 리비아에 있는 트리폴리까지 진격했다. 동부에서 무슬림 군대는 아르메니아 영토의 많은 부분을 차지하고 카프카스(코카서스)로 침투하여 이란의 옥수스 강과 아프가니스탄의 헤라트 그리고 인도 아대륙의 신드까지 진격하여 이슬람 통치권을 확립했다.

그러나 이러한 승리에도 불구하고 병사들은 만족할 수 없었다. 그들은 거대한 변화를 겪었다. 10년이라는 시간이 지났을 때 그들은 이전과는 다른 전문화된 군대의 생활양식으로 더 이상 거친 유목민의 존재가 아니었다. 그들은 여름에 전투를 하면서 보냈고, 겨울에는 고향에서 멀리 떨어진 병영 도시에서 외롭게 지냈다. 그 거리는 너무나 광대해서 전쟁 작전에는 더 많은 힘이 소모되었으나, 병사들의 약탈 행위는 이전보다 줄어들었다.

우스만은 군사령관들과 부유한 메카 가문이 이라크와 같은 나라들에서 개인 부동산을 취득하는 것을 허용하지 않았다. 이러한 일 때문에 그는 힘있는 계층의 지지를 잃었는데, 특히 쿠파 및 푸스타트에서 그러했다. 또한 우스만은 가장 명예로운 높은 관직을 자신의 우마이야 가문에 할당함으로써 메디나의 무슬림들과도 소원하게 될 수밖에 없었다. 비록 우마이야 가문 출신의 관료들의 능력은 인정하면서도 무슬림들은 우스만을 비난했던 것이다. 예를 들면 우스만은 무함마드의 옛 적인 아부 수피안의 아들 무아위야Muawiyyah를 시리아 총독으로 임명했다. 그는 훌륭한 무슬림으로서 매사에 준비성이 치밀하고 상황 판단이 빠른 재능 있는 행정가였다. 그러나 관직에서 아부 수피안의 자손들을 배제시켜야 한다고 생각하는 메디나의 무슬림들에게는 분명히 잘못된 처사였다.

메디나 무슬림들은 과거 무함마드를 도운 안사르ansar, 즉 조력자로서의 긍지를 여전히 가지고 있었다. 코란을 모두 외우고 있었던 코란 낭송자들은 주요한 종교적 권위자가 되었다. 그들 또한 병영 도시에서 코란의 번역본 하나만을 허용한 채 자신들이 선호하는 여러 다른 본의 사용을 억압한 우스만에 대해 불만을 품고 있었다. 이러한 불만 세력은 우마르 및 우스만의 정책에 반대했던 예언자 무함마드의 사촌인 알리 주변에 모여들었다. 그리고 이들 두 사람의 칼리프는 그 동안 중앙 정부의 권위에 반대했던 군부 세력을 대표하고 있었다.

마침내 656년에 불만 세력들이 노골적으로 반란을 일으킨 가운데, 특히 병영 도시 푸스타트 출신의 아랍 병사들은 자신들의 정당한 권리를 주장하며 메디나로 돌아왔다. 그들은 우스만의 허름한 집을 포위, 공격하여 그를 암살한 후 알리를 새로운 칼리프로 옹립하였다.

제1차 내전(Fitnah)

알리는 분명한 선택을 한 것처럼 보였다. 그는 예언자의 가문에서 성장했고 무함마드가 추구한 이상을 잘 알고 있었다. 그는 훌륭한 군인이었고 그의 부하들에게 영감을 주는 편지를 쓰기도 했다. 그의 편지들은 비아랍 신민들을 동정적으로 잘 대하는 데 대한 중요성과 정의 구현의 필요성을 설교하는 것으로서 오늘날에도 여전히 무슬림들의 고전적인 텍스트가 되고 있다. 그러나 예언자와 인척 관계에 있음에도 불구하고, 이슬람 공동체의 구성원 모두가 그의 통치권을 인정하지는 않았다. 우마이야 가문의 등장에 분노한 메카인들과 메디나의 안사르들이 주로 알리를 지지했으며, 그는 특히 여전히 전통적 유목 생활을 하고 있던 이라크 무슬림들의 지지를 받았다. 이라크의 무슬림 수비대의 병영 도시 쿠파는 알리계 가문의 본거지였다.

알리와 마찬가지로 무함마드의 사위였고, 가장 초기에 이슬람으로 개종한 사람들 가운데 한 명인 우스만이 암살당한 것은 충격적인 사건이었다. 결국 이 암살 사건은 피트나fitnah로 알려진 내란의 도화선이 되었고, 그 내란은 움마에서 5년 동안이나 지속되었다. 이 사건 이후 무함마드의 사랑하는 부인 아이샤와 그녀의 인척 탈하Talhah 및 예언자의 메카인 교우 주바이르Zubayr는 우스만을 암살한 범인들을 처벌하지 않는다는 이유로 알리를 공격했다. 하지만 군대가 지방에 주둔하고 있었기 때문에 반란자들은 메디나에서 바스라로 진격할 수밖에 없었다.

알리는 어려운 처지에 있었다. 그 자신도 우스만의 살해 사건에 충격을 받았다. 그는 진실한 사람으로서 그 사건을 도저히 묵과할 수 없었다. 그러나 알리의 지지자들은 그가 코란의 이상을 따라서 정당하게 통치하지 않았기 때문에 그의 죽음은 마땅한 대가를 치른 것이라고 주장했다. 알리는 그의 지지자들과의 관계를 부인할 수 없었으므로 쿠파로 피신하여 그곳을 수도로 삼았다. 그의 군대는 쿠파에서 벌어진 소위 낙타 전투Battle of Camel에서 반란자들을 쉽게 제압했고, 전투에서 승리한 대가로 그는 추종자들에게 자신의 보물을 나누어 주고 높은 관직에 임명했다. 그러나 그는 옛 페르시아 제국의 국고 상당 부분을 점유했던 쿠파 주위의 기름진 옥토인 사와드Sawad를 그의 추종자들이 병합하는 것을 허용함으로써 군부 세력의 완전한 권리를 인정하지 않았다. 그는 자신의 파당을 만족시키지 못했을 뿐만 아니라 우스만의 살해에 대해서도 모호한 태도를 취했기 때문에 사람들은 그를 매우 미심쩍게 생각했다.

알리의 통치는 다마스쿠스를 수도로 정하고 반대 세력을 이끈 무아위야가 있었던 시리아에서는 받아들여지지 않았다. 우스만은 무아위야의 인척이었다. 그래서 무아위야가 우마이야 가문의 새로운 지도자로서 그의 죽음에 대해 복수하는 것은 아랍 부족장의 당연한 의무였다. 그는 재력 있는 메카 씨족들과 시리아의 아랍인들로부터 지원을 받았으며, 시리아 아랍인들은 무아위야 정부를 지혜롭고 강력한 정부라고 생각했다.

아마도 알리는 무아위야의 입장에 약간의 동정을 느끼고 먼저 그에게 선제 공격 조치를 취하지 않은 듯하다. 서로를 공격하고 있었던 예언자의 친인척과 교우들은 매우 혼란스러웠다. 무함마드의 사명은 무슬림들을 하나로 묶고 움마를 통합함으로써 알라의 유일성을 보여주는 것이었다. 더욱 심한 갈등의 가능성을 차단하기 위해서 양쪽 당사자들은 657년 유프라테스 강 상류의 시핀siffin에서 협상했으나 결국 결렬되고 말았다.

무아위야 지지자들은 중립적인 무슬림들에게 그들의 창 끝에 코란 사본을 달고 알라의 말씀에 따라서 양쪽의 분쟁 당사자들을 중재해 줄 것을 요구했다. 중재는 알리에게 불리하게 진행되었고, 대부분의 그의 추종자들은 그에게 그 협상을 받아들이라고 설득했다. 한편 무아위야는 자신이 유리하다는 사실을 인식하게 되자, 알리를 폐위시키고 군대를 이라크로 파견한 후 예루살렘에서 스스로를 칼리프라고 선언했다.

그러나 이와 같은 중재를 받아들이기를 거부했던 알리 진영의 급진주의적 지지자들 가운데 일부는 알리의 수락에 큰 충격을 받았다. 그들이 보기에 우스만은 코란의 규범에 따라 살지 않았다. 알리는 우스만이 저지른 잘못을 올바르게 잡지 못하고 불의를 지지하는 자들과 타협을 했으므로 그 역시 이제 더 이상 진실한 무슬림이 아니라고 생각했다. 그들은 움마에서 탈퇴한 후 움마가 코란의 정신을 훼손했다고 주장하며 독립된 사령관을 가진 그들 자신의 진영을 세웠다.

알리는 하와리즈파(Khawariji: 이탈자들)로 알려진 이러한 극단주의자들을 진압했으나 새로운 청교도적인 하와리즈운동에 많은 지지자들이 동참했다. 많은 사람들이 우스만 통치 때의 연고자 편중 인사와 등용에 못마땅해 하였으며, 코란의 평등주의 정신의 실천을 원하고 있었다. 하와리즈파는 소수 그룹에 불과했지만 그들의 입장은 무시할 수 없는 것이었다. 왜냐하면 그것은 무슬림 사상 흐름의 중요한 첫번째 혁신적인 예이기 때문이다. 이러한 추세에 따라 움마의 다수파에 영향을 미쳤던 정치는 새로운 신학적 발전을 초래하게 된다.

하와리즈파의 주장에 의하면, 이슬람 공동체의 통치자는 가장 힘있는 자가 아니라 가장 독실한 무슬림이 되어야 한다. 즉 칼리프는 무아위야와 같은 권력 추구형이 되어서는 안 된다는 것이다. 신은 인간에게 자유 의지를 부여했고 정의로운 신은 이슬람을 저버리고 변절자가 된 무아위야, 우스만, 그리고 알리와 같은 악행자들을 처벌할 것이기 때문이다. 하와리즈파는 극단주의자들이었지만, 누가 진정한 무슬림이고 누가 무슬림이 아닌지에 대한 의문을 제기한 것은 높이 평가할 만하다. 종교 사상으로서 정치적 리더십은 너무나 중요했으므로 이는 신의 성격, 운명 예정설, 그리고 인간의 자유에 대한 논란을 불러일으켰다.

알리가 하와리즈파를 가혹하게 다루자 쿠파에서도 그에게 많은 지지를 보냈다. 무아위야는 점차 유리한 위치를 차지했고 다수의 아랍인들은 중립적인 자세를 취했다. 그러나 칼리프 자리를 놓고 또 다른 후보자를 찾기 위한 노력의 일환이었던 두번째 중재 시도마저 실패로 끝났다. 무아위야 군대는 아라비아에서 그의 통치권에 대한 저항을 분쇄했고, 661년에 알리는 하와리즈파에 의해 살해되었다. 쿠파에서 알리의 대의에 충성했던 사람들은 그의 장남 하산Hasan을 지지했으나, 하산은 무아위야와 타협하고 메디나로 물러났다. 그는 더 이상 정치에 관여하지 않고, 669년 사망할 때까지 그곳에서 살았다.

움마는 새로운 단계에 들어섰다. 무아위야는 다마스쿠스를 수도로 하는 하나의 통합된 무슬림 공동체를 회복하는 데 전념했다. 그러나 이라크와 시리아의 무슬림들은 상호 반목하는 상태에 있었다. 알리는 현실 정치 논리 때문에 패배의 쓴맛을 보았던 고귀하고 경건한 지도자로 여겨졌다. 이슬람으로 제일 먼저 개종하고 예언자와 가장 가까운 친척을 살해한 것은 움마의 도덕적 통합에 관한 의문을 제기하는 불명예스러운 사건으로 간주되었다. 공통된 아랍 신앙에 따르면, 알리는 예언자의 특별한 자질을 물려받은 것으로 알려져 있다. 알리의 후손들 역시 주요한 종교 권위자로서 숭배되고 있었다. 그의 적들뿐만 아니라 교우들에 의해 배신당한 알리는 불우한 운명의 상징이 되었다.

칼리프의 통치 행위에 저항했던 무슬림들은 하와리즈파처럼 움마에서 탈퇴하고, 더 높은 이슬람 규범을 위한 지하드(jihad: 투쟁)에 진정한 동료 무슬림들 모두가 동참할 것을 호소했다. 그들은 자신들을 '시아 알리Shiah i-Ali', 즉 '알리의 당'에 속한다고 주장했다. 다른 무슬림들은 좀더 중립적인 자세를 취하였다. 그들은 움마를 찢어 놓은 살인적인 분열에 놀랐다. 이제 이슬람에 있어서 움마의 통합이 그 어느 때보다도 중요한 가치가 되었다. 많은 사람이 알리의 통치에 불만을 나타냈으며, 무아위야는 이상적이지 않다는 사실을 알게 되었다. 그들은 무슬림들이 독실한 지도자에게 통치를 받았던 시대, 즉 네 명의 정통 칼리프 시대를 회고하기 시작했다.

이들 칼리프는 예언자 무함마드와 가까웠으나 결국 악행자들 때문에 잘못을 저지르게 되었다.

제1차 내전 사태는 움마 분열의 상징이 되었고, 경쟁 파당들은 이슬람의 소명 의식을 위해 투쟁함으로써 비극적 사건을 되새기게 되었다. 어쨌든 모든 사람은 예언자와 정통 칼리프들의 수도인 메디나에서 우마이야 왕조의 다마스쿠스로의 이동을 정치적 수단 그 이상의 것이라는 데 동의했다. 움마는 예언자의 세계에서 멀어져 가는 것처럼 보였다. 또한 그것은 본래의 존재 이유를 잃어버릴 위험에 처해 있었다. 이에 경건하고 뜻 있는 무슬림들이 움마의 제자리를 찾기 위해 새로운 방법을 모색하였다.

제2장

이슬람 발전기

우마이야 시대와 제2차 내전

칼리프 무아위야Muawiyyah(재위 661~680)는 제국의 통합을 간신히 회복시켰다. 무슬림들은 제1차 내전으로 전율했으며, 동료 아랍인들로부터 고립되고 잠재적으로 적대적인 비아랍계 신민들로 둘러싸인 그들의 수비대가 주둔하고 있는 요새 도시가 얼마나 취약한가를 깨달았다. 그들은 그러한 치명적인 내란에 대응할 만한 여유가 없었다. 그들은 강력한 정부를 원했다. 능력 있는 통치자로서 무아위야는 이러한 요구에 적합한 인물이었다.

무아위야는 일반 신민과 아랍 무슬림을 분리했던 우마르의 인종 차별 정책을 부활시켰다. 아라비아의 일부 무슬림들이 점령지에서 부동산 소유권을 획득하기 위해 여전히 소요를 일으키고 있었지만, 무아위야는 그것을 계속 금지시켰다. 그는 또한 이슬람의 개종을 더 이상 장려하지 않고 효율적인 정부를 세우는 데 주력했다.

이슬람은 정복군인 아랍 엘리트들의 종교로 남아 있었다. 처음에 제국주의적 정부 경험이 없었던 아랍인은 비무슬림들의 통치 기술에 의존했다. 이들 전문가는 과거 비잔틴 제국과 페르시아 제국에서 전향하여 국가에 봉사했으나 점차 아랍인들은 정부 고위직에서 비무슬림들을 추방하기 시작했다. 그 다음 세기 동안 우마이야 왕조의 칼리프들은 무슬림 군대가 정복한 다른 지역들을 공통된 이데올로기를 가진 하나의 거대 제국으로 점차 통합시켜 나갔다. 이것은 위대한 업적이었다. 그러나 왕실에서는 풍요로운 문화와 사치스러운 생활을 하여 다른 나라의 지배 계층과 다른 점이 거의 없었다.

그리하여 제국은 딜레마에 빠지게 되었다. 수세기를 걸쳐 농경에 바탕을 둔 경제체제하에서 전근대적 제국을 통치할 수 있는 효율적인 방법은 절대 군주제밖에 없었다. 또한 절대 군주제는 권력을 획득하기 위해서 군부 실력자간에 경쟁을 벌이는 군부 소수 독재정치체제보다도 훨씬 만족스런 것이었다. 한 사람의 통치자에게 절대 권력을 주어 가난한 사람이나 부유한 사람 모두 그에게 복종해야 한다는 사상은 오늘날 민주주의 시대에는 맞지 않는 것이다. 그러나 민주주의는 자원을 무한히 재활용할 수 있는 기술을 가진 산업화된 사회에서나 가능하다는 것을 우리는 깨달아야 한다. 즉 민주주의는 서구가 근대화되기 전의 선택 사항이 아니었다.

근대 이전의 세계에서 매우 강력한 권력을 행사하며 적수가 없었던 군주는 전쟁을 할 필요 없이 강자들의 분쟁을 평정하고 약자들의 탄원에 귀를 기울였다. 군주제에 대한 좋은 인상은 너무도 강렬해서 대제국 내에서의 지방 통치자들은 실제 권력을 행사할 때조차도 왕에게 충성을 다짐하며 가신으로서 행동할 것을 맹세했다.

우마이야 왕조 칼리프들은 광대한 제국을 통치하면서 영토를 계속 확장해 나갔다. 제국의 평화를 유지하기 위해서 그들 역시 막강한 권력을 지닌 절대 군주가 되어야만 한다는 사실을 알게 되었다. 그러나 이것을 아랍 전통과 어떻게 결부시키고 다른 한편으로 코란의 급진주의적 사상인 평등주의와 어떻게 조화시켜야 할 것인가?

전반기 우마이야 왕조 칼리프들은 절대 군주가 아니었다. 무아위야는 여전히 칼리프들 중에서도 아랍 부족장처럼 통치했다. 아랍 민족은 왕권을 항상 불신했다. 군주제는 수많은 소규모 부족 집단이 불충분한 자원을 놓고 경쟁해야만 하는 지역에서는 실행될 수 없는 제도였다. 그들은 왕조적 통치제도를 경험해 본 적이 없었다. 즉 지금까지 그들은 항상 자신들의 부족장으로서 가장 적합한 사람을 필요로 했기 때문이다. 그러나 제1차 내란은 말 많은 계승 문제에 대한 위험성을 단적으로 보여준 사건이었다.

우마이야 왕조를 '세속적' 통치 제국으로만 생각하는 것은 잘못이다. 이슬람의 개념에 따르면 무아위야는 독실한 무슬림이다. 그는 최초 무슬림의 예배 방향이자, 과거 많은 위대한 예언자의 고향인 예루살렘의 성지화를 위해 공헌하였다. 또한 그는 움마의 통합을 유지하기 위해서 많은 노력을 기울였다. 그의 통치는 모든 무슬림이 형제간이며 서로 싸우지 말아야 한다는 코란의 계율에 기초했으므로 비무슬림 신민의 종교적 자유와 개인적 자유를 허용했다. 그러나 하와리즈파와 같이 일부 무슬림은 내란을 경험하고 나서 이슬람이 사적 영역과 공적 영역에서 더 큰 역할을 해야 한다고 느꼈다.

농경 국가의 이념(필요성)과 이슬람 사이에는 잠재적 갈등의 가능성이 있었다. 이는 무아위야가 죽고 난 이후 비극적으로 드러나게 되었다. 그는 계승 문제를 확고히 해두기 위해서 아랍 전통과 단절해야 한다는 사실을 깨닫고 있었다. 이에 따라 그는 죽기 전에 그의 아들 야지드Yazid 1세(재위 680~683)의 왕위 계승을 준비했던 것이다.

그러나 즉시 소동이 벌어졌다. 쿠파에서 알리의 충성 세력들은 알리의 둘째 아들 후세인Hussein이 계승자가 되어 통치해야 한다고 주장했다. 후세인은 자신을 따르는 소규모 추종자 집단과 부인들, 그리고 자식들과 함께 메디나에서 이라크로 떠났다. 그 사이에 우마이야 지방 총독의 위협을 받게 된 쿠파 사람들은 자신들의 지지를 철회할 수밖에 없었다. 그러나 후세인은 항복을 거부한 채 진실한 이슬람 가치를 추구하며, 불의와 타협하지 않는 고귀한 예언자 가문의 모습이 움마에 의무감을 상기시켜 줄 것이라고 주장했다.

쿠파의 바로 외곽에 있는 카르발라에서 후세인과 그의 추종자들은 우마이야 군대에 포위되어 학살당했다. 후세인은 품안에 자신의 젖먹이 아들을 안은 채 최후를 맞이했다. 모든 무슬림은 예언자의 외손자인 후세인의 비극적인 죽음을 애도하였다. 그러나 알리의 운명은 자기 자신들을 알리의 시아파당, 심지어 예언자의 후손들이라고 생각하는 사람들과 깊은 관련이 있었다. 알리의 죽음 이상으로 시아 무슬림들은 후세인의 비극적 순교를 인류에 만연해 있는 불의에 대항하는 상징으로 보았던 것이다. 또한 이 비극적 사건은 시아파에게 잔혹한 적대감을 보이는 무자비한 정치 세계에서 종교적 통합을 이루는 것이 불가능하다는 생각을 갖도록 하였다.

훨씬 더 심각한 사건은 낙타 전투에서 알리에 대항한 반란자들 중 한 사람의 아들인 압드 알라 이븐 앗 주바이르Abd Allah ibn az-Zubayr가 주도한 히자즈에서의 폭동이었다. 이것은 또한 우마이야 왕조에게서 권력을 빼앗아 메디나와 메카에 돌려줌으로써 초기 움마의 원래의 가치를 회복시키려는 시도였다. 683년에 우마이야 군대는 메디나를 차지했지만, 그 해 야지드 1세와 그의 어린 아들 무아위야 2세의 요절에 따른 혼란 속에서 메카에 대한 포위가 풀렸다. 그럼에도 움마는 내전으로 사분오열되어 있었다. 주바이르는 칼리프로서 폭넓은 인정을 받고 있었지만, 하와리즈 반란자들이 중앙 아라비아에 독립 국가를 설립했던 684년 당시에는 히자즈에서 고립되어 있었다.

이란과 이라크에서는 또 다른 하와리즈 반란이 일어났다. 시아파는 후세인의 죽음에 복수하고 알리의 다른 아들들을 칼리프 후보로 옹립하기 위해 쿠파에서 봉기했다. 반란자들 모두 코란의 평등주의 이상을 주장했다. 그러나 무아위야 1세의 우마이야 사촌인 마르완Marwan과 그의 아들 압드 알 말리크가 속해 있던 시리아 군부는 그 날의 거사를 실행에 옮겼다. 691년까지 그들은 모든 경쟁 세력을 제거하고, 그 다음해에 주바이르마저 패배시키며 그를 살해해 버렸다.

압드 알 말리크Abd al-Malik(재위 685~705)는 우마이야 왕조의 통치권을 다시 주창할 수 있었고, 그의 마지막 20년간의 통치시대는 평화로운 번영의 시대였다. 처음에 그는 절대 군주는 아니었지만, 제2차 내란 이후에 그는 분명히 절대 군주의 경향을 띠고 있었다. 그는 지방의 아랍 족장들에 대항해서 움마의 결속력을 강화시키고 폭도들을 진압하여 중앙집권화의 단호한 정책을 추구했다. 제국의 공식 언어는 페르시아어에서 아랍어로 대체되었으며, 처음으로 코란 구절로 장식된 이슬람식 주조 화폐가 선보였다.

예루살렘에 최초의 이슬람 기념물인 '바위의 돔Dome of the Rock'이 691년에 완성되었다. 이것은 절대 다수의 기독교도들이 차지하고 있었던 예루살렘 성지에 이슬람의 우월성을 자랑스럽게 나타내는 상징이었다. 이슬람의 존재를 알리는 상징물인 바위의 돔은 이슬람의 독특한 예술 및 건축 양식의 기초가 되었다. 인간의 상상력으로는 충분히 표현될 수 없는 초월자에 대하여 이슬람 신도의 정신을 어지럽힐지도 모를 비유적인 그림은 돔 안에 없다. 그 대신에 돔 내부에는 알라의 말씀인 코란 구절로 장식되어 있다.

무슬림 건축의 고유한 특징인 높은 돔은 모든 신도들이 열망하는 천국으로의 정신적 승천을 상징한다. 동시에 그것은 타우히드의 완전한 균형을 나타낸다. 무한한 하늘에 도달하려는 그 외양은 내적 차원의 완전한 복사판이다. 또한 인간과 신, 외부 세계와 내면 세계라는 각각의 반쪽이 전체로서 하나가 되도록 상호 보완할 수 있는 길을 예시해 주고 있다. 이에 무슬림들은 좀더 자신감을 갖게 되었고 그들 자신의 독특한 정신적 비전을 표현하기 시작했다.

이러한 변화된 환경 속에서 무슬림과 비아랍 신민들을 분리하는 엄격한 통치는 점차 느슨해졌다. 비무슬림들은 이슬람 병영 도시에 정착하기 시작했으며, 농민들은 무슬림 거주 지역에서 일자리를 얻고 아랍어를 배웠다. 상인들은 무슬림과 무역을 하기 시작했다. 비록 무슬림으로 개종하는 것을 장려하지는 않았지만, 일부 제국의 관료들은 진정으로 이슬람을 받아들였다. 그러나 과거의 인종 차별이 사라지자 사람들은 아랍 무슬림들의 특권에 대해서 분노하기 시작했다.

하와리즈파와 시아파를 탄압한 것은 나쁜 선례를 남겼다. 압드 알 말리크는 이슬람의 이상을 더 엄격히 적용받는 아라비아 성지 중심지와 병영 도시에서의 새로운 이슬람운동을 직시했다. 그는 이러한 새로운 사상에 관심을 보이면서도 자신의 정책은 코란이 중심 바탕을 이룬다고 주장했다. 오늘날 이슬람 원리주의자에 필적하는 새로운 경건주의자들 중 일부는 코란을 중심에 놓고, 이를 더욱 적극적으로 활용하여 움마를 단순히 지탱하는 것 이상으로 무슬림들을 인도해야 한다고 말한다.

종교운동

내란은 많은 의문점을 야기했다. 독실한 지도자imam들을 죽인 사회를 어떻게 신이 인도할 것이라고 주장할 수 있는가? 어떤 부류의 사람이 움마를 이끌고 가야 하는가? 칼리프는 가장 경건한 무슬림(하와리즈파의 주장대로) 또는 예언자의 직계 후손(시아파의 주장대로) 이외에 움마의 통합과 평화를 위해서 비록 정통성은 없지만 우마이야 가문의 사람들이 통치자가 되어야 하는가? 알리와 무아위야는 제1차 내란 동안에 아무런 관련이 없었는가? 그러면 우마이야 왕조는 어떻게 이슬람적이라고 부를 수 있는가? 대다수 백성의 빈곤을 외면한 채 그렇게 사치스러운 생활을 했던 통치자들이 진정한 무슬림이라고 할 수 있는가? 아랍 부족들 중에서 마왈리가 되지 않을 수 없었던 이슬람으로 개종한 비아랍인들의 지위는 또한 어떠했는가? 이것은 코란의 뜻과 완전히 양립하지 않는 불평등과 현대판 맹목적 민족주의가 아닌가?

우리가 알고 있듯이 이슬람의 경건성과 종교의 문제는 바로 이러한 정치적 문제에서 나온 것이다. 코란 낭송자들과 그 밖의 사람들은 무슬림이 된다는 것이 진실로 무엇을 의미하는가에 대해 의문을 가졌다. 그들은 그들의 사회가 먼저 이슬람화된 이후에 아랍적으로 되기를 희망했다.

코란은 인간 생활 전체를 하나로 통합하는 것에 대해서 언급하고 있다. 그것은 개인의 모든 행동과 국가의 제도가 신의 뜻에 근본적으로 순응해야 한다는 것을 의미한다. 마찬가지로 기독교 역사의 형성 단계에서 기독교인들은 예수의 인성과 천성에 대해서 통렬한 논쟁을 자주 벌였다. 이러한 논쟁은 그들에게 하느님, 구원의 문제, 인간의 조건 등에 관한 뚜렷한 관점을 발전시키는 데 기여했다. 내란 후 움마의 정치적 리더십에 관한 이러한 무슬림들의 격렬한 논쟁은 기독교에서 벌어졌던 4~5세기의 위대한 기독교론의 논쟁과 비슷하게 이슬람에서도 중요한 역할을 했다.

새롭고 경건한 무슬림의 원초적이고 최고의 귀감이 된 사람은 하산 알

바스리Hasan al-Basri(728년 사망)였다. 그는 메디나에서 예언자 가문과 가까운 교우들 사이에서 성장했고 우스만의 임종 때까지 생존했던 인물이다. 나중에 그는 바스라로 이주하여 그곳에서 예언자의 금욕적 삶의 방식에 위배되는 세속적 물질에 대한 경멸을 기초로 하는 영성靈性을 발전시켰다.

하산은 바스라에서 가장 저명한 설교자가 되었다. 그의 검소한 생활 방식은 무슬림 사회의 모범이 되었고, 잠재적으로 다수의 호화로운 생활을 비판하는 시금석이 되었다. 그는 그의 추종자들에게 코란을 깊이 명상하도록 가르치면서 바스라에서 종교 개혁을 주도했다. 이와 더불어 코란에 입각한 성찰과 자아 반성, 그리고 신의 뜻에 완전히 순종하는 것이 진정한 행복의 근원이라고 설파했다. 왜냐하면 이것을 통해서 인간의 욕구와 신이 인간에게 원하는 것 사이의 긴장을 완화시킬 수 있기 때문이다.

하산은 우마이야 왕조를 지지했지만 그들이 비판받아 마땅하다면, 당연히 비판할 의무가 있음을 분명히 했다. 그는 카다리야Qadariyyah로 알려진 신학을 선택했다. 그것은 신의 종교적 명령에 관한 학문이었다. 주요 내용은 인간은 자유 의지를 가지고 있고 자신의 행동에 책임이 있으며, 인간은 어떤 방식에 의해 행동하도록 운명이 예정되어 있지 않다는 것이다. 왜냐하면 신은 정당하며 인간이 자신의 삶에 맞지 않는 분수에 넘치거나 힘에 버거운 삶을 살도록 명령하지 않기 때문이다. 그러므로 칼리프들은 자신들의 행위에 책임을 져야 하며, 만약 신의 분명한 가르침에 불복종한다면 비난받아 마땅한 것이다.

칼리프 압드 알 말리크는 하산이 반란을 야기할 교리를 퍼뜨린다는 사실을 전해 듣고서 하산을 소환했으나, 그가 너무나 많은 민중의 지지를 받고 있었기 때문에 감히 그를 처벌할 수 없었다. 하산은 엄격한 내면 생활과 정권에 대한 정치적 반대를 결합한 강력한 무슬림 전통을 세워 나가기 시작했다.

카다리야파는 우마이야 왕조의 통치권을 인정했다. 우마이야 왕조만이 움마의 통합을 유지할 수 있었던 것처럼 보였기 때문이다. 그러므로 그들은 우마이야 정권이 배교자이므로 죽음의 형법에 따라야 한다고 주장했던 하와리즈파에 반대했다. 하산의 제자 와실 이븐 아타Wasil ibn Ata(748년 사망)는 이 두 극단적 입장에서 벗어나 온건주의학파를 창시했다.

무타질라파Mutazilah는 인간의 자유 의지를 강조하고 왕실의 사치스러운 생활양식을 비난하며 모든 무슬림이 평등하다고 주장하는 카다리야파에 동의한다. 그러나 신의 정의를 강조하는 무타질라파가 타인에게 이기적으로 행동하는 무슬림들에게는 큰 비난의 대상이 되었다. 그들은 알리와 무아위야 사이의 정치적 문제에 대해서는 판단을 보류했다. 그 이유는 그들이 오직 신만이 인간의 마음속에 무엇이 있는가를 알 수 있다고 주장했기 때문이다. 이것은 분명히 하와리즈파의 극단주의에 배치되지만, 그럼에도 불구하고 무타질라파는 정치적 행동주의자의 면모를 보여주었다. 코란은 무슬림에게 '선한 것을 명하고 악한 것을 금할 것'을 명시하고 있었기 때문에(코란 49: 12) 하와리즈파와 같이 일부 무타질라파는 이 계율을 진지하게 받아들였다. 어떤 이들은 시아파의 반란을 지지했는데, 하산 알 바스리 같은 사람들은 코란의 이상을 실천하지 않는 통치자들을 힐난했다.

무타질라파는 한 세기 이상 이라크의 지적 풍토를 주도했다. 그들은 합리주의 신학Kalam을 발전시켰다. 합리주의 신학에서 신은 한 분뿐이고 움마의 통합은 그것을 위해 존재해야 한다고 강조했다. 또 다른 학파인 무르지아파Murjiah 역시 알리와 무야위아 사이의 정치적 문제에 대한 판단을 거부했는데, 중요한 것은 인간의 내적 심성이기 때문이다. 무슬림은 코란에 따라서 판단을 연기해야 한다.(코란 9: 106~7) 그럴 만한 이유가 밝혀지기 전에는 우마이야 왕조를 정통성이 없는 통치자들로 미리 판단하거나 파문해 버려서는 안 된다. 그러나 그들이 코란의 규범을 벗어났다면 혹독하게 비난해야 한다.

무르지아학파의 가장 유명한 신봉자는 쿠파 출신 무역상인 아부 하니파Abu Hanifah(699~767)였다. 그는 이슬람으로 개종하고 새로운 피크Fiqh, 즉 이슬람 법률학 분야를 개척하였다. 그것은 이슬람 경건성에 큰 충격을 주었고 무슬림 세계에서 고등 교육의 주요 학문 분야가 되었다. 피크는 내란 후의 다양한 불만에 그 기원을 두고 있었기 때문에 사람들은 우마이야 정권의 부당성을 논의하기 위해서 서로의 집이나 모스크에 모여들곤 했다.

사회가 이슬람 원리에 따라서 어떻게 운영될 수 있는가? 법학자들은 정의로운 사회를 건설하기 위한 코란의 계율을 몽상과 같은 경건한 이상보다는 실현 가능한 것으로 만들 수 있는 상세한 법률적 규범을 제정하기를 원했다. 여기에서 정의로운 사회란, 모든 면에서 신의 뜻에 완전히 순응하는 사회를 의미한다.

바스라, 쿠파, 메디나, 그리고 다마스쿠스에서 이러한 초기 법학자인 파키Faqih들은 그들의 독특한 지방색에 맞게 법률체계를 정비했다. 그들에게 문제가 되었던 것은 입법에 대한 내용이 거의 없었다는 것과 그나마 실려 있는 법조차도 단순한 사회에서나 적용될 수 있는 법률이었다는 것이다. 그래서 일부 법학자들은 예언자와 그의 동료들이 주어진 환경에서 어떻게 행동했는가를 알아내기 위해 그들에 관한 무함마드의 언행록인 '하디스hadith'를 수집하기 시작했다. 어떤 법학자들은 그들의 도시에서 무슬림들의 관습적 실천 행위sunnah 수집을 출발점으로 초기에 그곳에 정착했던 교우들 중의 한 사람에 관해 추적하여 연구하고자 했다. 그리하여 그들은 무엇이 옳고 어떻게 행동해야 하는가에 대한 지식, 즉 진정한 일므(ilm: 종교적 지식)를 얻었을 것이다.

아부 하니파는 우마이야 왕조 시대의 가장 위대한 법률 전문가로서 무슬림들이 오늘날에도 여전히 따르고 있는 법학파 하나피학파Hanafiyah를 창시했다. 그가 자기 자신에 대해서 쓴 것은 거의 없으나, 그의 제자들이 후대를 위해 그의 가르침을 집필·보존했다. 그 후 이것과는 다른 이론을 발전시켰던 법학자들이 새로운 학파를 창시하였다.

이슬람 사료 편찬은 그와 같은 종류의 논객 집단으로부터 나왔다. 현재 그들이 직면한 어려운 문제들에 대한 해결책을 찾기 위해서 무슬림들은 예언자와 정통 칼리프 시대를 회고해 보아야 한다는 사실을 깨달았던 것이다. 칼리프는 쿠라이시 부족의 구성원이 되어야 하는가? 또한 안사르의 후손도 가능한가? 이것에 관하여 무함마드는 어떤 견해를 제시했는가? 우스만이 살해된 후 실제로 무슨 일이 일어났던가?

무함마드 이븐 이샤크Muhammad ibn Ishaq(767년 사망)와 같은 역사가들은 코란 구절의 일부를 설명하는 데 참고가 되는 하디스를 수집하기 시작했다. 그는 예언자가 특별한 계시를 받았던 역사적 환경과 하디스를 연계시켜 코란의 내용을 해석하였다. 이븐 이샤크는 예언자 무함마드의 전기를 상세하게 집필하기도 했는데, 이 전기에서 그는 무함마드를 핍박했던 메카인들의 죄악과 반대로 그에게 협조했던 메디나 안사르에 대한 매력을 집중 부각시켰다. 그는 아부 수피안의 후손들이 무슬림 공동체를 지배해야 한다는 것은 옳지 않다고 주장했던 시아파의 입장에 동조했다. 그래서 역사는 정권에 대한 반대를 정당화하는 종교적 활동으로 점철되었던 것이다.

움마의 정치적 건전함은 이슬람의 경건성과 관련이 깊다고 볼 수 있다. 칼리프와 그의 행정부가 농경 제국을 둘러싼 여러 문제들을 해결하고 강력한 군주제를 발전시키려고 시도했을 때, 독실한 신앙인들은 그들의 해결책에 완강히 반대하였다. 그러므로 초기 단계에서 통치자의 행위와 정책은 무슬림 세계의 금욕주의, 신비주의, 신성한 법률학, 그리고 초기 신학적 사변철학을 깊이 반영하는 종교적 의미를 담고 있다.

우마이야 왕조 후기(705~750)

독실한 무슬림들의 반대에도 불구하고 압드 알 말리크는 자신의 아들 알 왈리드al-Walid를 후계자로 삼았다. 처음으로 왕조의 원리가 이슬람 세계에서 이의 없이 받아들여졌다. 우마이야 왕조는 전성기를 맞이했다. 알 왈리드 치하에서 무슬림 군대는 계속해서 북아프리카를 정복했고 스페인에 왕국을 세웠다. 이것은 이슬람 세력이 서구로 팽창하는 데 있어서 한계의 표시였다.

732년에 카를 마르텔Charles Martel이 푸아티에 전투Battle of Poitiers에서 무슬림군을 격파했을 때, 무슬림들은 이것을 큰 재앙으로 생각하지 않았다. 서구인들은 푸아티에 전투의 중요성을 과장해서 평가하곤 했지만 그것은 워털루 전투가 아니었다. 아랍 민족은 이슬람의 이름으로 서구 기독교 왕국을 정복할 필요성을 종교적으로나 그 밖의 다른 측면에서도 절박하게 느끼고 있지 않았다. 무슬림들에게 유럽은 그렇게 매력적으로 보이지 않았다. 원시적인 후진 상태에 있는 유럽과 무역을 할 기회도 없었고 전리품도 챙길 것이 없는 가운데 기후마저 혹독했던 것이다.

우마르Umar 2세(재위 717~720)의 통치 말기까지 제국은 문제가 많았다. 근대 이전에는 어떠한 제국이라도 제한된 수명을 갖게 마련이다. 잉여 농산물에 기초한 대규모 팽창 국가는 필연적으로 자원의 고갈을 가져올 수밖에 없다. 우마르는 콘스탄티노플 정복을 시도한 결과 큰 대가를 치러야 했다. 이 정복 전쟁은 실패했을 뿐만 아니라 막대한 인력과 장비의 손실을 초래했다. 그는 비아랍계 민족에게 이슬람으로 개종할 것을 장려한 첫 번째 칼리프였고, 그들도 이 역동적이고 새로운 신앙을 기꺼이 받아들였다. 그러나 그들이 인두세인 '지즈야jizyah'를 더 이상 지불하지 않아도 되었기 때문에 새로운 정책은 국고의 막대한 손실을 가져왔다.

우마르는 메디나에서 성장하면서 그곳의 종교운동에 영향을 받은 바 있는 독실한 무슬림이었다. 그는 정통 칼리프를 자신의 귀감으로 삼으려고 노력하면서 이슬람 통합의 이상을 강조했다. 또한 평등의 원리에서 시리아 지방을 우대하지 않고 모든 지방을 동등하게 취급하며 비아랍계 무슬림들에게 인간적으로 대하였다. 그의 이러한 통치는 백성들의 호감을 샀다. 특히 그의 이슬람 정책은 독실한 신앙인들에게는 지지를 받았으나 병든 제국의 경제에는 역기능으로 작용했다.

그의 후계자의 통치는 반란과 불안한 소요 사태로 점철되었다. 칼리프가 야지드Yazid 2세(재위 720~724)처럼 방종하거나, 히샴Hisham 1세(재위 724~743)처럼 독실한가는 문제가 되지 않았다. 히샴은 제국을 좀더 튼튼한 경제적 기반 위로 되돌려 놓은 강력하고 능력 있는 칼리프였다. 그는 이러한 일을 엄격한 중앙집권화와 독재를 통해서 이룩한 것이었다. 그는 인습적인 절대 군주와 같이 되었고, 제국은 이 때문에 정치적으로 유리한 위치에 있었다. 문제는 이러한 형태의 전제정치가 독실한 신도들에게 혐오스러운 것일 뿐만 아니라 근본적으로도 비이슬람적이라는 것이다. 결국 코란의 규범에 맞추어 국가를 운용하는 것은 불가능했던 일인가?

시아파는 점점 더 행동주의적 성향을 띠었다. 시아파의 지도자들은 무슬림이 정의로운 사회를 구현할 수 있는 일므는 무함마드의 가문에 거의 완전하게 보전되어 있으므로, 그들만이 통치할 수 있다고 믿으면서 그것은 다름 아닌 알리의 후손이라고 주장했다. 좀더 급진주의적인 시아파는 움마의 현존하는 모든 문제가 처음 세 명의 정통 칼리프(아부 바크르, 우마르, 우스만)에서 비롯된 것이라고 비난했다. 그들의 주장은 세 명의 칼리프가 애초부터 정통성 있는 알리에게 리더십을 넘겨주었어야 했다는 것이다. 그보다 더 극단주의적 시아파였던 굴라트(ghulat : 과장하여 말하는 사람들로 알려짐)의 많은 무슬림은 이슬람과 결별하기도 했고, 그들의 옛 신앙의 일부와 이슬람을 혼합하기도 했다. 그들은 알리를(예수와 같이) 신성神性의 화신으로 보았다. 또한 그들은 내란에서 살해되었던 시아파 지도자들이 죽지 않고 일시적으로 은폐한 상태로 있다가 말세에 정의와 평화의 유토피아, 즉 이상 국가를 실현하기 위해서 재림할 것이라고 믿고 있었다.

우마이야 왕조의 통치에 반감을 가진 사람들의 불만은 종교에만 국한되었던 것은 아니다. 비아랍계 이슬람 개종자들인 마왈리는 자신들의 2등 국민 계급 신분에 불만을 가지고 있었다. 아랍 무슬림들 사이에서도 부족간의 분열이 일어났고, 그들 중 일부는 비아랍계 신민과 옛 팽창주의 전쟁을 계속 추구하고자 했던 사람들과 연대하기를 원했다. 그러나 이슬람적인 정서가 여기저기 분산되고 확산되어서 다양한 봉기와 반란은 거의 모두 종교 이데올로기의 색채를 띠었다. 이것은 결국 우마이야 왕조를 전복시켰던 반란에서 확연하게 드러난다.

압바스 당파는 무함마드 가문의 사람이 권좌에 오르기를 바라는 사회 분위기에 편승하여, 초기 코란 낭송자들 중에서 가장 유명한 예언자의 삼촌 알 압바스al-Abbas와 그의 아들 압달라Abdallah로부터 지도자의 세습이 이루어져야 한다고 강조했다. 그들은 743년 이란 지역에서 세력을 규합하

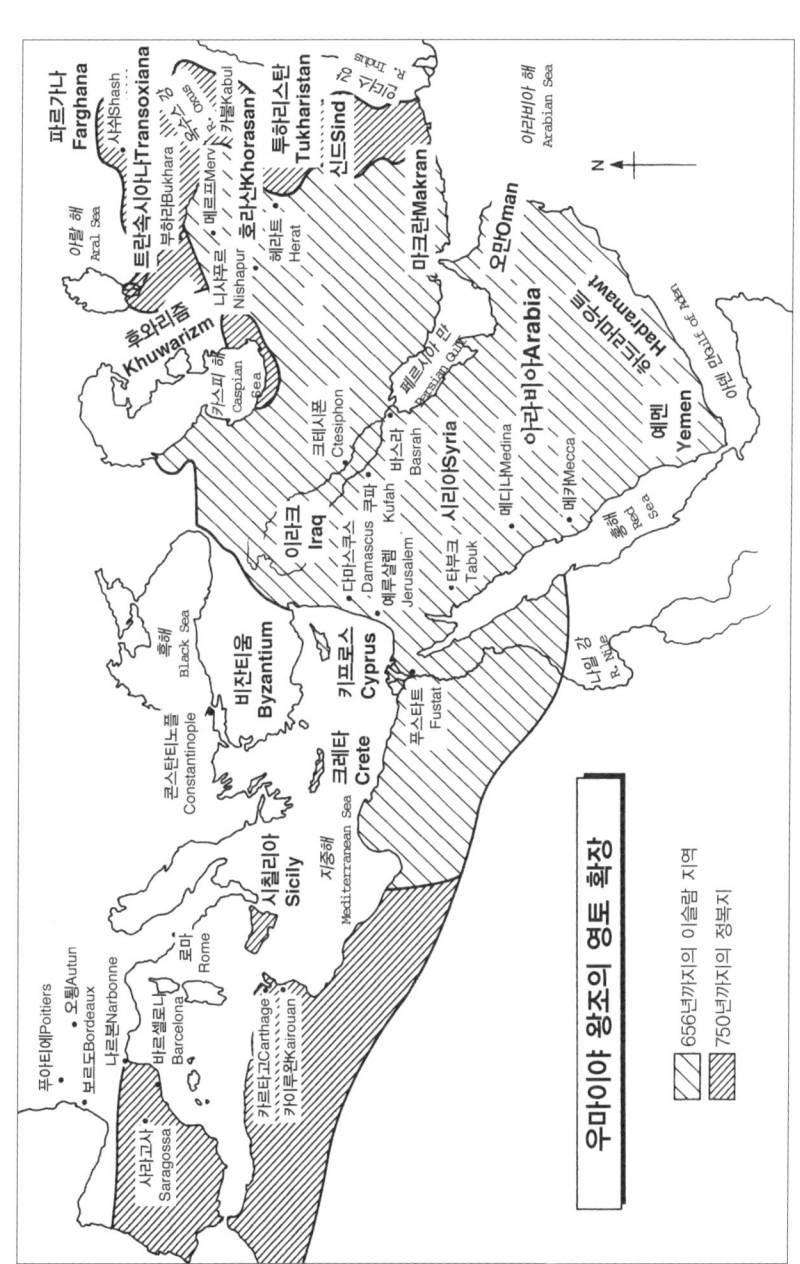

71

2 · 이슬람 발전기

여 749년 8월 쿠파를 점령했고, 그 다음해 이라크에서 마지막 우마이야 왕조 칼리프 만수르 2세를 패배시켰다. 마침내 우마이야 제국이 멸망했을 때, 압바스 제국 칼리프들은 매우 다른 종류의 사회로 진입하는 새로운 시대를 열었다.

압바스 왕조의 칼리프 시대(750~935)

압바스 왕조는 시아파를 의식하여 신중하게 처신함으로써 지지를 얻었다. 그러나 일단 권좌에 오르자 종교적인 기만에서 칼리프제를 과거 전통 농경시대 방식으로 절대 군주제화하려는 모습을 보여주었다. 초대 압바스 왕조 칼리프인 아부 알 압바스 알 사파Abu al-Abbas al-Saffah(재위 750~754)는 그의 눈에 보이는 모든 우마이야 가문의 종족들을 학살했다. 그때까지 아랍 귀족 가문에 대한 무차별 살육은 상상할 수 없는 것이었다.

칼리프 아부 자파르 알 만수르Abu Jafar al-Mansur(재위 754~775)는 자신의 통치에 위협이 된다고 생각되는 모든 시아파 지도자들을 살해했다. 이러한 칼리프들은 왕권 신수설을 나타내는 칭호를 스스로에게 부여했는데, 그 가운데 알 만수르는 신이 자신에게 승리할 수 있는 '특별한 은총'을 베풀었다고 주장했다. 그의 아들도 마찬가지로 자기 자신을 '인도받는 사람'을 뜻하는 알 마흐디al Mahdi(재위 775~785)라고 칭했는데, 시아파가 사용하는 이 용어는 정의와 평화의 시대를 열어 갈 지도자에게 적용된다. 칼리프 알 마흐디는 그의 부친이 만행을 저지른 후에 이 칭호를 선택하고 시아파를 달래려고 노력했다.

압바스 왕조 통치자들은 우마이야 왕조가 붕괴하는 데 기여했었던 불만이 무엇인지를 잘 알고 있었으므로 불평 분자 세력들에게 시혜를 베풀어야만 했다. 비록 그들은 아랍인이었지만 아랍인에게 특권적 신분을 부여했던 옛 관습도 사라졌다. 그들은 수도를 다마스쿠스에서 이라크로 옮기고, 먼저 쿠파에 정착했다가 그 다음에는 바그다드에 정착했다. 그들은 모든 지방을 평등하게 취급하고 어떤 인종 집단에도 특권적 신분을 허용하지 않겠다고 약속했다. 특히 이것은 마왈리들을 만족시켰다. 능력이 있으면 누구든지 왕실이나 관직에 등용될 가능성이 있었다는 점에서 압바스 제국은 평등주의적이라고 볼 수 있다.

그러나 쿠파에서 바그다드로 천도한 것은 중요한 의미를 갖는다. 칼리프들은 수비대 병영 도시의 분위기를 제대로 파악하고 있지 못했다. 이 병영 도시는 옛 부족의 모델에 따라 건설되었고, 각 병영 막사는 평등하고 독립적이었다. 바그다드의 중심지는 유명한 '원형 도시'로서, 그 안에 행정부와 왕실이 있었고 왕족이 거주했다. 주변부에는 '바자르(시장)'와 장인과 하인들의 집이 들어서 있었다. 바그다드는 티그리스 강 옆에 위치하여 이라크의 농업 생산 기지인 사와드 부근의 편리한 지역에 세워졌다. 또한 이 도시는 페르시아 사산 제국의 수도 크테시폰과 가까운 거리에 있었다. 새로운 칼리프제는 옛 이슬람 이전 독재 국가의 모델을 따랐다.

칼리프 하룬 알 라쉬드Harun al-Rashid(재위 786~809)의 시대에 이르기까지 사회는 완전히 변했다. 그는 정통 칼리프와는 달리 과거의 절대 군주 스타일로 통치했기 때문에 민심은 이반되어 있었다. 과거 정통 칼리프 치하에서 격의 없는 평등한 사회 분위기는 허식으로 가득 찼다. 모든 신하들이 칼리프를 알현할 때 땅에 엎드려 입을 맞추었는데, 이것은 아랍인들이 알라 앞에서만 엎드려 경배했던 시절에는 상상도 할 수 없는 일이었다. 예언자가 평범한 사람들과 같이 격식 없이 항상 자신의 이름으로 호칭되었던 반면 칼리프는 '지상에 있는 신의 그림자'라고 일컬어졌다. 사형 집행자들은 칼리프가 생사의 모든 권한을 쥐고 있다는 것을 보여주기 위해서 항상 그의 뒤에 서 있었다. 칼리프는 국사를 자신이 직접 돌보지 않고 재상들에게 일임했다.

하룬 알 라쉬드는 정치나 파당을 초월하여 궁극적으로 제왕적 역할을 했다. 그는 금요 오후 예배를 인도하였고 주요 전투에서 군대를 인솔했다. 여하튼 군대 그 자체는 변한 것이 없었다. 그것은 어떤 무슬림에게나 항상 열려 있는 국민의 군대가 더 이상 아니었고 페르시아의 군단과 다를 바 없었다. 페르시아의 군단은 압바스 왕조가 권력을 잡는 데 도움이 되었고 마치 칼리프의 사병과 같았다. 물론 이것은 종교계 인사들에게는 혐오스러운 것이었다. 그들은 압바스 왕조가 정권을 잡았을 때 그들에게 거는 기대가 상당히 컸다. 그러나 압바스 정권이 아무리 비이슬람적일지라도 새로운 칼리프제는 초기에 정치, 경제적으로 성공을 거두었다. 칼리프의 역할은 백성들을 안전하게 살도록 하는 데 있었다.

하룬 알 라쉬드 통치하에서 칼리프제가 황금기를 맞이하여 절정에 있었을 때, 제국은 전례 없던 평화를 누렸다. 이 정권에 반대하여 일어난 반란은 모두 무자비하게 진압되었기 때문에, 백성들은 그 반대의 경우에만 정상적이고 평안한 삶을 누릴 수 있다는 사실을 알고 있었다. 그는 예술과 학문의 후원자로서 위대한 문화적 르네상스의 기운을 고취시켰다. 문학 비평, 철학, 시, 의학, 수학, 천문학 등 모든 학문이 바그다드에서뿐만 아니라 쿠파, 바스라, 준다이베바르, 그리고 하란에서도 번창하였다. 비아랍계 무슬림들도 그리스어 및 옛 시리아어로 쓰인 고전 헬레니즘의 철학과 의학서들을 아랍어로 번역함으로써 이 문예 부흥에 동참하였다. 그리하여 이슬람 세계에 유용했던 과거의 학문을 초석으로 하여, 무슬림 학자들은 이전에 기록된 역사 전체에서보다도 이 기간에 더 많은 과학적 발견의 업적을 이룩했던 것이다.

또한 산업과 상업이 융성했고 엘리트 계층은 우아하고 호화로운 삶을 영위했다. 그러나 이 정권은 이슬람적이라고 하기에는 문제가 많았다. 즉 칼리프와 그의 측근들은 일반 백성들과는 동떨어진 생활을 했다. 그것은 예언자와 정통 칼리프의 금욕주의 생활과는 비교할 수 없는 것이었다. 코란의 계율에 따라 네 명의 부인을 두는 것에 한정하지 않고, 그들은 수많은 궁녀들을 거느리고 주색에 빠져 있었던 페르시아 사산 왕조의 군주들처럼 많은 하렘(harem: 후궁)들을 두었다. 그럼에도 불구하고 종교 개혁가들은 압바스 왕조를 인정하지 않을 수 없었다.

이슬람은 현실주의적이고 실용주의적인 종교이다. 이슬람은 정상적으로는 순교의 정신이나 무의미한 위험을 감수하도록 부추기지 않는다. 이러한 현실주의는 시아 무슬림들 사이에서 분명하게 나타났다. 카르발라에서 3대 이맘 후세인이 비극적인 죽음을 맞이한 이후 그의 직계 후손들은 메디나에서 세상과 단절하고 독실한 삶을 영위했다. 비록 많은 사람들이 그들을 움마의 정통성 있는 이맘들로 간주했지만 말이다.

시아 무슬림들에게 제4대 이맘으로 알려져 있는 후세인의 장남 알리 자인 알 아비딘Ali Zayn al-Abidin(714년 사망)은 신비주의자였으며, 후세에 아름다운 기도문집을 남기기도 했다. 이것은 그가 초대 이맘 알리, 2대 이맘 하산, 그리고 3대 이맘 후세인을 열렬히 흠모한 데에서 나온 것으로 보인다.[1]

제5대 이맘인 무함마드 알 바키르Muhammad al-Baqir(735년 사망)는 코란을

---

1 *알리의 직계손에 대해서 별로 알려진 것이 없으며, 따라서 그들이 신비주의 경향의 시아파에 의해서 실제로 존경을 받았는지 혹은 알리의 혈통이 끊긴 후 이러한 역사가 초기의 이맘에 의해 상상된 것인지 그리고 시아교의의 한 종파인 12이맘 시아파가 언제 정확히 생겼는지 알려진 바가 없다.

독경할 때 비교적秘敎的 방법을 발전시켰다. 코란의 각 낱말과 각 구절은 숨은 의미를 갖고 있다. 그런데 이것은 그들 존재의 내면 세계에 묵시적으로 접근하기 위해서 모든 종교에서 발전된 것과 유사하게 정신적 몰입이라는 신비적 기술의 수단에 의해서만 식별이 가능하다. 이 숨은 의미는 이맘이라는 지위에 대한 이맘 바키르의 새로운 교리를 상세히 설명해 준다. 그의 형제 자이드 이븐 알리Zayd ibn Ali는 정치적 행동주의자였고, 740년에 우마이야 정권에 대항하여 봉기했을 때 결국 살해되었다. 그 시대의 이맘 자이드의 주장을 반박하기 위해서 바키르는 예언자의 독특한 지식이 알리의 직계 자손에게 전수된다고 논박했다.

이맘들은 각각 자신의 계승자를 선택하고 코란의 신성한 의미를 발견할 수 있는 비교적 지식을 전수하였다. 전임 이맘으로부터 이런 특별한 지명, 즉 나스nass를 받은 이맘만이 무슬림의 정통성 있는 지도자가 되는 것이다. 바키르는 그의 부친으로부터 이맘으로 지명되었으나 자이드는 그렇지 못했다. 그러나 740년에 바키르를 따르는 사람은 거의 없었다. 대부분 시아 무슬림은 그의 신비주의적 정적주의quietism보다는 자이드의 혁명적인 정치적 행동주의를 더 선호했다.

그러나 모든 시아파 불만 세력은 압바스 왕조의 무자비한 탄압을 받은 후 칼리프 만수르에 의해 투옥된 바 있는 제6대 이맘 자파르 알 사디크Jafar al-Sadiq(765년 사망)의 말에 경청하기 시작했다. 사디크는 비록 자신이 선택된 이맘으로서 움마의 진정한 지도자라고 하더라도 칼리프직에 대한 강한 주장을 하지 않을 것이라고 선언하면서 나스의 교리를 재확신하며 발전시켜 나갔다. 여기에서부터 이맘은 정신적 스승이 되는 것이다. 이맘은 그의 세대에 신성의 지식을 전수하고, 코란을 독경하는 데 있어 숨은 의미를 상술해 주었다. 그러나 시아 무슬림들은 이렇게 위험한 정치적 분위기 속에서 자신들에게 부여된 이맘제의 교리와 정치적 신조를 지켜야만 했다.

그러나 이것은 신비주의적 성향의 엘리트 계층에게만 호소력이 있었다. 대부분의 무슬림은 좀더 접근하기 쉬운 경건한 신앙을 필요로 했기 때문에 그것을 새로운 형태의 종교적 헌신과 열정에서 찾았다. 이러한 종교적 헌신은 우마이야 왕조 말기에 처음 나타났고, 하룬 알 라쉬드 통치 기간에 활성화되었을 뿐이다. 종교적 헌신은 예수에 대한 기독교인의 헌신과 비슷하다. 이것은 코란을 신의 창조되지 않은 말씀으로 보며, 처음부터 신과 함께 영원히 존재해 왔던 것으로 간주된다. 또한 그것은 무함마드에게 계시된 경전 속에서 육신과 인간의 형체를 취하고 있었던 것으로 본다.

무슬림들은 신을 볼 수 없지만, 그들이 코란을 낭송할 때마다 그의 음성을 듣고 그의 존재 속으로 빠져 들어가는 것을 느꼈다. 그들이 영감으로 얻은 말을 했을 때, 신의 말씀이 그들의 혀와 입에 함께 있었다. 그들이 코란을 품속에 지니고 다닐 때 신은 그들과 함께 했던 것이다. 이것은 무타질라파를 놀라게 했다. 왜냐하면 그러한 행위는 무타질라파의 이성주의적 경건성과 신의 유일성에 대한 엄격한 교리에 배치되기 때문이다. 이 교리는 코란을 두번째 신과 같은 존재로 만드는 결과처럼 보였다. 그러나 시아파처럼 무타질라파도 비교적 지적 소수파에 불과했고, 코란에 대한 이러한 헌신은 이슬람 신도들 사이에서 열정적인 호응을 얻었다.

이 교리의 신봉자들은 '하디스 백성들ahl al-hadith'이라고 알려졌다. 그들의 주장에 의하면, 이슬람법은 예언자의 전승sunnah에 기초해야 되기 때문이다. 그들은 이슬람 법학자가 독립적으로 추론하여 판결할 수 있는 권한, 즉 이즈티하드ijtihad를 행사하는 것을 정당하다고 보는 아부 하니파의 추종자들의 의견에 동의하지 않는다. 아부 하니파는 어떤 법적 판결을 하디스나 코란에 근거할 수 없는 것이라면 법학자들이 독자적으로 새로운 법을 만들 자유를 가져야 한다고 주장했다. 그리하여 그들은 모든 정통 칼리프와 예언자의 교우들 중 한 사람인 무아위야를 존경했다. 종종 정치적 행동주의자로 나섰던 무타질라파와는 달리, 그들은 '선을 명하고 악을 금하는' 의무는 극소수에게만 해당하는 것으로, 모든 무슬림은 칼리프의 신앙심의 깊이에 관계없이 그에게 복종해야 한다고 주장했다. 이것은 하룬 알 라쉬드에게는 매력적인 주장이었다. 그는 경건한 신앙인들을 회유하고 '하디스의 백성들'의 반혁명적 추세에 지지를 보냈다. 무타질라파는 바그다드에서 지지 기반을 잃고, 하디스의 백성들은 그들을 사회적으로 배척하고자 하는 감정이 지배적이었다. 때때로 민중들의 요구로 정부는 무타질라파의 주요 지도자를 투옥하기도 하였다.

압바스 왕조는 종교운동의 강력한 역동성을 인지하고 있었다. 일단 압바스 왕조를 창건하자, 그들은 자신들의 정권에 이슬람적 정통성을 부여하고자 노력했다. 따라서 그들은 민중의 삶을 규제하는 이슬람 법률학인 피크의 발전을 촉진시켰다. 그 결과 제국 내에서 분열의 조짐이 보이기 시작하였다. 백성들의 삶은 이슬람법인 샤리아에 의해서 지배되었지만, 이슬람 이전 시대의 좀더 독재적인 정치 규범에 물들어 있었던 궁중의 왕족이나 정부 고관들은 그렇지 않았다. 이들 지배 계층은 우마이야 왕조 통치하에서 각 도시 자체의 피크를 발전시켰지만, 압바스 왕조는 이슬람 법학자들에게 좀더 통합된 법률체계를 발전시키도록 강권했다.

무슬림 생활의 성격은 코란 시대 이래 극적으로 변화되었다. 이슬람의 개종을 장려한 이후부터 비아랍계 무슬림은 소수 민족이 되었다. 무슬림들은 더 이상 수비대 병영 도시에서 비무슬림 다수 민족으로부터 고립된 소규모 엘리트 집단이 아니었다. 그들은 이제 다수를 차지했다.

새로 이슬람으로 귀의한 무슬림들은 여전히 과거의 신앙과 관습에 젖어 있었다. 민중들의 이슬람적 생활 방식을 규제할 수 있는 좀더 능률적인 종교체제와 공인된 종교제도가 필요했다. 이것은 울라마(ulama: 신학자들, 단수 alim) 계층의 뚜렷한 구별을 가져오는 계기가 되었다. 이슬람 법정의 재판관인 카디qadi는 보다 엄격하게 학문을 연마했다. 칼리프 알 마흐디와 알 라쉬드는 피크의 후원자가 되어 이슬람법 연구를 장려하였다.

메디나에서 말리크 이븐 아나스Malik ibn Anas(795년 사망)는 『무타와타 Mutawattah』라는 개론서를 편집했다. 이 책은 정도正道라는 의미로 메디나의 관습법과 종교제도에 관한 포괄적인 내용을 담고 있다. 말리크는, 메디나는 예언자 무함마드 시대의 공동체인 순나 원형을 여전히 보존하고 있다고 믿었다. 말리크의 제자들은 그의 이론을 발전시켜 메디나, 이집트, 그리고 북아프리카에서 널리 번창한 말리키학파(이슬람 법학파 중 하나)를 정립했다.

그러나 다른 학자들은 오늘날의 메디나는 본래의 이슬람에 대한 믿을 만한 좌표가 될 수 없다고 믿고 있다. 가자 지역의 빈곤한 가문에서 태어나 메디나에서 말리크와 함께 공부했던 무함마드 이드리스 알 샤피이 Muhammad Idris al-Shafii(820년 사망)의 주장에 따르면, 어떤 이슬람 도시가 아무리 유서 깊은 기원을 가지고 있고 존엄하다 할지라도 그것에 전적으로 의존하여 연구하는 것은 옳지 않다고 보았다. 그 대신에 모든 이슬람 법률학은 코란의 단순한 전달자로서가 아닌 영감을 받은 해설자로서의 예언자 무함마드에 관한 순나에 기초해야 한다는 것이다.

코란의 명령과 율법은 무함마드의 언행에 비추어 이해될 수 있다. 그러나 샤피이는 각 하디스가 독실한 무슬림들이 예언자 무함마드의 언행을 이어받은 계통에 의해서 인정된다고 주장했다. 이러한 전승된 연쇄 계통들은 엄격하게 검증되어야 한다. 만약 연쇄 계통이 중간에 단절되었거나 그것 중의 어느 하나가 나쁜 무슬림으로 이어졌다면 하디스는 인정되어서는 안 된다는 것이다.

샤피이는 하디스의 추종자들과 이즈티하드의 필요성을 주장하는 아부 하니파와 같은 그러한 법학자들 사이에서 중재하려고 애썼다. 샤피이는 이즈티하드가 어느 정도 필요하다는 것에는 동의하지만, 그것이 예언자의 관행과 당대의 관례 사이에서 엄격한 키야스qiyas, 즉 유추를 통한 추론으로 한정되어야 한다고 믿었다. 샤피이는 이슬람법의 원천usul al fiqh으로 1)코란 2)예언자의 순나 3)키야스 4)공동체 움마의 합의인 이즈마ijmah가 있다고 가르쳤다. 만약 하나의 관습이 코란이나 하디스에서 찾아볼 수 없는 것이라 할지라도 모든 무슬림에 의해서 받아들여진다면 그것은 진실한 것으로 인정되어야 한다는 것이다. 그 이유는 신이 움마 전체의 무슬림들이 실수하도록 그냥 두지는 않을 것이기 때문이다. 그러나 샤피이의 방법론으로 예언자의 순나에 대한 엄격한 역사적 사실성 여부를 입증할 수는 없다. 그럼에도 불구하고 그의 방법론은 무슬림들에게 심오하고 만족스러운 종교적 경험을 주는 창의적 생활양식을 위한 청사진을 제공했다는 데 의의가 있다.

샤피이의 선구자적인 업적은 다른 많은 학자들로 하여금 그의 판단 기준에 따라서 하디스를 연구하도록 한 것이다. 두 권의 믿을 만하고 권위 있는 명문 선집anthology이 알 부하리al-Bukhari(870년 사망)와 무슬림Muslim(878년 사망)에 의해서 완성되었고, 그것은 피크에 관심을 갖도록 하는 자극제 구실을 했다. 또한 그것은 결과적으로 광대한 이슬람 제국을 통해서 계시된 것이다.

무함마드가 먹고, 씻고, 사랑하고, 말하고, 기도했던 그의 삶의 가장 조그만 부분까지 모방하고 따름으로써 무슬림들은 신에게 완전히 순종하는 내적 태도를 이해할 수 있다. 종교적 사상과 관행은 힘있는 신학자들의 웅변에 의해서도, 또한 역사적이고 합리주의적인 확실한 기반에 의해서도 뿌리내리지 못하고 무슬림들이 신의 존재를 실제로 느낄 때만이 가능하기 때문이다. 오늘날까지도 무슬림들은 샤리아에 강한 애착을 가지고 있다. 샤리아에 몰입함으로써 그들은 7세기 전의 무함마드라는 진정한 인물을 내면 세계 깊은 곳에서 영접하고, 그들의 삶 속에서 그의 존재를 느끼며 그들 자신의 일부로 만들고 있다.

그러나 모든 이슬람 신앙과 마찬가지로 샤리아 역시 정치적이다. 샤리아는 무슬림들이 부정부패라고 간주하는 사회에 대한 항의운동을 용인한다. 말리크 이븐 아나스 및 샤피이 두 학자는 초기 압바스 정권에 대항하여 저항운동에 참여한 정치적 행위 때문에 투옥되기도 하였다. 그러나 그들의 전문적 지식을 이용하여 제국의 통일된 법률체계를 정비하고자 했던 알 마흐디와 하룬 알 라쉬드의 노력으로 그들은 석방되었고 또한 후원도 받았다.

샤리아는 왕실의 귀족주의적이고 세속적인 기풍을 배척한다. 샤리아는 칼리프의 권력을 제한한다. 칼리프는 예언자나 정통 칼리프와 동일한 역할을 하는 것이 아니라 샤리아를 시행하는 것만 허용된다. 따라서 궁중 문화는 비이슬람적인 것으로서 묵시적인 비난을 받는다. 샤리아의 정신도 평등주의적이다. 거기에는 약자를 보호할 특별한 규정이 있으며, 칼리프제나 군주제와 같은 제도에서 개인이 신앙을 방해받지 않도록 하고 있다.

각 무슬림은 신의 명령에 순종해야 할 각자의 책임을 가지고 있으며, 어떠한 종교 권위자나 전문화된 성직자 집단 또는 (교회와 같은) 어떤 제도를 막론하고 신과 개인 무슬림 사이에 개입할 수 없다. 모든 무슬림은 동등한 입장과 지위에 있고, 어떤 성직자 계층이나 지도층도 매개자가 될 수 없었다. 그래서 샤리아는 왕정의 가치 기준과는 완전히 다른 기준에서 사회를 재건설하려는 하나의 시도인 것이다. 그것은 머지않아 곧 칼리프제와 갈등을 일으키게 될 반체제 문화와 저항운동을 촉발하게 된다.

하룬 알 라쉬드의 통치 말기까지 칼리프제가 절정에 달했다는 것은 분명하다. 근대적 통신 시설과 강압적인 통치 수단이 등장하기 전까지는 어떠한 정부도 그렇게 광대한 영토를 무기한 지배할 수는 없었다. 점차 (도망간 한 우마이야 왕조 세력이 756년에 경쟁 왕조를 세웠던) 스페인과 같은 변방 지역의 일부가 떨어져 나가기 시작했고 경제도 쇠퇴기에 있었다. 이에 하룬 알 라쉬드는 제국을 자신의 두 아들에게 분할함으로써 해결책을 찾으려고 애썼다. 그러나 이것은 결국 그의 사후에 형제 간의 내란(809~813)만 초래했을 뿐이다. 과거의 내전과는 달리 개인적 야망의 단순한 충돌이었던 이러한 투쟁에서 이념적이거나 종교적인 동기가 없었다는 것은 바로 당시 왕정의 세속적 정신을 말해 주는 것이다.

칼리프 알 마문al-Mamun(재위 813~833)이 승리자로서 통치를 시작했을 때, 제국은 주요 양 세력 진영으로 나뉘어져 있었다. 하나는 왕실을 중심으로 한 귀족 집단이고, 다른 한 진영은 샤리아에 기초한 평등주의적이고 '입헌주의적' 세력이었다. 그는 자신의 통치력이 약하다는 것을 알고 있었다. 그의 통치는 쿠파와 바스라에서 시아파가 반란을 일으키고 호라산에서는 하와리즈파가 내란을 일으키는 등 내전으로 시작했다고 해도 과언이 아니다. 그는 이러한 내란과 관련이 없는 집단에 호소함으로써 종교적 긴장을 완화시키고자 노력했으나 사태는 더 악화되기만 하였다.

마문은 지적인 사람으로서 자연히 무타질라파의 합리주의에 매료되었고, 그 결과 그들의 지지를 받았다. 그는 또한 '하디스 추종자'의 민중주의운동이 절대 군주제와는 양립할 수 없다는 사실을 이해하였다. 당시 민중주의자는 신법神法 샤리아가 개개인의 무슬림 누구에게나 직접 영향을 미칠 수 있다는 주장을 펼쳤다.

무타질라파가 권력을 장악하자, 그들은 자신들을 그렇게 오랫동안 핍박했었던 하디스 추종자를 적대시하였다. 곧 일종의 종교재판인 '신앙심 심사mihnah'가 행해지면서 하디스 추종자의 지도자, 특히 저명한 아흐마드 이븐 한발Ahmad ibn Hanbal(855년 사망)이 마침내 투옥되었다. 이븐 한발은 민중의 영웅이 되었다. 무타질라파를 옹호한 것은 칼리프 마문에게는 별다른 이득이 없었고, 단지 민중들과 소원하게 되었을 뿐이다. 여기에서 그는 제8대 이맘 알리 알 리다Ali al-Rida를 그의 계승자로 지명함으로써 시아 무슬림들에게 손길을 뻗치려고 했다. 그러나 시아파는 무타질라파와 같이 단순히 또 다른 정신적, 지적 엘리트 계층이었으므로 일반 사람들의 지지를 받을 수 없었다. 몇 달 뒤 리다는 음모에 의해서 살해되었던 듯하다.

그 후 칼리프들은 시아파를 설득하려고 했고, 아무런 소득 없이 한 종교 당파에서 다른 당파 사이를 오가며 지지를 이끌어내려 했다. 칼리프 알 무타심al-Mutasim(재위 833~842)은 군대를 자신의 사병으로 만듦으로써 군주재를 강화하려고 했다. 이러한 군대는 옥수스 강 건너에서 납치되어 온 후 이슬람으로 개종한 터키 노예들로 구성되어 있었다. 그러나 그의 이러한 정책은 민심을 더욱더 멀어지게 하였고, 터키 병사들과 바그다드 국민들 사이에는 긴장감마저 감돌았다. 이를 완화하기 위해서 무타심은 수도를 남부에서 약 100킬로미터 떨어진 사마라Samarra로 옮겼으나 그는 더욱더 고립될 뿐이었다. 반면에 이 지역 사람들과 원래 관계가 없었던 터키인들은 10년마다 더 강력한 세력이 되어, 마침내 칼리프들로부터 제국의 효율적인 통제권을 빼앗을 수 있었다. 9세기 후반과 10세기 초 동안에 시아파는 정적주의에서 과격한 행동으로 전향하여 정치적 행동주의로 무장반란을 일으켰다. 또한 경제 위기는 점점 더 심화되었다.

이러한 정치적 분열의 시대에 순니 이슬람으로 알려지게 된 세력이 나타났다. 무타질라파 및 하디스 추종자와 같은 법학자들은 자신들의 교리상 차이점을 서로 이해하고 연대하였다. 이러한 과정에서 아부 알 하산 알 아샤리Abu al-Hasan al-Ashari(935년 사망)는 중요한 인물 가운데 한 사람이었다. 그는 무타질라파의 신학과 하디스 추종자의 신학을 조화시키려고 시도했다. 무타질라파는 하디스 추종자의 신인동형동성론神人同型同性論 관념을 두려워하여, 신이 어떤 '인간'의 속성을 정말로 가지고 있다는 사실을 부인했다.

하느님이 말하거나 권좌에 앉아 있다고 코란에 명시되어 있기는 하나, 인간인 우리가 하느님의 전지전능에 대해 어찌 함부로 추정할 수 있겠는가? 그러나 이에 대해 하디스 추종자는 그러한 무타질라의 신중한 생각이 신에 대한 경험을 줄이고, 또한 신성을 어떤 종교적 중요성도 없는 철학적인 추상 개념으로 빠져들게 할 것이라고 반박하였다. 아샤리는 여기에 동의했지만 신의 속성은 인간의 성질과 같지 않다고 말함으로써 무타질라파의 감정을 진정시켰다. 코란은 신의 창조되지 않은 말씀이지만, 코란을 표현하는 인간의 말과 그것을 쓰는 데 필요한 잉크와 종이 그 자체는 창조된 것이었다. 실체 밑에 놓여 있는 신비한 본질을 연구하는 것은 중요하지 않을 수도 있다. 우리가 확실히 알 수 있는 모든 것은 역사의 구체적인 사실이다.[2]

아샤리의 관점에서 자연 법칙은 없는 것이다. 세계는 하느님의 직접적

---

[2] 무타질라와 하디스 추종자 간의 코란 창조 논제에 대해 아샤리는 무타질라처럼 실체의 내면을 규명하지 말 것을 권고하면서, 코란이 계시된 기간처럼 '이런 외면적 실체에 대해 규명해 나갈 것을 권고한다.

인 관여로 순간마다 질서정연하다. 인간에게 자유 의지란 없는 것이다.[3] 만약 신이 인간을 통해서 또는 그 내면 세계에서 사고하지 않는다면 인간은 사고할 수 없다. 불은 그것의 타고자 하는 성질 때문이 아니라 하느님이 그렇게 되기를 원하기 때문에 타는 것이다.[4]

무타질라파의 신앙과 교리는 대다수의 무슬림이 이해하기에는 너무도 난해하고 심오하다. 그러나 아샤리교의Asharism는 순니 이슬람의 지배적인 철학이 되었다. 그것은 분명히 이성주의적 교리가 아니라 신비주의적이고 사변주의적 학문의 일종이다. 그것은 코란이 교시하고 있는 방식으로 무슬림에게 신의 존재를 어디에서나 감지할 수 있게끔 하는데, 특히 외적 실체를 통해서 그 속에 내재되어 있는 초월적 실체를 볼 수 있도록 한다.[5] 또한 이 교의는 신을 갈구하는 자들을 만족시켰다. 구체적인 실체 속에서 신에 대한 즉각적인 경험을 하기 위해서는 이러한 교의가 하디스 추종자의 사상 속에서는 너무도 자명한 것으로 각인되었다. 철학은 또한 샤리아의 정신과 같은 성질의 것이었다.

무슬림들은 삶의 가장 미세한 부분까지 예언자의 순나를 준수함으로써 성령으로 충만한 예언자와 동일시됨을 느끼게 되었다. 예언자와 같이 고아, 가난한 사람, 동물에게 친절을 베풀고 식사 때 예를 갖춤으로써 사람들은 하느님의 사랑을 받게 되는 것이다. 무슬림들 삶의 여러 틈새에 신의 뜻을 잘 엮어둠으로써, 그들은 코란이 명한 하느님에 대한 끊임없는 그러한 기억을 마음속에 되새길 것이다.(코란 2: 234 ; 8: 2 ; 23: 57~61)

---

[3] 인간에게 자유 의지가 없는 것처럼 우주 세계 역시 자유 의지가 없으므로 자연 법칙도 존재하지 않는다.
[4] 자연 현상의 하나인 불에 대하여 불이 자신의 의지가 있어서 타는 것이 아니라, 신이 바라는 바에 따르고 있을 뿐이다.
[5] 무타질라처럼 내면에서 외부적 현상으로 접근하지 말고, 그 반대로 접근하여 내부 탐구 규명에 임하도록 권고하고 있다.

10세기 중반까지 이러한 샤리아의 경건성은 제국 전역에 정립되었다. 당시 이슬람 세계에는 인정받는 네 개의 법학파가 있었다. 각각의 법학파들은 모두 무슬림 평등주의를 인정했다. 네 개의 법학파는 하나피, 말리키, 샤피이, 그리고 한발리학파로서 그 중 한발리파는 이븐 한발 및 하디스 추종자의 이상을 보존 유지하고 있다. 실제로 이 네 개의 법학파 사이에 현저하게 다른 점은 없다. 각 무슬림은 자신이 따르고자 하는 하나의 법학파를 선택할 수 있다. 대부분 무슬림은 그 지역에서 우세한 학파를 따르는 경향이 있다.

그러나 사람들의 생각과 같이 모든 순니 무슬림을 결속하게 하는 중요한 요인은 정치적인 것이다. 사람들은 이슬람 공동체의 형체 속에서 신성을 경험할 수 있고, 이것은 무슬림의 개인적인 경건한 신앙에 영향을 미친다. 순니 무슬림은 모두 무함마드와 네 명의 정통 칼리프를 숭배한다. 우스만 또는 알리가 정치적인 면에서 약간의 실수를 했지만, 신을 믿는 질적인 면에서 이들 통치자들은 같은 시대의 통치자들을 훨씬 더 압도하는 독실한 사람들이었다. 반면에 시아 무슬림은 네 명의 정통 칼리프 중 알리만을 움마의 정통성 있는 이맘이라고 믿으며, 처음 세 명의 칼리프는 인정하지 않는다. 그러나 순니 무슬림은 1~3대 까지의 세 명의 칼리프의 정통성을 격하시키기를 거부한다.

순니파의 경건한 신앙은 시아파보다 낙천주의적 경향을 지닌다. 그들은 실패나 고난의 시대에도 신은 움마와 함께 있다고 주장한다. 이슬람 공동체의 통합은 하나의 신성한 가치이다. 왜냐하면 그것은 신이 하나임을 나타내기 때문이다. 이것은 어떤 분파주의적 분열보다도 훨씬 더 중요하다. 그러므로 현존했던 칼리프의 결점에도 불구하고 평화를 위해서 그들을 인정하는 것이 중요했다. 무슬림들이 샤리아에 따라서 살아간다면,

그들은 그 시대의 부패한 정치 질서를 변화시키고 신의 뜻에 순응하도록 할 수 있는 반체제 문화를 새롭게 건설할 수 있을 것이다.

비교비전주의(秘敎秘傳主義)운동

이 신앙심은 모든 무슬림이 믿는 것은 아니지만 다수가 신봉하고 있다. 지적이고 신비주의적 성향을 띤 사람들은 이슬람교를 달리 해석할 필요가 있었다. 압바스 왕조 시대에는 엘리트 계층에 호소력이 있었던 복잡한 네 개의 이슬람 철학과 영성학靈性學 형태의 학문이 등장했다. 이러한 사상은 대중들에게는 비밀로 남아 있었다. 왜냐하면 그들의 부족한 지적 수준으로는 그것을 잘못 이해할 수 있기 때문이다. 이 사상은 기도와 사추를 통해서만 이해가 가능하다.

종교의 비교성秘敎性은 자아 보호의 장치이다. 시아파 제6대 이맘인 자파르 알 사디크는 자신의 제자들에게 안전을 위해서 타키야(taqiyyah: 감춤, 위장)를 실행하라고 권했다. 이것은 당시 정치, 종교적 핍박의 대상이 되었던 시아 무슬림이 위험에 처해 있던 시기에 나타났다. 또한 울라마도 이러한 비교적秘敎的인 시아 집단에 대해 의심을 품었다. 이에 타키야는 갈등을 최소한도로 줄이는 데 기여했다. 기독교 제국에서도 기존 정통파와는 다른 믿음을 가진 신자들은 이단자로서 자주 핍박을 받았다. 이슬람교에서 이러한 기존 신앙에 반대하는 불만 세력은 자신의 사상을 숨기고 일반적으로 그 비밀을 무덤까지 가져간다.

자신의 신앙을 비밀로 보존하는 것은 더 깊은 의미를 갖게 되었다. 신앙을 비밀로 하고 전수하는 데 통달한 사람들, 즉 비교비전주의자의 신화적·신학적 통찰력은 전체 생활 방식의 일부분이 되었다. 특히 신비적 비전의 교리는 상상력과 직관력을 통하여 경험하고 이해될 수 있는 것이다. 그러나 이는 일반 사람들의 이성주의적 이해력만으로는 감지할 수 없는 것으로 한 편의 시나 한 곡의 음악과 같은 것이다. 이와 같이 예술적인 것도 이성적으로 설명될 수 없기 때문에, 이를 완벽하게 감상하기 위해서는 어느 정도의 심미적인 훈련과 전문 지식을 요한다.

비교비전주의자들은 자신들의 사상을 이단적이라고 생각하지 않는다. 그들은 일반 울라마보다 계시에서 더 심오한 의미를 이해할 수 있다고 믿는다. 신앙과 교리는 그것이 기독교에서만큼 이슬람에서는 중요하지 않다는 사실을 상기해야 한다. 유대교처럼 이슬람은 사람들이 어떤 방식으로 살아가야 할지를 요구하는 종교이다.

이슬람은 정통 교리 신봉보다는 인간 행위 실천을 오히려 강조한다. 비교비전주의를 신봉하는 무슬림들 역시 이슬람의 핵심적 실천 관행인 5주를 지킨다. 그들은 모두 간략한 무슬림 신앙 고백인 '알라 외에는 신이 없고, 무함마드는 그의 예언자이다'라고 선언하는 샤하다(shahadah: 신앙 고백)에 완전히 동의한다. 그들은 하루에 다섯 번 기도 의식을 행하며, 구빈세 성격의 세금인 자카트를 지불하고, 라마단 성월에는 한 달 동안 금식을 단행한다. 또한 사정만 허락된다면 생전에 적어도 한 번은 메카를 순례hajj한다. 이러한 5주에 충실한 사람은 누구나 그의 믿음에 관계없이 진실한 무슬림이라 할 수 있다.

우리는 압바스 왕조가 권력을 잡은 뒤, 시아파 제6대 이맘인 자파르 알 사디크가 이야기했던 시아교의shiism 정적주의 형태에 관해서 이미 논의한 바 있다. 비록 시아 무슬림이 순니 무슬림과 마찬가지로 샤리아의 경건성을 믿고 그들 자신의 법학파(자파리학파Jafari School: 사디크의 이름을 따서 지음)를 가지고 있더라도 그들은 주로 현재의 이맘의 인도에 따랐다.

이맘은 그 세대 무슬림을 위해서 자신의 종교 지식을 전수한다. 그는 무오류의 정신적 인도자이고 샤리아를 시행하는 완벽한 재판관인 카디이다. 순니파와 같이 시아파는 예언자가 코란의 계시를 받은 것을 목격했었던 초기 움마의 무슬림들처럼 직접 신을 경험하고 싶어한다. 난폭하고 위험스러운 세계에서 신의 영감을 받은 이맘의 상징은, 내재하는 신을 진실한 묵상을 통해서 인식할 수 있는 시아 무슬림들의 감정을 반영한다.

또한 이맘제의 교리는 일반 현실 정치의 비극적인 환경 속에서 신의 뜻과 명령을 구현하기가 극히 어렵다는 사실을 보여준다. 시아 무슬림은 이맘들 모두가 그 시대의 칼리프에게 한 명씩 차례로 살해되었다고 주장한다. 카르발라에서 맞이한 제3대 이맘 후세인의 순교는 특히 이 세상에 신의 뜻을 전하려다가 죽음을 맞이한 생생한 예이다.

10세기까지 시아파는 이맘 후세인의 순교일인 무하람 달 10일 아슈라 Ashura의 금식일에 전국적으로 그를 애도했다. 그들은 현 정권의 부정부패를 규탄하면서 가슴을 치고 애통해하며 거리를 행진하곤 했다. 무슬림 사회의 정치 상황은 코란의 계율에도 불구하고 여전히 부유층에게 특권을 주고 약자를 억압하는 형태였다. 자파르 알 사디크를 추종하는 시아 무슬림들은 사악한 정치를 거부하고, 사회 정의를 구현하기 위한 열정이 항의 운동의 성격으로 바뀌어 그들의 신앙심 중심부에 자리잡고 있었다.

9세기 동안 압바스 왕조와 시아파 사이의 적대감은 칼리프제가 쇠퇴하면서 다시 수면 위로 떠올랐다. 칼리프 알 무타와킬al-Mutawakkil(재위 847~861)은 제10대 이맘 알리 알 하디Ali al-Hadi를 메디나에서 사마라로 소환하여 가택 연금시켰다. 칼리프는 예언자의 직계 자손인 그를 구금하지 않은 채 놓아두면 안 된다고 생각했다.

이후 이맘들은 실제로 시아 교도들에게 더 이상 접근할 수 없었고, 단지 '대리인들'을 통해서 의사소통을 할 수 있었다. 제11대 이맘이 874년에 사망했을 때, 그에게는 어린 아들이 있었는데 그는 생명을 부지하기 위해 피신한 것으로 전해진다. 이미 어디에선가 죽었을지도 모를 제12대 이맘의 흔적은 분명히 없었다.

그러나 대리인들은 여전히 12대 이맘을 대신하여 시아 공동체를 통치하면서 코란의 비교 탐구를 인도하고 자카트를 걷고 법률적 판단을 하였다. 은폐한 12대 이맘이 자연적 수명 기간이 다 되었을 법한 934년에 '대리인'은 이맘이 시아 무슬림들에게 전하는 특별 메시지를 가져왔다. 그 메시지는 이맘이 죽지 않고 신에 의해서 은폐되어 이제 더 이상 시아 신도들과 접촉할 수 없다는 것이었다. 그는 어느 날 새로운 정의의 시대를 열기 위해서 재림할 것이지만, 이는 오랜 시간이 흐른 후를 의미한다.

마지막 이맘의 은폐에 대한 신화는 흔히 있는 사실을 진술하는 것처럼 문자 그대로 해석해서는 안 된다. 이는 세상에 존재하든 안 하든 인간의 힘으로는 알기 어려운 신에 대한 우리의 감정을 표현하는 신비주의적 교리이며, 이 세상에서 진정한 종교적 정의를 시행한다는 것이 불가능하다는 사실을 상징한다. 왜냐하면 칼리프들이 알리의 가문을 파괴시켰고, 지상에서 일므를 추방했기 때문이다.

이후 시아파 울라마는 은폐한 12대 이맘을 대신하였고, 그의 뜻을 이해하는 데에 그들의 신비주의적이고 이성주의적인 통찰력을 사용하였다. 12이맘 시아파(12명의 이맘을 믿는)는 현실 정치 생활에 더 이상 참여하지 않았다. 그 이유는 움마의 진정한 지도자인 최후의 이맘이 부재하는 상황에서 어떤 정부나 정권도 정통성이 있을 수 없었기 때문이다. 숨은 이맘이 돌아올 것을 갈망하는 그들의 메시아적 신앙심은 현 이슬람 사회에 대한 불만의 표출이기도 하다.

　모든 시아 무슬림이 12이맘 시아파를 뜻하는 것은 아니며, 또 그들 모두가 세속적인 정치를 부정한다는 것도 아니다. 일부 시아 무슬림(7이맘파, 즉 이스마일파)의 주장에 의하면, 알리의 가계는 자파르 알 사디크의 아들인 이스마일Ismail에서 끝난다. 이스마일은 그 다음 이맘으로 지명되었으나 그의 부친보다 먼저 세상을 떠났다. 7이맘 시아파는 자파르의 둘째 아들 무사 알 카짐Musa al-Kazim의 정통성을 인정하지 않았으나, 반면에 12이맘 시아파는 그를 제7대 이맘으로 숭배한다.⁶ 또한 그들은 코란에서 숨은 의미를 찾는 비교비전주의적 영성을 발전시켜 나가면서, 현실 생활에서 도피하지 않고 완전히 다른 새로운 정치체제를 설립하려고 노력했으며 때로는 행동주의자의 면모를 보여주기도 했다.

　909년에 이스마일파 지도자는 자기 자신에게 알 마흐디(인도받는 자)라는 메시아적 칭호를 부여하면서 튀니시아 지방에서 간신히 권력을 잡았다. 이스마일파는 983년 압바스 제국으로부터 이집트를 빼앗아 거의 200년간 지속되었던 칼리프제 국가를 카이로에 세웠다. 또한 시리아, 이라크, 이란, 그리고 예멘에는 이스마일파의 비밀 세포 조직이 있었다. 조직원들은 지방 요원들에 의해서 점차적으로 분파를 형성하기도 했다. 하류 계층에서 신봉한 종교는 순니교의Sunnism와 별다른 차이점이 없었다. 그러나 그는 신을 인지하는 수단으로서 수학과 과학을 이용하는 심오한 영성과 철학을 도입했다.

---

6 '7이맘 시아파' 혹은 이스마일 시아파의 유래는 정확하지 않다. 이스마일 시아파가 이맘 이스마일에 충성한 얘기는 이스마일파 자신의 위치를 정당화하기 위해서 아마도 '12이맘 시아교의'의 신학이 생기고 난 후에 나타났을 것이다. 보통 정치적으로 적극적인 활동을 한 7이맘파는 원래는 제5대 이맘의 형제인 자이드 이븐 알리를 본보기로 삼은 시아파들인 자이드파였을 것으로 생각되며, 그들은 정의롭지 못한 통치에 맞서 무력으로 싸울 의무가 있다고 믿었다.

코란에 대한 이스마일파의 묵상은 역사가 순환한다는 관점을 갖게 하였다. 그리하여 그들은 사탄이 신에게 대항해서 반란을 일으킨 이후부터 역사가 쇠퇴했다고 믿었다. 하지만 쇠퇴하는 추세를 역행시키려 했던 여섯 명의 위대한 선지자들(아담, 노아, 아브라함, 모세, 예수, 무함마드)이 있었다. 각각의 선지자에게는 신의 비밀스런 메시지를 이해할 수 없는 자들에게 그것을 가르쳐 주는 한 명의 집행자가 있었다. 예를 들면 아론Aaron은 모세의 집행자이고, 알리는 무함마드의 집행자이다. 무슬림이 선지자들의 가르침을 실천에 옮기려고 노력함으로써 그들은 정의의 최후 통치가 이루어질 수 있는 준비를 했다. 이 정의의 통치는 일곱번째 선지자인 마흐디Mahdi가 시행할 것이었다.

그것은 매혹적인 운동이었다. 순니파는 이스마일파 정권에 대항한 순니파 항의운동으로 과학 및 예술에 대해 의심을 품었는데, 그 시점에서 이스마일교의Ismailism는 좀더 지적인 무슬림들에게 종교적 방식으로 새로운 철학을 탐구할 기회를 제공했다. 그들의 영적인 주해exegesis는 코란의 문자적 의미를 초월하여 숨겨진 신의 실체를 향해서 예배자의 주의력을 집중하도록 하는 타윌(tawil: 옛날로 소급해 올라가 추론하는 것)의 과정이다.

코란에 의하면 신은 '상징ayat'을 수단으로 신자들과 대화한다. 왜냐하면 신은 전적으로 논리적이거나 이성적인 담론으로 표현할 수 없기 때문이다. 이스마일파는 '사상의 대담함을 억제할 수 없는 자'와 같은 은유법으로서 신을 암시했다. 또한 그들은 어떤 계시나 신학적 체계도 결코 결정적으로 완성된 것이 아니라고 믿는다. 왜냐하면 하느님이 인간의 생각보다 항상 위대하기 때문이다. 또한 이스마일파는 여섯 명의 주요한 선지자들 중에서도 무함마드가 가장 중요하며, 그가 최후의 선지자라는 데 동의한다. 그뿐만 아니라 그들의 주장에 의하면, 그가 아랍 민족에게 가져온 계시의 완전한 의미는 마흐디가 재림할 때 분명해질 것이라고 한다. 그리하여 이스마일파는 울라마의 보수적인 성격에 경종을 울리는 새로운 진리의 가능성에 문을 열어 두고 있다.

그러나 이스마일파는 단순히 사변주의적 분파가 아니다. 진실한 모든 무슬림들과 같이 그들은 움마의 운명에 대해 걱정하면서, 신앙이 정치적 행동주의와 상관이 없는 것이라면 그 신앙은 가치가 없는 것이라고 믿었다. 그들은 올바르고 정의로운 사회를 위해 노력하는 것이 마흐디의 재림하는 길을 열어 주는 것이라고 생각했다. 이스마일파가 오래 지속된 칼리프제를 세우는 데 성공함으로써 그들의 이상에 있어 정치적 잠재력을 입증했으나, 다수의 무슬림들에게도 호소력이 있었던 것은 아니다. 이스마일파의 사상은 너무 계층주의적이고 엘리트주의적이기 때문에 소수의 지식층 무슬림 이외에는 어떤 계층에게도 호소력이 없었다.

이스마일파는 이 당시에 등장한 제3의 비교비전주의운동이자 그리스 철학의 영향을 받은 팔사파Falsafah[7]로부터 상당히 많은 우주적 상징주의를 이끌어 냈다. 그것은 압바스 왕조 때 시작된 문화적 르네상스, 특히 무슬림들에게 지금도 유용한 아랍어 번역본, 그리스 철학, 과학, 그리고 의학의 발견에서 나온 것이다.

무슬림 철학자, 즉 팔사파들은 이성에 대한 그리스 문화 예찬론에 매료되었다. 그들은 이성주의가 종교의 가장 고귀한 형태라고 믿고, 그것에서 한층 더 발달된 통찰력을 코란의 계시와 관련시키기를 원했다. 그러나 그것은 매우 어려운 작업이었다. 아리스토텔레스나 플로티노스 철학파에

---

[7] 팔사파Falsafah는 파일라수프Faylasuf라고도하며, 그것의 복수 팔라시파Falasifah는 그리스어의 필로소포스philosophos를 아랍어로 음역한 것이다. 팔사파는 플라톤과 아리스토텔레스의 저작과 그 주석을 연구했기 때문에 그리스 철학의 계승자로 여겨지지만, 엄격한 의미에서 순수철학이 아니며 신학이나 의학과도 관련이 많다.

서 말하는 지고의 신과 이슬람의 알라는 매우 다른 성격을 띠었다. 지고의 신은 세속적 문제와는 관계하지 않고 세계를 창조하지도 않았으며 최후의 심판도 하지 않기 때문이다.

일신론자들이 세계의 역사적 사건에서 신을 경험한 곳에서, 무슬림 철학자들은 역사가 하나의 환상이라는 그리스 철학자들에 동의한다. 역사는 시작도 중간도 끝도 없다. 왜냐하면 우주는 역사의 최초의 근원First Cause에서 퍼져 나오는 것이기 때문이다. 무슬림 철학자들은 역사의 덧없는 흐름을 초월하여, 그 밑에 놓여 있는 변함없고 이상적인 세계를 이해하기 갈망한다.

무슬림 철학자들에게 있어 인간의 이성은 절대 이성의 반영으로 간주된다. 여기에서 절대 이성은 곧 신을 뜻한다. 이성적이지 않은 우리의 지성을 정화하고 이성적으로 살아가는 방법을 배움으로써, 인간은 신에게서 영원한 방출 과정을 벗어나 그곳 밑에 있는 삶의 다양성 및 복잡성에서 신의 유일성 세계로 상승할 수 있다. 이들은 감정 정화의 이러한 과정이 인류 최초의 종교나 마찬가지라고 믿고 있다. 다른 모든 의식은 이성에 대한 진실한 신앙의 불충분한 표출이다.

무슬림 철학자들은 일반적으로 독실한 신앙인이었고, 자신들도 훌륭한 무슬림이라고 자부했다. 그들의 이성주의는 그 자체가 곧 신앙이었다. 왜냐하면 세계가 이성적으로 질서가 잡혀 있다고 믿는 것은 용기와 신뢰가 요구되는 것이기 때문이다. 어떤 무슬림 철학자는 이성적으로 사는 데 자신의 전 생애를 바쳐 전념했다. 그는 일관되고 완전하며 논리적인 세계관을 형성하기 위해서 그의 모든 경험과 가치를 결합하기를 원했다. 아마도 그것은 타우히드를 철학적으로 나타낸 것으로 보인다.

또한 그들은 사회적 문제에 대해서도 지속적인 관심을 보였다. 그들은 궁중의 사치스러운 생활과 칼리프의 전제정치를 멸시했고, 그들 중 일부는 자신들의 이상에 따라서 사회를 변화시키고자 하였다. 그들은 궁중과 다른 고관들 집에서 주치의와 점성가로 일하기도 하였다. 하지만 무슬림 철학자 중 어느 누구도 울라마와 같은 포괄적인 개혁을 시도하지 못했으며, 샤리아에 대한 민중들의 호응을 얻는 데 있어서 어떤 역할도 하지 못했다.

야쿱 이븐 이샤크 알 킨디Yaqub ibn Ishaq al-Kindi(870년경 사망)는 최초의 주요한 파일라수프Faylasuf, 즉 무슬림 세계의 '철학자'였다. 그는 쿠파에서 태어나 바스라에서 교육을 받고 바그다드에 정착했다. 그곳에서 그는 칼리프 마문의 후원을 받았으며, 신학의 신인동형동성론을 제거하는 과정에서 무타질라파와 밀접한 협력 관계였다. 그러나 그는 무타질라파가 했던 것과 같이 무슬림의 자료들에만 한정하지 않고 그리스 현인들로부터도 지혜를 찾고자 했다. 그래서 그는 조물주의 존재에 대한 아리스토텔레스의 증명을 코란의 신에 적용시켰다. 후기의 모든 무슬림 철학자들과 마찬가지로 그는 진리가 발견되는 곳이 어디든, 심지어 다른 종교를 가진 외국 사람들에게서도 그 진리를 받아들여야 한다고 믿었다.

신과 영혼에 대해 코란에서 계시한 가르침은 추상적이고 철학적인 진리의 비유와 같다. 킨디는 이 진리가 이성적 사색을 할 수 없는 대중들에게 무슬림 철학자들이 접근하게 할 수 있었다고 보았다. 그러므로 계시종교는 소위 '가난한 사람의 철학'이었다. 킨디와 같은 무슬림 철학자는 계시를 이성보다 하부 개념으로 경시하지 않으려고 노력했다. 그러나 오히려 시아 무슬림들과 같은 방법으로 그는 신의 내적 진수를 이해하기 위해서 바틴batin, 즉 코란의 숨은 진리를 추구하였다.

이성주의 철학의 이슬람 전승을 완전히 확립한 사람은 바로 터키계 가문 출신의 음악가였던 아부 나사르 알 파라비Abu Nasr al-Farabi(950년 사망)였다. 그는 계시종교보다 철학을 더 높은 것으로 보았기 때문에 킨디보다 더 앞서 나갔다. 그의 관점에서 계시종교는 자연스러운 사회적 필요성에서 나온 것으로 단순한 수단에 불과했다. 파라비가 그리스 이성주의자들 및 기독교 철학자들과 차별성을 갖는 이유는 그가 정치학에 부여했던 중요성에 있다. 그는 플라톤과 아리스토텔레스가 단지 이상향으로만 여겼던 이성주의적 사회의 건설을 최종적으로 가능하게 만들 수 있는 것은 이슬람의 승리라고 믿었었던 것 같다.

이슬람은 그 이전의 종교들보다 더 이성주의적인 종교이다. 이슬람에는 삼위일체와 같은 비논리적인 교리는 없으며 법의 중요성을 강조할 뿐이다. 파라비는 공동체의 인도자로서 이맘을 숭배하는 시아파 이슬람이 일반 무슬림을 이성주의적 원리에 따르는 현인, 즉 왕이 통치하는 사회에서 살아가도록 준비시킬 수 있다고 믿었다. 플라톤은 질서가 잘 잡힌 사회에서는 대중이 신의 영감을 받았다고 믿는 교리가 필요하다고 논박했다. 무함마드는 지옥과 같은 형벌을 예시로, 논리적인 논쟁으로는 어떻게 할 수 없는 무지한 사람들을 설득할 율법이 필요하다고 보았다. 그래서 종교는 정치학의 한 분야였고, 현명한 철학자가 연구해야 한다는 것이다. 철학자는 보통 이슬람 신도들보다 신앙의 핵심을 더 깊이 볼 수 있다고 생각하기 때문이다.

파라비는 실천주의자적 수피Sufi, 즉 이슬람 신비주의자였다. 다른 비교 집단들은 시아파와 수피들처럼 서로 자연스럽게 이끌리는 경향이 있었다. 그들은 상호 다른 정치 견해를 가지고 있었는지는 모르지만 비슷한 정신적 견해를 공유했다. 순니 이슬람의 신비주의 사상인 수피즘Sufism은 우리가 지금까지 언급했던 다른 학파들과는 다르다. 그것은 명백한 정치 철학을 발전시키지 않았기 때문이다. 그 대신에 수피즘은 역사 쪽으로 발전되었던 것처럼 보인다. 신비주의자들은 현재의 사건에서보다는 그들 존재의 내면 깊은 곳에서 신을 찾는다.

이슬람에서 거의 모든 종교운동은 정치적 관점에서 시작되며 수피즘도 예외는 아니다. 수피즘은 우마이야 왕조 시대에 무슬림 사회에서 증가하는 세속성 및 사치성에 반대하는 대응으로서 발전했던 금욕주의에 그 기원을 두고 있다. 그것은 모든 무슬림이 평등하게 살아왔던 초기 움마의 소박한 세계로 되돌아가려는 시도이다. 금욕주의자들은 종종 양모로 된 옷을 걸쳤는데, 이러한 옷은 가난한 사람들이 많이 애용했고 무함마드도 이들과 같은 옷을 입었다. 9세기 초까지 양모 옷이라는 용어는 압바스 사회에서 점차적으로 발전되고 있었던 신비주의운동과 동의어가 되었다.

또한 수피즘은 법률학의 발전에 따른 반작용으로 보인다. 일부 무슬림에게는 법률학이 이슬람을 단지 일련의 외부적 법률로 국한시킨다고 생각되었다. 신비주의자 수피들은 무함마드가 코란의 계시를 받을 수 있었던 그러한 마음 상태를 그들 자신들 내부에서 재생하기를 원했다. 법학자의 법원천usual al fiqh보다 오히려 법의 진정한 기초는 바로 수피의 내면적 평화islam이다.

코란을 쓸모 있는 유일한 성서로 그리고 무함마드의 종교를 진정한 신앙으로 보면서 기존의 이슬람이 그 유연성을 점점 잃어가자, 수피들은 다른 종교 전승을 이해하기 위해서 코란의 정신으로 되돌아갔다. 예를 들면 일부 수피는 특히 예수를 사모했다. 그들은 예수가 사랑의 복음을 설교한 이래 그를 이상적인 수피로 간주했던 것이다. 또 다른 일부 수피는 돌 앞에서 엎드려 경배하는 우상 숭배자라 할지라도 모든 사물의 중심에 존재하는 절대 진리al haqq, 즉 창조주를 숭배하는 것이라고 주장했다.

울라마와 법학자들이 계시에 대해 이제 모두 끝이 나고 완성된 것으로 여기게 되자, 시아파와 마찬가지로 수피들은 어디에나 있었고 심지어 다른 종교 전승에서도 찾을 수 있는 새로운 진리의 가능성을 항상 열어 놓았다. 코란은 엄격한 정의의 신이라고 묘사하는데 반해, 위대한 여성 금욕주의자 라비아Rabia(801년 사망)와 같은 수피들은 사랑의 신에 관해서 말했다.

전 세계에 걸친 주요한 모든 신앙 전승에 있어서 이러한 형태의 내면적인 교감을 할 수 있는 능력을 가지고 있는 사람들은, 무의식 세계에 깊이 들어가서 자아의 깊숙한 곳에 있는 하나의 존재가 무엇과 같은 것인가를 경험할 수 있는 기술을 발전시켜 왔다. 수피들은 숨을 깊이 그리고 리듬에 맞춰 쉬는 동안에 정신력을 집중하는 법을 배운다. 그들은 금식하고 철야하며 주기도문으로서 코란에 등장하는 하느님의 속성을 가진 신들의 이름을 찬양한다. 때때로 이것은 수피들을 억제할 수 없는 황홀경에 빠져들게 한다. 그러한 신비주의자들은 소위 '무아지경의 수피'로 알려지게 되었다.

이러한 초기 수피들 중 비스타미Abu Yazid al-Bistami(874년 사망)는 알라를 마치 애인처럼 흠모했던 인물이다. 그는 자기 자신의 존재는 완전히 없다고 생각하는 절멸fanah의 훈련을 쌓았다. 즉 점차적으로 자기 중심egotism의 각피를 하나씩 벗김으로써, 비스타미는 알라와 다름없는 그의 존재 속에서 고양된 자아를 발견했다. 여기에서 알라는 비스타미에게 다음과 같이 말했다. "나는 너를 통해서 존재한다. 너 이외에는 신이 없다."

샤하다, 즉 신앙 고백을 되풀이하는 것은 심오한 진리를 표현하는 것으로 그것은 다른 신앙 전승에서 신비주의자들이 발견했던 것이다. 샤하다는 알라 외에는 신이 없다는 것을 선언하는 것이다. 그래서 일단 자아가 완전한 평화의 상태에서 마침내 소멸되어 버릴 때 모든 인간은 잠재적으로 신성을 지니게 된다. 알 할라즈al Hallaj로 알려진 만수르Husain al Mansur (922년 사망)는 "내가 진리, 즉 신이다"라고 외치면서 유사한 주장을 했었다고 한다. 그러나 일부 학자들은 이것을 "나는 신, 즉 진리를 본다"라고 해석해야 한다는 견해를 표명하고 있다.

할라즈가 '평온한 상태에 머무는 동안 정신적으로 유효한 순례를 하는 것은 가능하다'라는 주장을 했다는 죄로 울라마에 의해서 처형되었다. 그를 처형한 것은 수피들과 울라마 사이에 적대감이 쌓여가고 있음을 보여주는 단적인 예이다. 소위 '비무아지경 수피들'의 선구자인 바그다드의 주나이드Junayd는 이러한 형태의 극단주의를 신봉하지 않았다. 그는 비스타미가 경험한 무아지경 상태는 고양된 자아 감정이며, 좀더 완전한 평정을 얻기 위해서 신비주의자가 초월해야 하는 하나의 양상에 불과하다고 생각했다.

수피들이 처음으로 신이 부르는 소리를 들었을 때, 그들은 모든 존재의 근원에서 고통스럽게 분리되는 것을 인식했다. 신비주의적 여정은 불교도의 윤회 교리와 매우 흡사한 교리, 즉 인간성에 가장 성스러운 것으로 되돌아가는 과정이다. 수피즘은 압바스 왕조 전반기 동안에는 초보적인 신앙운동이었다. 그러나 그 후에 수피 대가들은 주나이드의 체계를 정립하고, 대다수 무슬림의 마음을 사로잡은 비교주의운동을 창시하였다.

비교주의자들은 자신들이 독실하고 진실한 무슬림이라고 주장했지만, 그들은 예언자 무함마드의 종교인 이슬람을 많이 변질시켰다. 만약 예언자 무함마드가 파일라수프, 즉 무슬림 철학자의 교리에 대해서 들었다면 놀랐을 것이다. 알리 역시 시아 무슬림들이 자신들은 수피의 당파라고 선언했지만, 그들의 사상과 신화를 인정하지 않았을 것이다. 자신들이 믿는 종교는 결코 변하지 않으며, 또한 믿음과 의식이 종교 창시자의 신앙과 동일하다고 생각하는 많은 신도들의 신념에도 불구하고 종교는 그 자체의 존속을 위해 변화해야만 한다.

무슬림 개혁가들은 이슬람의 신비주의적 성향에 진실성이 없다고 판단하고, 이슬람이 오염되기 전인 초기 움마의 순수성으로 되돌리려고 노력했다. 그러나 그것은 불가능한 일이었다. 어떤 개혁의 의도가 아무리 보수적일지라도 그것은 항상 개혁가 자신의 시대에서는 특별한 도전을 필요로 하는 것이고, 그것이 새로운 출발점이 되어 왔다. 만약 어떠한 전승이 개혁의 범위 내에서 발전하고 성장할 유연성을 가지고 있지 않다면 그 전승은 도태될 것이다. 이슬람은 이러한 창의적인 포용력을 가지고 있음이 증명되었다.

이슬람은 예언자 무함마드의 거칠고 야만적인 시대와 매우 다른 환경 조건에서 살고 있는 사람들에게도 매우 호소력이 있다. 그들은 코란 구절의 문자적 의미와 원래 무함마드가 계시를 받았을 때의 환경을 초월하여 그 뜻을 이해할 수 있었다. 코란은 그들의 삶 속에서 신의 존재를 느끼게 하는 원동력이 되었고, 그들은 위대한 힘과 통찰력을 주는 새로운 영성 spirituality으로 충만하게 되었다.

9세기와 10세기의 무슬림들은 메디나에 있는 초기의 조그만 움마에서 멀리 이동해 갔다. 그들의 철학, 이슬람 법학, 그리고 신비주의 학문은 코란과 예언자 무함마드라는 위대한 인물에 기초하고 있다. 그러나 코란이 신의 말씀이기 때문에 다양하고 무한한 해석이 있을 수밖에 없다고 생각하였다. 그리하여 이슬람학은 여러 방면으로 발전하였고, 예언자와 정통 칼리프가 상상할 수 없었던 세계에 살고 있는 무슬림들도 계시를 통해서 대화할 수 있게 되었다. 하지만 한 가지 문제만은 여전히 남아 있었다. 바로 최초의 움마의 종교처럼 이슬람의 철학, 법학, 영성은 매우 정치적이라는 사실이다.

무슬림들은 이슬람 제국의 빛나는 문화적 업적에도 불구하고, 자신들이 건설했던 제국은 코란의 기준에 따라 살지 않았다는 사실을 매우 정확하게 알고 있었다. 칼리프들은 움마의 지도자였으나, 그들 중 대부분은 예언자 무함마드가 혐오스러워할 정도로 세속적인 삶을 살았고 그러한 방식으로 통치했다. 코란의 이상과 현재 이슬람 정치체제 사이의 현격한 모순이 있을 때, 무슬림들은 항상 그들이 가장 신성시하는 가치들이 침해당하고 있다는 것을 느낀다. 움마의 정치적 건전함은 그들 존재의 가장 깊은 핵심부에 자리잡고 있다.

10세기에 지각 있는 무슬림들은 칼리프제도에 문제성이 있다는 사실을 깨달았다. 그러나 무슬림들이 해방의 개념으로서 칼리프제도의 쇠퇴를 경험했던 시기의 이슬람 정신과는 낯선 것이었다.

제3장

이슬람 전성기

새로운 질서

10세기 들어 이슬람 제국은 더 이상 중앙집권체제를 유지할 수 없었다. 칼리프가 움마의 명목상 지배자로 남아 있었으나, 그것은 상징적이었을 뿐 실질적으로 제국의 여러 지역은 독립된 상태에 있었다. 이집트에서는 이스마일 파티마 왕조[1]의 칼리프제가 북아프리카, 시리아, 아라비아의 일부 영토, 이라크, 이란, 그리고 중앙아시아를 지배했다. 터키의 군 지휘관인 아미르들은 권력을 잡고 실질적으로 독립된 형태의 세력을 구축했으며, 군사적으로는 서로 대립 관계에 있었다.

10세기는 시아 이슬람 시대라고도 불리는데, 이는 이 기간의 왕조들이 시아파 성향을 띠었기 때문이다. 하지만 모든 아미르들은 압바스 왕조의 칼리프를 움마의 최고 지배자로 인정했고, 절대 왕정에 대한 이념은 견고했다. 이 기간의 왕조들은 11세기 초 북서 인도 지방에 영구적인 무슬림 영토를 구축하는 등 어느 정도 정치적인 성공을 거두기도 했지만, 셀주크

---

[1] *카이로에 있는 이스마일 왕조는 '파티마 왕조'라고 종종 불리는데 이것은 12이맘 시아파처럼 알리와 예언자 무함마드의 딸인 파티마의 직계 후손들인 이맘들을 숭배했기 때문이다.

터키가 등장하기 전까지는 어느 왕조도 오래 지속되지 못했다.

셀주크 터키는 1055년 시르 강 유역에서 일어나 바그다드를 점령했고, 칼리프와의 협상을 통해 다르 알 이슬람(Dar al Islam: 이슬람 세계)에서 칼리프 대리인 자격을 인정받았다. 셀주크 터키의 승리 이전에는 제국의 붕괴가 예고된 것처럼 보였다. 한 왕조가 다른 왕조를 잇고 국경이 변동하는 것을 외부의 관찰자가 지켜봤다면, 이슬람 제국이 초기의 전성기를 뒤로 하고 쇠망의 길로 접어들었다고 판단했을 것이다. 하지만 예상과는 달리, 마치 우연처럼 이슬람 제국에서는 무슬림 정신에 더욱 부합하는 새로운 질서가 출현하고 있었다. 정치적 혼란에도 불구하고 이슬람은 침체되지 않았다. 무슬림의 각 정복 지역마다 수도가 있었기 때문에, 당시 바그다드에 하나의 문화 중심지만 존재하던 것과는 다르게 여러 곳에 문화 중심지가 생겨났다. 카이로는 파티마 왕조의 지배 아래 예술과 교육의 중심지가 되었고, 철학 사상이 발달하여 10세기 이후 칼리프는 가장 중요한 이슬람 대학이 된 알 아즈하르Al-Azhar를 건립하였다.

사마르칸드에서는 페르시아 문화의 르네상스가 일어났다. 그 시대의 주요 인물 중 한 명이 이븐 시나Abu Ali ibn Sina(980~1037)이다. 알 파라비의 제자였던 이븐 시나는 종교를 더욱 심도 있게 다루었다. 그는 예언자가 진리 전달의 차원을 뛰어넘었다고 주장하면서 예언자를 집중적 통찰력을 지닌 강한 자세의 이상적 철학자라고 보았다. 이븐 시나는 무슬림 철학자이면서 신비주의자들의 이론이 아닌 체험으로서 신의 존재를 경험하는 사실에 주목하고 이를 철학 사상으로 정립하는 데 힘썼다. 이러한 그의 노력은 결과적으로 무슬림 철학자, 즉 팔사파의 신비주의자들의 신앙적 자세, 기존 신앙자들의 경건한 자세가 한데 조화를 이루게 하였다.

1010년 스페인 우마이야 왕조의 칼리프제가 붕괴된 후, 여러 경쟁적 독

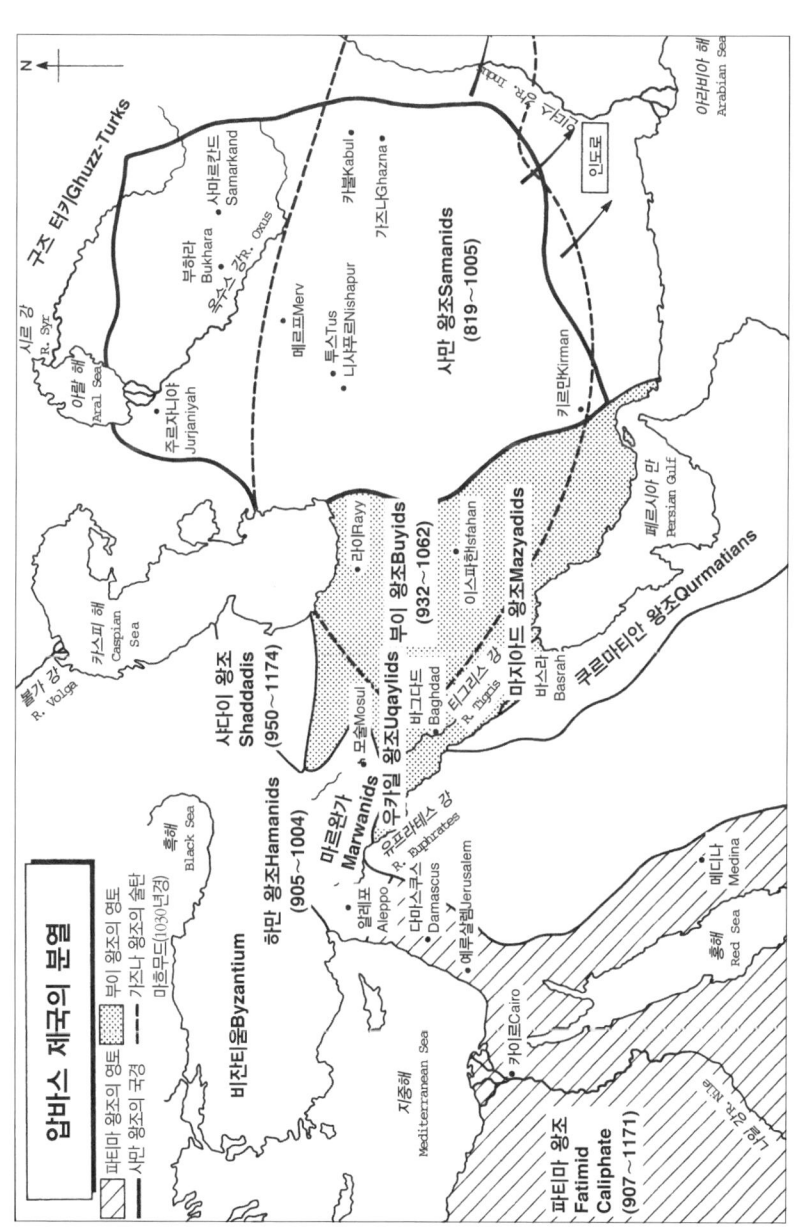

립 국가들로 나뉘어졌음에도 불구하고 코르도바에서도 문화적 전성기를 맞이하였다. 스페인의 르네상스는 트루바두르[2]적인 품위를 느낄 수 있는 시 때문에 특히 유명하였다. 무슬림 시인 이븐 하잠Ibn Hazam(994~1064)은 복잡한 이슬람 법률학이나 형이상학적 철학보다는 오직 하디스에 의지한 좀더 경건한 신앙을 발전시켰다.

이 시대에 가장 주목받은 스페인의 지식인은 무슬림 철학자, 이븐 루쉬드Abu al-Walid Ahmad ibn Rushd(1126~1198)였다. 그는 무슬림 세계에서는 신비주의 경향을 지닌 이븐 시나에 밀려 그리 높은 평가를 받지 못했지만, 그의 이성에 바탕을 둔 사상은 마이모니데스, 토마스 아퀴나스, 그리고 알버트 대제와 같은 여러 유대인과 기독교 철학자들에게 큰 영향을 주었다. 후대의 19세기 문헌학자인 어니스트 레넌Ernest Renan은 이븐 루쉬드(서양에서는 아베로에스Averroes로 알려짐)를 자유로운 영혼, 맹목적 믿음에 대항한 이성주의자라 칭송했다. 하지만 이븐 루쉬드는 독실한 무슬림 신자이자 샤리아 법정의 카디인 재판관이었다. 이븐 시나와 마찬가지로 그 또한 종교와 팔사파의 관계를 부정하지 않았고, 종교는 모두를 위한 것이라고 주장했지만, 오직 교육받은 엘리트들만이 철학을 연구해야 한다고 생각했다.

칼리프제가 실질적인 이유로 외면받는 동안 오히려 이것은 이슬람의 수명을 연장하는 효과를 가져왔다. 절대 왕정에 대한 이념과 코란의 가르침 간에는 항상 갈등이 존재했으나 시행착오 이후 나타난 새로운 정치 형태는 이슬람에 더욱 적합한 것이었다. 새로운 지배자들은 독실한 무슬림과는 거리가 멀었다. 하지만 독립된 지배체제를 가졌음에도 불구하고, 코란의 평등주의에 입각한 서로의 동질감이 존재했다. 이러한 현상은 마치

---

[2] 트루바두르Troubadour는 11~13세기경 주로 프랑스 남부 등지에서 활약했던 서정 시인이다.

아라베스크가 어느 한 문자를 강조하지 않고, 각 문자가 제 역할을 하면서 전체에 기여하는 형태를 취하듯이 그 당시 무슬림 사회에서 등장한 문화 예술과 같은 맥락으로 반영되었다.

이븐 이샤크Ibn Ishaq와 타바리Abu Jafar at-Tabari(923년 사망) 같은 무슬림 역사학자들은 예언자의 삶에 대한 성격이 다른 여러 사상들을 일치시키는 데 주력하는 대신, 각 사상을 동등하게 존중하였다. 칼리프가 움마의 단결을 보장하였기 때문에 무슬림들은 그것을 받아들일 수 있었다. 하지만 칼리프가 이러한 기능을 더 이상 수행하지 못하게 되자, 칼리프는 상징적인 역할만을 수행하게 되었다.

이슬람의 신앙에도 변화가 일어났다. 그때까지 신학과 신앙은 거의 항상 무슬림 사회의 역사적 상황과 밀접하게 연관되어 있었다. 하지만 무슬림이 더욱 효율적인 정치체제를 갖추게 되면서 무슬림의 사상과 노력은 시대 상황의 영향에서 자유롭게 되었다. 이후 근대에 접어들어 무슬림의 정신, 문화, 종교가 안정됨은 고사하고 그 존재마저도 위협을 받게 되자 이슬람은 또다시 정치적 영향을 피할 수 없게 된다.

셀주크 터키는 의도적이기보다는 우연한 계기로 지방 분권화가 활발히 이루어지고 있던 중동의 비옥한 초생달Fertile Crescent 지역의 새로운 질서에 영향을 주었다. 셀주크 터키인들은 수피즘을 신봉하는 순니 무슬림들이었다. 그들의 제국은 뛰어난 페르시아의 재상 니자물물크Nizamulmulk의 통치하에 1063년에서 1092년까지 번영하였다.

니자물물크는 투르크족을 이용해 제국의 단합과 압바스 왕조 관료정치 체제의 부활을 꾀하였다. 하지만 이미 바그다드를 재건하기에는 너무 늦은 감이 있었다. 이미 바그다드의 산업 기반이었던 사와드 농업 지역이 돌이킬 수 없는 쇠퇴기에 들어섰기 때문이다. 이와 더불어 그는 법을 무시하고 마음 내키는 대로 행동하는 유목민 기병군단이었던 셀주크 군대의 통제에도 실패했으나, 노예군단의 도움으로 남쪽으로는 예멘, 동쪽으로는 시르-옥수스Syr-Oxus 강 유역, 서쪽으로는 시리아에 이르는 대제국을 건설하게 된다.

이 새로운 셀주크 제국에는 공식적인 정치제도가 거의 없었다. 대신 대부분의 일들은 특별한 동반 관계를 수립한 아미르(군 사령관) 및 울라마(신학자 또는 법학자)에 의해 지역 차원에서 처리되었다. 많은 지역을 지배하던 아미르들은 니자물물크의 중앙집권체제를 견제하기 위해 그들의 영토를 직접 관리하고 주민의 세금을 직접 걷는 등 실질적으로 독립을 유지하였다.

이와 같은 체제는 아미르들이 칼리프나 셀주크의 술탄 말리크샤Malik-shah의 신하가 아닌 이상적 봉건제도라 부를 수 없는 것이다. 아미르들은 농사에는 전혀 관심이 없던 유목민들이었으므로 토지에 기반을 둔 봉건 귀족 정치체제가 생겨날 수 없었다. 그들은 또한 민생에는 관심이 없는 군인이었기 때문에 민중의 생활은 울라마가 효율적으로 통제했다. 울라마는 뿔뿔이 흩어진 군단들을 통합했으며, 10세기 중엽 그들은 무슬림 교육 수준에 불만을 품고 최초의 이슬람 학문 연구를 위한 신학 대학인 마드라사madrasah를 설립하였다. 이로써 그들의 교육은 더욱 체계화되었고 성직자들의 신분은 상승하였다.

니자물물크는 셀주크 제국 내에서 마드라사 설립을 장려하였을 뿐만 아니라, 울라마가 지역 정부에서 일하기 위해 실질적으로 필요한 교과목들을 커리큘럼에 추가하였다. 또한 1067년에는 바그다드에 명성 높은 니자미야 마드라사Nizamiyyah madrasah를 설립했다. 그리하여 셀주크 제국은 그들만의 기관이자 세력 기반을 갖추게 되었다. 이것은 아미르들의 군대

법정과는 차별되는 것이었지만 서로 동등하였다. 그리고 규격화된 마드라사는 셀주크 영토 내에서 샤리아에 기반을 둔 생활 방식을 권장하였으므로 울라마는 샤리아 법정에서 사법권을 독점할 수 있었다.

사실상 세속적 정치체제와 공동체의 시민 생활 사이에 분란이 일어났다. 정치 이념이 상실된 아미르들의 소규모 국가들은 모두 오래 지속되지 못했다. 아미르들은 단지 임의적인 역할만을 수행했을 뿐 제국의 모든 사상과 이념은 울라마와 위대한 수피 대가들에서부터 나왔다. 울라마는 여러 마드라사를 돌아다녔으며, 수피 대가들 또한 굉장히 유동적이었기 때문에 자주 마을에서 마을로 지역에서 지역으로 이동하였다. 이들 성직자들은 서로 다른 집단들을 단합시키는 역할을 했다.

이처럼 영향력 있는 칼리프제도가 붕괴된 이후 제국은 더욱 이슬람화되었다. 무슬림은 그들 자신이 단명한 아미르의 국가 중 하나라고 생각하기보다는 울라마에 의해 대표되는 이슬람 지배 영역과 함께 공존하는 범세계적 사회 일원으로 생각하였다. 울라마는 이러한 새로운 상황에 샤리아를 적용시켰다. 샤리아는 무슬림 법률을 이용해 기존의 문화를 타파하는 대신 칼리프를 성스러운 율법의 상징적 수호자로 여겼던 것이다. 아미르가 흥망을 거듭하는 사이에 샤리아를 기반으로 울라마는 유일하게 안정된 세력이 되었고, 수피즘이 대중화되면서 사람들의 신앙심은 깊어지고 더욱 심오해져 갔다.

순니 이슬람은 어느 곳에서나 부흥을 맞고 있었다. 하지만 몇몇 과격한 이스마일파는 움마에 진정한 신앙을 부여하지 못한 파티마 제국에 환멸을 느끼고, 셀주크 제국 전복과 순나를 파괴하기 위해서 게릴라 조직을 만들었다. 1090년 과격한 이스마일파는 가즈빈의 알라마트에 있는 그들의 산속 요새를 기지로 삼아 습격과 약탈을 일삼고, 여러 셀주크 요새들을 함락시켰을 뿐만 아니라 아미르들마저 살해하였다. 1092년에 마침내 그들은 대규모 반란 세력이 되었다. 이때부터 이스마일파는 적들에 의해 하쉬쉰(hashishin: 암살자assassin의 어원)이라 불리었는데, 그 이유는 그들이 목숨까지 잃을 수도 있는 위험한 임무를 수행하기 위해서 마약의 일종인 하쉬쉰을 통해 용기를 얻으려 했기 때문이다.

이스마일파는 그들 자신이 아미르에 의해 자주 괴롭힘을 당하는 일반 민중의 대표자라고 생각하였다. 하지만 이들의 생각을 전혀 받아들일 수 없었던 울라마는 이스마일파의 요인 암살 등 테러에 관한 거짓 소문(하쉬쉰에 관한 이야기도 그 중 하나)을 퍼뜨렸고, 이스마일파라고 의심되는 무슬림들을 처형했다. 그리고 대부분의 경우 이러한 대량 학살은 다시 이스마일파의 복수로 이어졌다.

그러나 이러한 어려움에도 불구하고, 이스마일파는 알라마트 주위에 국가를 건설하는 데 성공하였다. 이 국가는 몽골에 의해 파괴될 때까지 150년을 버티게 된다. 하지만 그들이 지하드를 통해 시도하려 했던 마흐디의 강림은 일어나지 않았고, 오히려 시아파 전체를 적으로 만드는 결과를 초래했다. 이스마일파 반란에 참여하지 않았던 12이맘 시아파는 순니파의 권력자들을 달래려 노력하였고, 정치에 참여하는 것을 자제하였다. 순니파로서는 예언자 무함마드 이후 가장 위대한 무슬림이자 그들의 믿음에 대한 위엄 있는 해석을 내린 신학자를 상대해야 했다.

가잘리Abu Hamid Muhammad al-Ghazzali(1111년 사망)는 니자물물크의 피보호자이자 이슬람 법률에 대한 해박한 지식을 지닌 이스마일파의 니자미야 신학 대학 교수였다. 이 시대에 이스마일파의 이슬람 혁명은 절정기를 맞이하고 있었지만, 가잘리는 자신의 믿음에 대한 흔들림 때문에 마비 증상에 시달리며 실어증마저 걸렸다. 의사는 그가 깊은 내적 갈등에 시달리고 있다는 진단을 내렸다. 훗날 가잘리는 비록 신에 대해 많은 것을 알고 있었지만, 신의 본질을 이해하지 못했다고 고백하였다.

그는 예루살렘으로 가서 수피 수행을 하고 이라크로 돌아와 대작『신학의 부흥Ihyah ulum al-Din』을 완성한다. 이 책은 이후 코란과 하디스 다음으로 가장 많이 인용된 무슬림들의 문헌이 되었다. 이 책에서 그는 인간이 신의 본질을 이해하기 위한 기도와 의식의 중요성을 강조하며, 무슬림 철학과 신학에 대한 논의는 신에 대한 아무런 확신도 가져다 주지 못한다고 말하고 있다. 이 책의 목적은 무슬림을 위한 매일의 행동 규범을 제시하여 그들의 종교적 경험을 돕는 것이었다. 기도하고, 먹고, 씻고, 자는 것에 대한 모든 샤리아의 규범에 헌신적이고 도덕적인 해석이 정의되어 있다. 이와 같은 정의는 이러한 규범들이 단순히 따라야 하는 지시가 아니라 무슬림 스스로가 코란에서 신의 본질에 눈을 뜨게 하는 수단이라는 해석을 가능케 하였다. 그러므로 샤리아는 더 이상 사회 순종적 규범도 반강제적으로 무함마드를 따라하는 것도 아닌 자아의 평화를 성취하기 위한 방법이 되었다.

가잘리는 이 책을 종교 전문가들이 아닌 독실한 신자들을 대상으로 썼다. 그는 사람들을 신앙을 아무 의심 없이 받아들이는 자, 칼람의 이성적 가르침에 따라 그들의 신앙에 의미를 부여하려는 자, 그리고 직접적인 종교적 진리에 대한 경험을 한 수피 신자들의 세 부류로 구분하였다. 그는 새로운 정치적 상황에서 사람들의 종교 생활도 바뀌어야 한다고 생각했기 때문에 이스마일파의 이맘에 대한 맹목적 추종에 회의를 나타냈다. 이맘은 어디에 존재하는 것이며, 어떻게 평범한 사람들이 그를 찾을 수 있다는 것인가? 그는 어느 한 인물에 종속된다는 사상은 코란의 평등주의에 어긋난다고 보았다. 또한 팔사파가 수학이나 의학과 같은 학문을 위해 필수적이기는 하지만, 이성의 영역 밖에 있는 영적 문제에 해답을 줄 수 없다고 생각했다.

가잘리가 모든 관점을 통해 보았을 때 해답은 고행을 통해 신에 대한 직접적인 지식을 얻을 수 있는 수피즘에 있었다. 초창기 울라마는 수피즘을 경계하며 위험한 사상으로 인식했지만, 이제 가잘리는 신자들에게 수피 신비주의자의 의식을 통해 내적 신앙심을 고양하는 동시에 샤리아에 의한 통치를 확산시켜야 한다고 주장했다. 둘 다 이슬람에 있어서 필수적인 것이었다. 결과적으로 가잘리는 그의 명성을 통해 신비주의를 무슬림의 주요 사상으로 편입시켰고, 그는 당대의 가장 중요한 인물로 인식되었다. 이 기간에 수피즘은 더 이상 엘리트의 사상이 아닌 대중적인 것으로 받아들여졌다. 사람들이 예전처럼 움마의 정치에 큰 영향을 받지 않게 되면서 그들은 신비주의를 받아들일 수 있는 준비가 되었다.

소수 무슬림의 개인 의식이었던 신의 이름을 찬양하는 디크르dhikr가 단체 의식이 되면서 무슬림을 그들의 피르pir[3], 즉 정신적 스승의 지도 아래 또 다른 의식 세계로 인도하였다. 그들은 시아 무슬림들이 한때 그들의 이맘들 주위에 둘러앉았던 것처럼 피르를 신으로의 인도자로 인식하고 피르 주위에 둘러앉았다. 피르가 죽으면 그는 실제로 성자, 즉 성스러운 것의 원천이 되었고 사람들은 그의 무덤 앞에서 신을 찬양하는 디크르 의식을 행하며 기도를 올렸다. 이제 각 마을에는 모스크와 마드라사뿐 아니라 수피 수도 사원khanquh이 있었으며 피르들이 이곳에서 제자들을 가르쳤다.

---

[3] 원래 피르Pir는 절대 진리, 즉 절대 신에 이르는 길로 안내하는 정신적 스승을 뜻하는 이란어이다. 아랍어로는 셰이크shaykh이다. 수피가 자신의 정신적 스승을 선택하게 되면 그에게 자신의 모든 것을 맡겨야 한다. 이를 수피즘의 용어로 스승 안에서의 자신의 절멸絶滅이라고 한다.

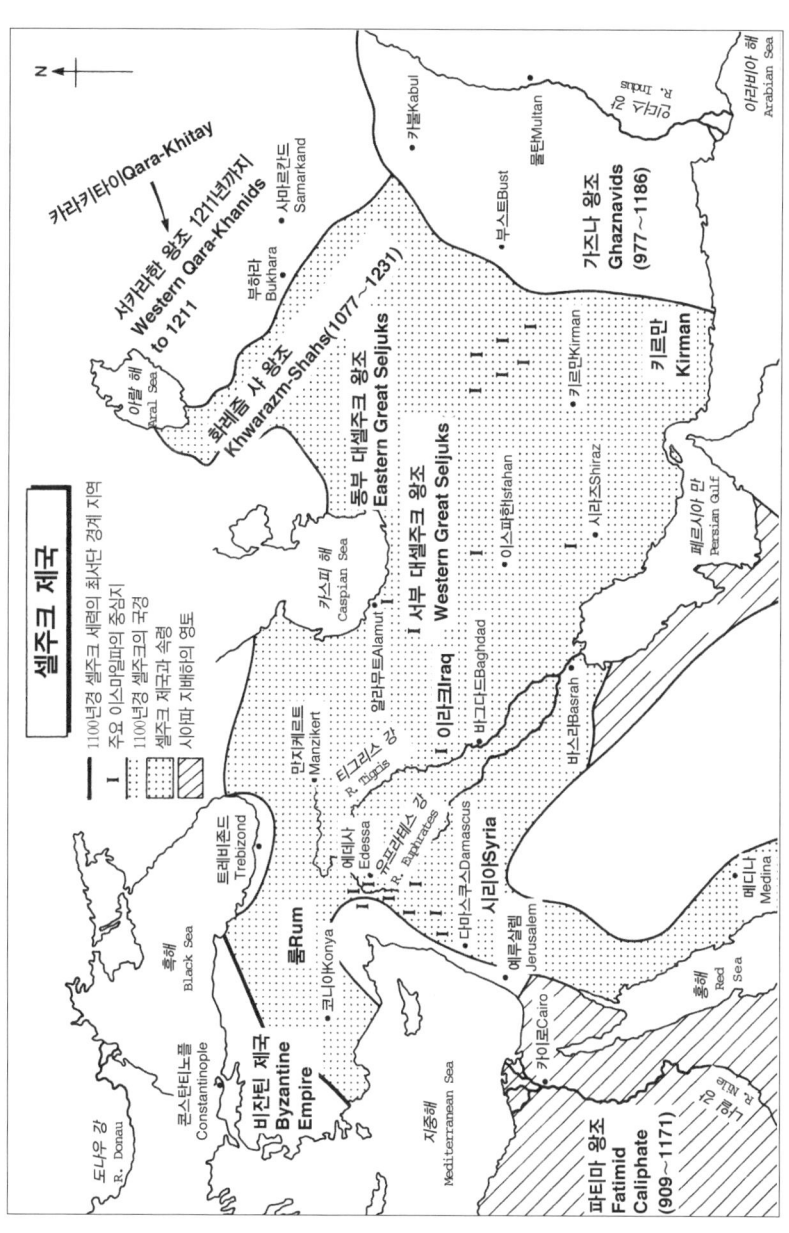

새로운 수피 타리카tariqahs 종단이 설립되었는데, 이는 지역적인 것이 아닌 다르 알 이슬람 차원의 체제였다. 이러한 타리카는 분할된 제국 내에서 또 다른 통합의 구심점이 되었다. 즉 수피의 이상주의적 정신의 영향을 받은 마을의 장인과 상인 형제단 모임과 길드, 즉 푸투와futuwwah[4] 또한 같은 역할을 수행했다. 이슬람 기관들은 제국을 결속시키는 동시에, 그동안 소수 엘리트들만이 행했던 신앙의 내적 수양을 교육받지 못한 무슬림에게까지 전파하는 구실도 했다. 이후 이슬람에서 신학 또는 철학 강론은 영성과 깊게 관련되지 않은 것이 없었다. '신종교 철학자New theosopher'들은 이러한 결합을 설파하기 시작했다. 알레포에서는 수흐라와르디Yahya Suhrawardi(1191년 사망)가 이슬람 이전의 고대 이란 신비주의에 근거한 계몽파를 설립하였다. 그는 철학을 팔사파를 통한 지식 습득과 수피즘을 통한 자아의 변화 노력이 합쳐진 결과로 보았다. 또한 이성과 신비주의는 서로 공존해야 하는 것으로 이 두 가지는 인간에게 필수적인 것이며, 진리 추구에 필요한 것이라고 생각했다. 뿐만 아니라 그는 신비주의의 비현실성과 코란에서의 상징(천당, 지옥, 최후 심판)은 경험적으로 설명될 수 있는 것이 아니라 사변적인 인간의 직관의 훈련을 통해서만 깨달을 수 있는 것으로 보았다.

종교 속의 신화는 신비주의 영역 밖에서 인간의 정상적 의식을 통해 경험한 것에 비추어 볼 때 현실적인 것이 아니었다. 신비주의자는 인간으로 하여금 수피의 수행을 통해 세속적 존재에 대한 내면적 차원의 세계를 볼 수 있도록 한다. 여기에 무슬림은 신의 세계와 인간의 세계 사이에 존재하는 알람 알 미살alam al-mithal, 즉 '순수한 이미지의 세계'라는 개념을 도입

---

[4] 원래 푸투와futuwwah는 청년들과 군인들 사이의 종교운동으로 우리말로 심신화心身化라고 옮길 수 있다.

했다. 이것은 도를 닦고 훈련을 받은 신비주의자가 아니더라도 꿈이나 황홀경에서 이 세계를 경험할 수 있다. 이에 대해 수흐라와르디는 예언자 또는 신비주의자가 환영을 보았을 때, 내적 세계에 눈을 뜨게 된다고 믿었다. 이는 오늘날 우리가 부르는 무의식 세계와 일맥상통하는 것이다. 이러한 이슬람 사상은 하산 알 바스리 또는 샤피이에게는 받아들일 수 없는 것이었다. 수흐라와르디는 처형감이었으나 이전의 어떠한 파일라수프보다도 코란을 많이 인용했던 독실한 무슬림이기도 하였다. 그의 작품은 현재에도 신비주의의 고전으로 남아 있다.

스페인의 신비학자 이븐 알 아라비Muid ad-Din ibn al-Arabi(1240년 사망)의 작품 또한 많은 영향력을 끼쳤다. 그는 무슬림들에게 그들 내부의 알람 알 미살을 찾도록 가르치고, 신으로 가는 길은 창조적인 상상력에 의한 것임을 알렸다. 그의 책은 매우 난해해서 무슬림 학자들만이 이해할 수 있었지만, 그는 누구든지 수피 신자가 될 수 있다고 믿고 모두가 코란 속의 숨은 의미를 찾아야 한다고 생각했다.

무슬림은 또한 상상력을 동원하여 모든 사람과 사물 속에 잠재해 있는 신의 존재를 찾도록 훈련받았다. 모든 인간에게는 신의 유일무이한 속성이 내재되어 있으며, 인간이 알 수 있는 신은 바로 그들 자아의 가장 깊은 곳에 존재하는 신이다. 개인적으로 체험하는 신에 대한 이러한 영상은 사람이 태어나면서 갖게 되며 신앙의 전승에 의해서 조건지어진다. 그러므로 신비주의자들은 모든 종류의 신앙을 동등하게 유효한 것으로 보았으며, 신이 코란에서 '어느 방향을 보더라도 그곳에 알라의 얼굴이 있다'(코란 2: 109)라고 언급했던 것처럼 모스크, 신전, 교회뿐 아니라 그 어디에서나 신을 경배할 수 있었다.

이와 같이 칼리프제의 몰락 이후 종교 혁명이 일어났다. 이 현상은 보잘

것없는 장인에서부터 학자에 이르기까지 큰 영향을 미쳤으며, 독실한 신자들은 그들의 신앙을 상당한 수준으로 발전시킬 수 있었다. 무슬림들은 정치적 혼란 상황을 영적 혁명으로 대처하면서 새로운 시대 상황에 맞추어 그들의 신앙을 재해석하였다. 그리하여 이슬람은 정부의 지원 없이도 번성할 수 있었고, 이슬람은 정치적 혼돈의 세계에서 변하지 않는 유일한 것이 되었다.

십자군

정치적 독립을 유지할 수 있었던 아미르들은 11세기 말 제국이 붕괴하기 시작한 이후에도 존속할 수 있었지만, 이러한 구조는 명백한 결점을 지니고 있었다. 아미르들은 항상 서로 대립하고 있었기 때문에 외부의 적대 세력을 상대할 때에도 힘을 모으지 못했다. 이 약점은 1099년 7월 서유럽의 기독교 십자군이 이슬람 세계에서 메카와 메디나 다음 가는 성지였던 예루살렘을 공격했을 때 자명해졌다. 십자군은 예루살렘 주민들을 학살한 뒤 팔레스타인, 레바논, 아나톨리아에 국가를 건설했다.

셀주크 제국이 몰락하던 시기에 이 지역을 지배하던 아미르들은 단합된 세력을 형성하는 데 실패했으며, 따라서 서구의 침략에 무기력할 수밖에 없었다. 그 뒤 50년이 지난 1144년이 되어서야 모술과 알레포의 아미르인 장기Imad ad-Din Zangi가 십자군을 아르메니아에서 몰아낼 수 있었다. 유럽에서 살라딘Saladin이라 알려진 쿠르드족 출신 장군 살라흐 앗 딘Salah ad-Din이 1187년 예루살렘에서 십자군을 몰아내기까지 또다시 50년이 걸렸다. 그러나 이후에도 십자군은 13세기 말까지 이 지역의 일부를 통치할

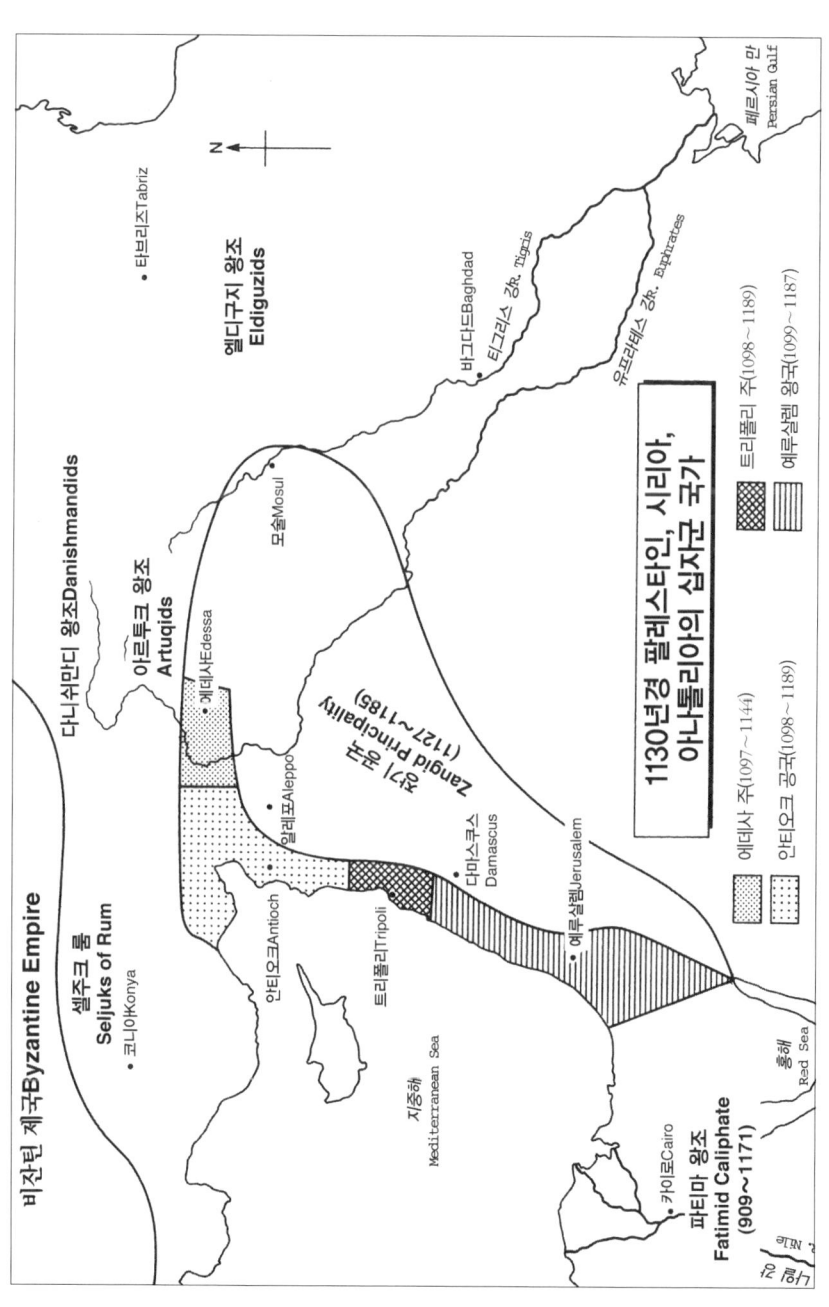

수 있었다.

이러한 침략의 위험성 때문에 살라딘이 건립한 아유브 왕조는 비옥한 초생달 지역의 아미르 국가들보다도 훨씬 오래 지속될 수 있었다. 살라딘은 군사 활동 초기에 이집트의 파티마 왕조를 정복하고, 영토를 그의 제국으로 편입시켰으며, 그곳 주민들을 순니 이슬람으로 되돌려 놓았다.

서구 역사상 불명예스러운 사건으로 기록된 십자군 원정은 근동의 무슬림에게 치명적인 타격을 입혔다. 하지만 이라크, 이란, 중앙아시아, 말레이시아, 아프가니스탄 그리고 인도의 대부분의 무슬림들에게 이 사건은 단순한 국경 마찰 사건에 불과했다. 그러나 20세기에 들어 유럽의 세력이 급성장하고 그들이 큰 위협적인 존재가 되고 나서야 비로소 무슬림 역사학자들은 십자군을 상대로 승리를 거두었던 살라딘에 대한 향수를 회상하면서, 유럽 제국주의의 신십자군을 봉쇄하여 자신들을 구해줄 지도자를 간절히 바라게 되었다.

확장

십자군 원정의 직접적인 원인은 1070년 셀주크 제국의 시리아 정복이었다. 셀주크는 정복 활동중 비잔틴 제국의 취약한 국경 지역에서 마찰을 일으켰다. 셀주크의 기병대가 비잔틴의 국경을 넘어 아나톨리아로 들어가는 과정에서 일어난 만지케르트 전투 Battle of Manzikert(1071)로 비잔틴 군대는 큰 타격을 입었다. 그로부터 10년도 채 지나지 않아 터키의 유목민들은 아나톨리아 지방을 그들의 목초지로 만들었고, 아미르들은 그곳에 작은 국가들을 건설하여 아나톨리아를 새로운 개척지이자 기회의 땅으로 간주한 무슬림들로 하여금 그 지역을 방어하게 하였다. 이것을 지켜볼 수밖에 없었던 비잔틴 제국의 황제 콤네누스Alexius Comnenus 1세는 1091년 로마의 교황에게 도움을 요청하고, 교황 우르바누스Urbanus 2세는 첫번째 십자군을 편성하게 된다. 그러나 십자군의 아나톨리아 정복은 터키의 세력을 막아내지 못했다.

13세기 말 투르크 제국은 지중해까지 세력을 확장했고, 14세기에는 에게 해를 건너 발칸에 정착했으며, 도나우 강까지 영향력을 행사하게 된다. 역사상 그 어떤 무슬림 지도자도 로마 제국의 영광과 명성을 이어받은 비잔틴에 그와 같은 타격을 입히지 못했다. 이러한 이유에서 투르크 제국은 그들의 새 영토인 아나톨리아 지역을 자랑스럽게 '룸Rum', 즉 '로마Rome'라고 부를 수 있었다. 칼리프제의 몰락에도 불구하고 무슬림들은 한 번도 다르 알 이슬람에 속하지 않았던 동부 유럽과 북서 인도의 일부 영토를 차지하게 되었고, 이 지역을 가까운 미래에 매우 유용하게 활용할 기회가 찾아온다.

칼리프 알 나시르al-Nasir(재위 1180~1225)는 바그다드 지역의 칼리프제 복원에 힘썼다. 그는 종교 부흥의 힘을 목격한 후 이를 이용하려 하였다. 샤리아는 원래 칼리프의 세력을 견제하기 위해 만들어진 것이었지만, 나시르는 신학자가 되기 위해서 네 개의 모든 순니 법학파와 관련된 연구를 게을리 하지 않았다. 그는 또한 도시 지역 조직체인 푸투와 단체에 소속되어 바그다드에 있는 모든 푸투와의 최고의 수피 대가Grand Master가 되기 위해 노력했다.

나시르의 죽음 이후 그의 후계자들 또한 비슷한 정책을 펼쳤지만, 이러한 노력은 헛된 것이 되고 만다. 얼마 후 이슬람 세계는 압바스 칼리프제의 비극적 종말을 가져오게 되는 파국에 휘말리게 된다.

몽골 제국(1220~1500)

극동에서는 몽골의 족장 칭기즈칸Genghis Khan이 세계적인 제국을 건설하고 있었다. 차츰 세력을 넓혀 가던 몽골과 이슬람 제국의 충돌은 피할 수 없는 것이었다. 셀주크 제국과는 달리 칭기즈칸은 몽골의 유목민 집단을 역사상 유일무이한 파괴력을 가진 전투 기계 군단으로 재창조하였다. 몽골에 즉각 항복하지 않는 나라는 도시가 파괴되고 주민들이 학살되었다. 몽골의 잔혹함에는 작전상의 이유도 숨어 있었지만, 도시 문명에 대한 유목민의 경멸 또한 포함되어 있었다.

화레즘 투르크Khwarazmian Turks의 '샤'였던 무함마드Muhammad(재위 1200~1220)는 이란과 옥수스 강 지역에 자신만의 무슬림 칼리프제를 세우려 했다. 이에 대해 몽골의 장군 훌라구Hulegu는 이를 오만한 행위로 보고, 1219년에서 1229년까지 이란, 아제르바이잔, 그리고 시리아에 걸쳐 무함마드와 그의 아들 잘랄 알 딘Jalal al-Din을 추격했고 가는 길마다 학살과 파괴를 자행하였다.

1231년에 다시 몽골의 공격이 시작되어 무슬림의 주요 도시들이 파괴되었다. 중앙아시아의 부하라는 잿더미가 되었고, 바그다드가 함락되면서 약화되었던 칼리프제는 한 번의 전투로 완전히 붕괴되었다. 길거리는 시체들로 메워졌고, 피난민들은 시리아, 이집트, 인도 등으로 도망쳤다. 알라무트의 이스마일파들은 학살되었으며, 룸의 새 셀주크 왕조는 몽골군에게 즉시 항복했음에도 불구하고 예전의 세력을 회복하지 못했다.

몽골의 진격을 처음으로 막을 수 있었던 무슬림은 터키 노예 군단이 지배하던 이집트의 술탄, 바이바르스Baibars였다. 살라딘에 의해 건설된 아유브 제국의 맘루크Mamluk(노예)들은 그곳의 군대를 장악하였고, 1250년 아유브 왕조에 성공적인 일격을 가해 그들만의 제국을 건설하게 된다. 1260년 바이바르스는 북부 팔레스타인의 아인잘루트Ain Jalut에서 몽골 군사들을 상대로 한 전투에서 승리했다. 몽골군은 인도의 델리에서도 그들의 진격이 차단되자, 공격을 중단하고 몽골의 쿠빌라이칸Kublai Khan에 충성하는 제국을 건설하게 된다.

몽골 제국은 네 개의 큰 나라들로 이루어졌다. 일한국Il-Khan으로 알려진 훌라구의 후예들은 그들의 패배를 인정하지 않고, 티그리스-유프라테스 계곡과 이란의 산지로 물러나기 전에 다마스쿠스를 파괴하였다. 차가타이한국Chaghatai Khanate은 시르-옥수스 강 지역에, 백호르드White Horde는 이르티슈 지역에, 그리고 금호르드Golden Horde는 볼가 강 지역에 각각 나라를 세웠다.

이 사건은 아랍의 출현 이후 중동에서 발생한 최대의 정치적 격변이었다. 하지만 아랍 무슬림과는 달리 몽골족은 그들의 종교를 이곳에 들여오지는 않았다. 대신 그들 자신이 불교에 호의적이었음에도 불구하고 모든 종교의 자유를 허용하였다. 칭기즈칸에 의해 만들어진 몽골의 법전 야사Yasa는 군법에 가까웠지만 일반 시민들의 생활에는 영향을 미치지 않았다. 정복 지역의 전통을 존중하는 몽골 정책 때문에 13세기 말에서 14세기 초까지 몽골 제국의 네 개 지역은 모두 이슬람으로 개종하게 된다.

몽골은 이슬람 중심부의 주요 무슬림 세력이 되었다. 하지만 그들의 본래 사상은 군사의 힘으로 세계 정복을 목표로 하는 '몽골리즘Mongolism'에 근거를 두고 있었다. 몽골 제국 전체가 군사체계에 의해 움직였고, 왕은 총지휘관으로서 직접 군사 활동에 참여했다. 그러므로 몽골 제국 초기에는 수도라는 개념이 존재하지 않았다. 칸과 그의 군대가 숙박하는 곳이 바로 수도였다. 제국은 하나의 거대한 군대와 같이 움직였고, 나라의 행정은 행군 중인 군사들을 중심으로 이루어졌다. 이 치밀한 군사 캠프 문화는 대단히 효율적으로 지휘되었다.

몽골은 두 가지 정치 목표를 가지고 있었는데, 그것은 세계 패권 장악과 어떠한 잔학 행위도 정당화하는 몽골 왕조의 영속성이었다. 이 사상은 지배자의 세력이 크면 클수록 나라의 안정과 평화가 커진다고 믿는 이전의 절대왕정 사상과 흡사한 것이었다. 왕의 선언은 그 왕가가 건재한 이상 절대적인 것이었다. 나라의 모든 주요 직책은 왕족 또는 그들의 추종자들에게 주어졌으며, 그들은 서로의 끈끈한 연대 관계를 이루었다. 이것은 이슬람의 평등주의와 극을 이루는 것이었지만, 다른 시각에서 보면 아미르들이 일반 시민과 울라마의 삶에 관여하지 않으면서 그들의 무슬림 수비대 병영 도시에서 지배하던 압바스 제국 말기의 사회 군사화의 연장으로 해석될 수 있다. 만일 아미르가 안정을 이룩했다면 군이 시민의 삶에 관여했을 가능성이 높아졌을 것이다.

이러한 현상은 울라마에 제약을 가할 정도의 힘을 가졌던 몽골 지배자들에게서도 나타난다. 샤리아는 더 이상 절대적인 법전으로서 영향력을 행사할 수 없었고, 15세기에는 울라마가 스스로의 판단(이즈티하드)에 의해 입법 활동을 할 수 없게 되자, '이즈티하드의 문'이 닫혔다는 말까지 나왔다. 무슬림들은 과거 지배자들의 법에 따라야 했다. 샤리아는 원칙적으로 기존의 통치체제의 기반이 되었으나, 그것은 통치 가문의 보다 역동적인 세속주의 법을 압도할 수 없었다.

몽골의 침략은 무슬림의 생활에 큰 충격을 주었다. 몽골은 무슬림에게 잿더미가 된 도시와 도서관, 그리고 경제 침체를 안겨 주었다. 하지만 몽골은 승리를 거둔 이후 그들이 파괴한 도시들에 대해 대규모 재건 사업을 추진하였다. 그들은 또한 과학, 예술, 역사, 그리고 신비주의의 발전을 위

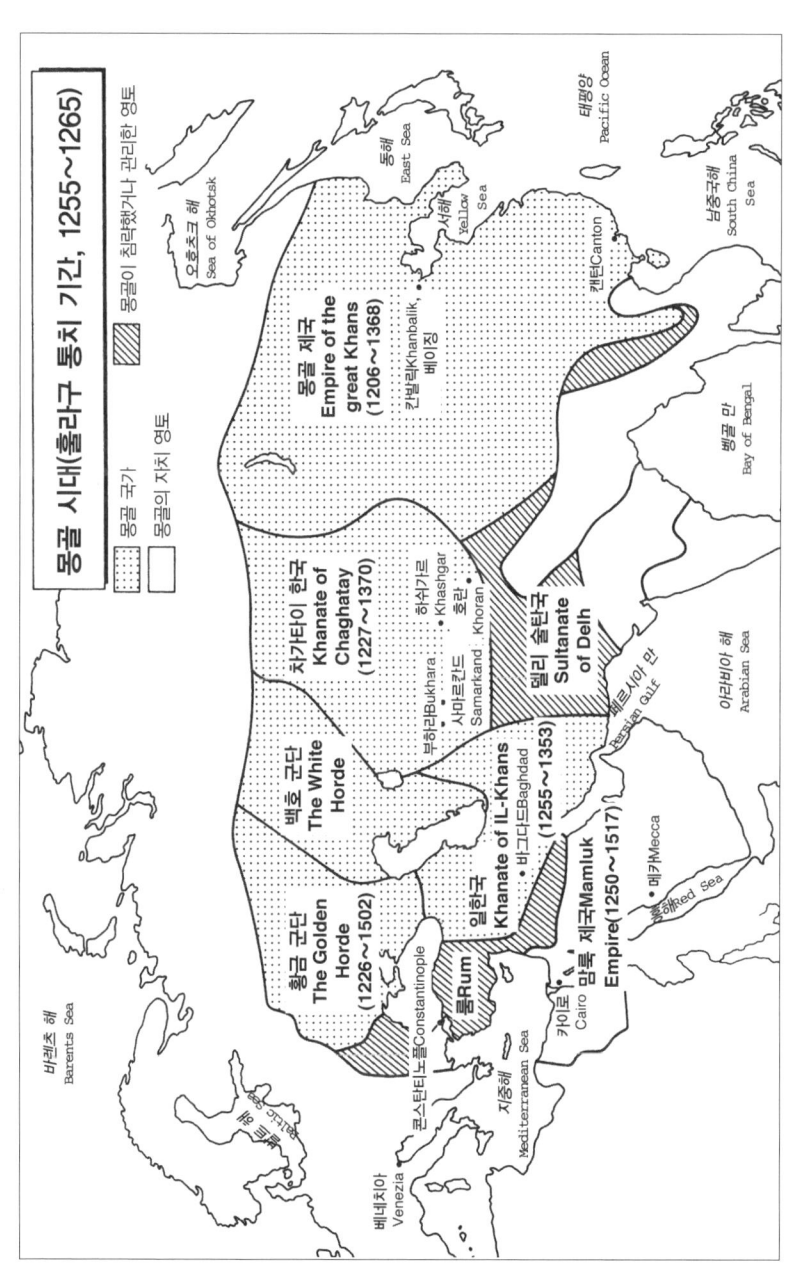

해 웅장한 건물들을 건설하기도 하였다. 그들이 침략 때 보여준 막강한 힘만큼이나 몽골 통치자들은 무슬림 신민들에게 매력적인 존재였다. 그들의 정치체계는 매우 효율적이었으며, 이후 무슬림 제국에 상당한 영향을 주게 된다.

몽골의 힘은 새로운 지평을 제시하였다. 그들은 한순간 세계 전체를 정복할 듯이 보였고, 파괴를 통해 세계를 지배하는 새로운 형태의 제국주의가 출현하는 듯하였다. 그러나 그들이 새로 건설한 나라들은 눈부시게 훌륭한 것이었으며, 이는 무슬림의 예측을 무너뜨리는 것이었다. 무슬림들은 공포와 정치적 승리를 상징하는 몽골에 무조건적으로 굴복하지 않았다. 이슬람은 역경을 극복하는 종교이다. 과거에도 무슬림들은 여러 차례 발생한 재난에 긍정적으로 대처했으며 그러한 사건들은 종교적인 성숙을 가져왔다. 몽골 침략에서도 마찬가지로 그들이 알아 왔던 세계가 종말을 맞이했다는 것을 깨달으면서도, 동시에 그들은 지금까지와는 다른 새로운 세계 질서가 가능하다는 것을 발견하였다.

수피 신비주의자였던 루미Jalal al-Din Rumi(1207~1273)도 이러한 사실을 깨달았다. 몽골 침략의 희생자이기도 했던 그는 몽골이 가져온 무한한 가능성에 대해 가르쳤다. 루미는 코라산에서 태어났으며 그의 아버지는 울라마 중 한 사람이자 수피 대가였다. 루미 역시 이슬람 법률학(피크), 신학, 그리고 아랍과 페르시아 문학을 공부한 엘리트였다. 하지만 몽골의 군대를 피하기 위해 그와 그의 가족은 고향을 떠나야 했다. 그들은 아나톨리아 지방의 룸의 수도였던 콘야를 피난처로 삼았다.

루미의 신앙심은 상실감과 신성한 존재인 신으로부터의 단절감 때문에 고통받았다. 그는 인간에게 있어 가장 큰 불행은 그들 스스로가 종교적 임무를 수행하지 못하는 단절감에서 오는 고통을 느끼지 못하는 것이라 주장하였다. 그는 또한 우리가 자신의 부족함을 인식하고, 자신이 독립된 자아라는 생각이 헛된 것이라는 것을 깨달아야 한다고 말했다. 즉 인간은 개인의 자존심 때문에 현실을 바로 보지 못하므로, 이러한 자존심과 이기심을 제거할 때 비로소 인간은 신만이 유일한 존재라는 것을 깨닫게 된다는 것이다.

루미는 '술 취한 듯한 황홀경에 빠진 수피'로 알려져 있다. 그의 신앙과 사생활은 감정상 매우 불안정하였다. 그는 춤, 노래, 시 그리고 음악을 통해 무아지경에 빠지려 하였다. 그가 창설한 수피 종단의 일원들은 흔히 '빙빙 맴도는 탁발승Whirling Dervishes'이라고 불리었는데, 이는 황홀경을 유도하기 위해 그들이 행한 빙빙 도는 춤 때문이었다. 그들은 황홀경에 빠져 깨달음을 얻으려 했다. 루미는 그의 불안정한 성격에도 불구하고 '마울라나(Mawlanah: 우리의 주님, 주인)'라 불리어졌으며, 그의 마울라나 종단은 최근까지도 터키에 큰 영향력을 행사하고 있다. 그의 걸작 『마쓰나비 Mathnawi』는 수피의 경전으로 유명하다.

수피 철학자인 이븐 알 아라비가 지식인을 상대로 책을 썼다면, 루미의 책은 모두에게 그들의 일상과 자신을 초월한 삶을 살라는 내용을 담고 있다. 그가 저술한 『마쓰나비』는 우주와 영혼에서 펼쳐지는 끊임없는 전투에서 모두가 굴복하지 않는 전사로 만드는 수피 생활양식을 찬양하였다. 몽골의 침략은 사람들이 정신적으로 이러한 재난에 대처하게 하는 신비주의운동으로 이어졌고, 루미는 바로 그들의 모범이자 존경의 대상이 되었다. 이 시대의 새로운 수피 타리카 종단은 인간의 삶이 가진 무한한 가능성을 강조했다. 신비주의자들은 몽골이 정치적으로 끝내 이루지 못한 것을 영적인 차원에서 경험할 수 있었다.

다른 이들은 이 시기의 격변에 매우 다르게 대처하였다. 전쟁이 가져온 막대한 피해는 농업 사회의 특징인 보수주의의 강화로 나타났다. 자원이 제한된 환경에서는 세대가 바뀔 때마다 지식이 축적되는 오늘날의 서구 사회와는 달리 창조력과 독창성을 지원하는 것이 거의 불가능하다. 이 시대 이전의 그 어떠한 사회도 그 정도 규모의 혁신을 단행하기 위해 필요한 지속적인 재교육과 사회 구조의 교체를 감당하지 못했다. 결과적으로 유럽의 농업 사회를 포함한 모든 전근대 사회에서의 교육은 기존의 것을 보존하고, 사회의 안정을 위협할 수 있는 개인의 독창성과 호기심을 제어하기 위한 구조일 수밖에 없었다. 이 당시의 사회는 새로운 통찰력을 가진 인재를 발굴하는 데에는 관심이 없었다.

예를 들어 전통적인 학교 마드라사에서는 학생들이 예전의 문서와 주석을 외워야 했고, 수업은 기존 문서의 단어 하나하나를 풀이하는 방식이었다. 학자들의 논쟁에서는 토론자들 중 한 명의 의견만이 절대적으로 옳고, 다른 이들의 의견은 모두 틀리다는 식의 가치관이 당연시되었다. 서로의 의견을 모두 존중하여 타협안을 찾는 식의 질문이나 대답 형식의 수업 방법은 존재하지도 않았다. 그러므로 마드라사는 전 세계의 무슬림들을 결속시킬 수 있는 여러 사상들을 수용하고 장려하는 동시에, 불화를 조성하며 사람들을 올바른 길에서 벗어나도록 유혹하는 이단 사상을 뿌리 뽑기 위해 노력했다.

14세기까지 샤리아에 대해 연구하고 이것을 준수하는 것만이 모든 무슬림, 순니파, 시아파, 수피, 그리고 무슬림 철학자가 인정한 유일한 신앙 활동이었다. 울라마는 이러한 법들이 이슬람 역사의 초창기부터 존재해 왔다고 믿고 싶어했다. 그래서 루미와 같은 일부 신비주의자들은 새로운 가능성을 목격할 수 있었던 반면 대다수의 울라마는 아무것도 변하지 않았다고 믿었다. 그렇기 때문에 그들은 '이즈티하드의 문'이 닫혔다는 사실을 기쁘게 받아들였다. 과거 지식의 상실, 문서 파괴, 그리고 학자들에 대한 학살이 있은 후 과거 지식의 복원이 무엇보다도 중요시되었다.

몽골의 군법에는 일반 시민 사회에 대한 특별한 규정이 없었기 때문에 울라마는 계속 신자들의 삶을 주관하였고, 그들의 영향력은 보수적인 성향을 나타냈다. 루미와 같은 신비주의자들이 모든 종교 사상을 인정한 반면, 14세기 울라마는 코란의 다원론을 경직된 각 교파주의로 변화시켰다. 그 결과 이외의 다른 전승들은 무의미한 과거의 유물로서 간주되었다. 비무슬림들에게는 성지인 메카와 메디나 방문이 금지되었으며, 예언자 무함마드를 모욕하는 발언은 불경죄에 해당되었다.

무슬림들이 침략의 충격으로 불안정해진 것은 놀랄 만한 일이 아니다. 외국인들은 단지 의심스러운 존재를 넘어 몽골인들처럼 위험한 존재로 인식되었다. 하지만 울라마 중에서도 '이즈티하드의 문'이 닫혔다는 사실을 인정하지 않는 이들도 있었다. 이슬람 역사를 살펴보면, 외부의 침입과 같은 정치적 혼란기에는 가끔 개혁가mujdadid가 나타나 새로운 시대 상황에 적응할 수 있도록 무슬림의 신앙을 갱신하였다.

이러한 개혁은 대개 비슷한 단계를 거친다. 이들은 완전히 다른 해결책을 찾기보다는 기본 원리로 돌아가는 것을 선택했기 때문에 보수적이라고 볼 수 있다. 하지만 코란과 순나에 기초한 초기 이슬람으로 되돌아가고자 하는 욕망 때문에, 그들은 시간이 지나면서 신성시되어 온 중세의 인습들을 타파하기 위해 노력하였다. 그들은 또한 외부의 영향과 이후에 추가된 관습들에 대해 부정적이었는데, 이것이 신앙의 순수성을 흐린다고 생각했기 때문이다. 이러한 개혁가들은 무슬림 사회의 한 특징이 되었다. 오늘날 '무슬림 원리주의자'라 불리는 많은 이들이 예전의 개혁가들이 보여 온 특징을 그대로 보여주고 있다.

몽골 시대 이후의 대표적인 개혁가로는 몽골에 의해 막대한 피해를 입은 다마스쿠스의 신학자였던 이븐 타이미야Ibn Taymiyyah(1263~1328)가 있다. 타이미야는 이븐 한발이 창시한 경건학파의 소속으로 울라마의 전통 있는 가문 출신이었다. 그는 샤리아의 권위를 높이기 위해 노력했으며 비록 몽골인들이 이슬람으로 개종하기는 했지만, 샤리아가 아닌 야사를 만들었기 때문에 그들이 이교도이자 배교도일 수밖에 없다고 말했다. 진정한 개혁가답게 그는 예언자 무함마드와 정통 칼리프 이후에 일어난 이슬람의 변질된 발전을 공격하고 시아교의, 수피즘, 그리고 팔사파와 같은 종파나 학파의 정통성을 부정하였다.

그러나 그에게는 긍정적인 측면이 있었다. 이렇게 변화된 시대에 샤리아는 (비록 그것이 여러 시대에 걸쳐 발전해 온 피크의 대부분을 제거하는 것을 의미한다 해도) 무슬림들의 현실 상황에 맞추어 나가야 했다. 법학자들이 법률을 자구字句에 한정하여 해석하고 이즈티하드를 사용해 샤리아 정신에 부합하는 법적 해결책을 찾는 것이 필수적이라고 생각했던 것이다.

타이미야는 체제에 위협적인 존재였다. 그가 주장한 코란과 순나의 원리로의 회귀 및 대부분의 이슬람 철학과 영성에 대한 부정은 반동적 행동이었지만, 한편으로는 혁명적이었다. 그는 문서를 통해서만 해답을 얻으려는 보수적인 울라마에 분노했고, 이슬람법에 위배되는 행동을 한 시리아의 맘룩 정부를 비난했다. 결국 타이미야는 감옥에 갇혔고, 교도관이 글쓰는 것을 허락하지 않았기 때문에 슬픔 속에 죽어 갔다고 전해진다. 다마스쿠스의 일반 민중들은 그를 사랑했다. 왜냐하면 그들은 그의 샤리아 개혁이 용감한 행위였으며, 그들의 관심을 대변했다고 믿었기 때문이다. 그리고 그의 장례식은 대규모 항의 시위의 도화선이 되었다.

변화는 자극적인 것이지만 또한 불안정적인 것이기도 하다. 튀니지에서 이븐 할둔Abd al-Rahman ibn Khaldun(1332~1406)은 이슬람 세계의 서부 지역인 마그리브에서 왕조들이 차례로 무너지는 것을 목격하였다. 질병이 지역 전체를 휩쓸었으며, 유목민들이 이집트에서 북아프리카로 이동하는 과정에서 막대한 파괴와 베르베르 유목 사회 전통의 몰락을 가져왔다.

이븐 할둔도 기독교인들의 성공적인 무슬림 영토 재탈환으로 1236년 코르도바, 그리고 1248년 세비야Sevilla가 점령된 이후 스페인에서 튀니지로 이주해야 했다. 한때 부흥했던 안달루시아에 남겨진 것은 그라나다 도시 국가뿐이었다. 그러나 이곳도 화려한 알함브라 궁전이 완성된 뒤인 1492년 기독교인들에 의해 점령당했다. 이슬람 사회는 명백한 위기 사항이었다. 이븐 할둔은 '상황이 완전히 변화하면 모든 창조물들과 세상 전체가 변화한 것 같고, 새로운 창조물이 생겨나고, 새로운 세상이 탄생한 것과 같다'[5]라며 이때를 회상했다.

그는 이러한 변화에 대해 근본적인 원인을 찾고 싶어했다. 그는 최후의 위대한 스페인 무슬림 철학자였다. 그의 혁신적인 사상은 철학 이성주의의 원칙을 역사 연구에 적용하는 것으로, 지금까지 영원한 진실을 추구하는 대신 현실에 입각한 사건들을 다루었기 때문에 높은 평가를 받지 못했다. 그러나 그는 역사적 흐름을 통해 우주의 법칙이 사회의 운명을 좌우한다고 믿었다. 그는 강한 집단 연대의식, 즉 아사비야asibiyyah가 사람들을 존속시키고 더 나아가 다른 이들을 복종시킬 수 있다고 보았다.

이러한 형태의 정복은 지배 그룹이 피지배자들의 자원을 흡수하여 문화와 정교한 도시 생활을 발전시킬 수 있게 하였다. 하지만 지배 계층이 안락한 생활 방식에 적응할수록 그들은 나태해져 갔다. 그들은 더 이상

---

5 *Al-Muqaddimah, Youssef M. Choueiri, *Islamic Fundamentalism* (London, 1990년), 18.

피지배자들에게 관심을 가지지 않았으며, 질투와 내분 그리고 경제 침체를 겪었다. 이러한 상황은 새로운 부족과 유목 집단의 침략으로 국가를 무너뜨리고 새로운 지배자는 이전의 지배자들이 행한 순환을 반복하게 된다.

이븐 할둔의 대작인 『역사 입문Muqaddimah』은 위의 이론을 이슬람 역사에 적용한 것으로 이후 무슬림의 제국 건설자들에 의해 읽혀졌다. 또한 이 책은 이븐 할둔을 역사의 과학적 연구의 선구자로 인식한 19세기 서구의 역사학자들에 의해서도 읽혀지게 된다.

14세기 후반 몽골 제국의 몰락은 이븐 할둔의 이론을 입증하는 사건이었다. 그들의 아사비야는 절정을 겪은 후 안락함이 깃들게 되었고, 결국 후계 지배자를 위해 자리를 내주어야 하는 처지가 되었다. 이 새로운 지배자들은 이슬람 중심부가 아닌 몽골 지배에 굴복하지 않은 무슬림 세계 주변부에서 올 것으로 예상하였다. 이 시기의 이집트 맘룩 제국과 시리아는 동시에 몰락하고 있었고, 절정기에 있었던 맘룩인들은 강한 집단 연대 의식을 기반으로 역동적인 사회와 번성하는 문화를 창조하였다. 하지만 15세기에 이르자 제국의 모든 자원은 고갈되어 버렸고, 다른 농업 국가들이 그랬던 것처럼 쇠퇴의 길로 접어들었다.

시대 정신을 가장 많이 강조한 지배자는 몽골의 이념을 숭배하며 차가타이한국에서 성장한 시르 계곡 출신의 투르크인 티무르Timur(1336~1405) 대왕이었다. 그를 가리켜 발을 심하게 절었기 때문에 '절름발이 티무르'라고도 했으며, 서구에서는 타메를란Tamerlane/Tamburlaine이라고 불리었다. 그는 차가타이한국의 세력이 약해지는 것을 틈타 권력을 잡은 후 몽골이 그랬던 것처럼 무서운 힘을 보이며, 옛 몽골의 영토를 정복해 나갔다. 그가 가진 이슬람에 대한 열망은 권력에 대한 목마름과 더불어 파괴적인 성향을 보였다. 하지만 그 시대의 열정을 완벽하게 대변했기 때문에 민중의 영웅이 될 수 있었다. 그는 사마르칸드에 웅장한 건물들을 지었으며, 또한 자신을 위해 그곳에 화려한 왕궁을 세웠다.

그는 이슬람을 엄격하며 잔인하고 폭력적인 것으로 해석했다. 하지만 이것은 울라마의 보수적이고 경건한 신앙 및 수피의 사랑에 대한 가르침과는 거리가 먼 것이었다. 그는 자기 자신이 그릇된 행동을 하는 무슬림 아미르들을 벌주기 위해 알라가 내려보낸 신의 사도라고 생각했다. 한편 그는 질서를 바로잡고 부패를 뿌리 뽑기 위해 노력했으며, 그의 신하들은 티무르의 잔인성을 두려워하면서도 막강한 힘을 가진 정부를 수립한 그를 존경했다.

이전의 몽골인들처럼 거칠 것이 없었던 티무르는 한때 세계 정복을 이룩할 것처럼 보였다. 1387년 그는 이란의 모든 고지대와 메소포타미아의 평야를 손에 넣었다. 1395년에는 러시아의 금호르드를 정복하였고, 1398년에는 인도를 침략하여 수많은 힌두인들을 학살하고 델리를 파괴하였다. 2년 후 그는 아나톨리아를 정복하여 다마스쿠스를 약탈하였고, 바그다드에서는 학살을 일삼았다. 하지만 1404년 중국으로 원정을 떠난 그는 1년 후 최후를 맞이하였다.

그가 죽은 후 티무르 제국은 다시 분열되었고, 세계 정복은 아직도 머나먼 꿈에 불과하였다. 하지만 15세기 화약 무기의 발명은 15세기 말에서 16세기 초까지 새로운 무슬림 지배자들이 더 실질적이고, 관리하기 쉬운 제국을 건설할 수 있게 했다. 이 새로운 제국들은 인도, 아제르바이잔, 그리고 아나톨리아 지방에 뿌리를 내렸으며, 또한 이슬람과 몽골 사상의 결합을 시도하였다.

델리의 술탄제는 13세기에 시작되었으며, 14세기 초에는 이슬람이 갠

지스 강 유역에서 뱅골 지방까지 뿌리 깊게 자리잡게 된다. 산지에 위치한 소수의 인도 지배 계층은 이러한 흐름에 동조하지 않았지만, 대다수의 힌두인들은 무슬림의 지배를 받아들였다. 이는 그리 놀라운 일이 아니었다. 카스트제도하에서 정치 활동을 할 수 있는 이들은 제한된 소수 가문에 한정되어 있었기 때문이다. 힌두인들은 그들의 카스트 규정을 침해하지만 않는다면 그 자리에 누가 앉던 상관하지 않았다. 외부인이었던 무슬림들은 이러한 규정에 얽매이지 않았을 뿐만 아니라, 그들의 배경에는 막강한 이슬람 세계가 존재하고 있었다. 무슬림들은 인도에서 소수를 이루었다. 신분이 낮은 카스트와 상인들 그리고 최하층민 파리아Pariah 중 일부는 수피 대가들의 설교에 의해 이슬람으로 개종하였다. 하지만 아직 대다수가 힌두교, 불교, 그리고 자이나교를 믿고 있었다. 무슬림들이 인도에서 불교를 몰아냈다는 설이 있는데 이는 사실과 다르다. 사원을 공격했던 사건이 단 한 번 증명되었을 뿐 대규모 파괴 행위를 뒷받침하는 어떠한 믿을 만한 정보도 찾을 수 없다.

1330년까지 인도의 대부분이 델리의 술탄제 제국의 지배하에 들어갔다. 하지만 잘못된 정치는 무슬림 아미르들의 반란을 초래하였다. 이는 술탄제 제국이 한 사람이 지배하기에는 너무 거대하다는 것을 입증하는 사건이었다. 중앙 정부는 붕괴되었으며 아미르들은 울라마의 지원하에 자신의 영토를 다스렸다. 화약이 출현하기 전까지 델리의 술탄제는 단지 무슬림 인도에 존재하는 많은 세력 중 하나였을 뿐이다.

몽골 제국의 변방에서는 약탈 원정, 즉 가지ghazi 전사들이 몽골 지배자들을 섬기며 그들만의 세력(아미르체제)을 유지하였다. 이 전사형 국가들은 대부분 수피즘에 근거한 종교적 성향을 띠고 있었다. 아제르바이잔에서 아나톨리아까지 타리카 종단이 만들어졌으며, 이는 개혁적 성향의 옛 시아파에 극단적 형태의 수피즘을 적용시킨 것이었다. 그들은 초기 시아파에 영향을 준 극단주의 신학을 부활시켰다. 이 사상은 알리가 성자로 부활한 것이라 믿었고, 죽은 아미르들이 재림하기 위해 은둔한 것이라고 믿었으며, 새로운 정의의 시대를 실현하기 위해 돌아온 마흐디를 그들의 지도자로 떠받들었다.

아나톨리아 벡타시야Bektashiyah 종단의 탁발승들은 많은 추종자들을 거느렸으며, 기존의 종교적 규범들을 바꿀 수 있는 새 질서의 출현이 임박했음을 알렸다. 유사하게도 우상 파괴적인 것은 아제르바이잔의 사파비야Safaviyyah 종단이었다. 이 종단은 순니 타리카로 시작했지만, 15세기까지 극단적인 사변주의 사상에 심취하여 결국에는 그들 자신을 12이맘 시아파라고 불렀다. 그들은 그들의 지도자가 일곱번째 이맘의 후계자이기 때문에 무슬림 움마의 유일한 합법적 지도자라고 믿었다. 16세기 초에는 자신을 숨은 이맘의 화신이라 믿은 종단의 이스마일이 이란에 시아 이슬람 사파비 제국을 건설하게 된다.

몽골 제국이 무너지자 아나톨리아는 소규모 독립 전사형 국가들로 나뉘어졌으며, 이들은 쇠락한 비잔틴 제국의 마을과 도시들을 침탈하기 시작했다. 이러한 국가들 중 가장 작은 군소 국가의 하나였던 오스만 가문은 14세기 초까지 강력한 힘을 갖고 있었다.

1326년 오스만, 즉 오토만은 부르사Bursa를 점령한 후 그곳을 수도로 삼았다. 1329년 이즈니크를 점령한 데 이어, 1372년에는 비잔틴 제국의 대부분을 차지하였다. 그들은 에디르네Edirne를 새 수도로 정하고, 비잔틴 제국을 그들의 속국으로 만들었다. 이러한 오스만 제국의 성공 뒤에는 '새로운 군단(yeni-cheri, 또는 Janissary)'이라고 불리는 잘 훈련된 보병이 있었다.

무라드Murad 1세(재위 1360~1389)는 서부의 무슬림 지도자들 중 가장 막강한 세력을 누렸으며, 1372년에는 발칸 반도로 진격하여 그곳에서 가장 강력한 세력을 구축하고 있던 불가르Bulgar와 세르비아Serbia 왕국을 공격하였다. 1389년 오스만 제국은 중앙 세르비아에 위치한 코소보 벌판에서 세르비아 군대를 무찔렀다. 무라드는 전사했고 세르비아의 왕자 라자르Hrelbeljanovic Lazar는 생포되어 처형되었다. 이후 세르비아는 독립 국가를 건설하지 못했다. 지금까지 세르비아인들은 라자르 왕자를 그들의 영웅으로 추앙하고 있으며, 동시에 이슬람에 대한 증오도 함께 키워 왔다.

오스만 제국은 진격을 계속하였고 대다수의 비잔틴인들의 환영을 받았다. 혼란 속에 빠져 있었던 비잔틴은 질서 유지와 경제 부흥을 가져온 오스만 제국뿐만 아니라 많은 이들이 이슬람에 매료되었다. 1402년 앙고라에서 그들의 군대가 티무르를 상대로 한 전투에서 패배한 후 큰 위기를 맞게 되지만, 티무르의 죽음 이후 군을 재정비할 수 있었다. 1453년 메흐메드Mehmed 2세(재위 1451~1481)는 화약을 사용하여 마침내 콘스탄티노플을 점령할 수 있었다. 무슬림이 룸이라 불렀던 비잔틴 제국은 수세기 동안 이슬람을 궁지로 몰았으며, 칼리프들은 패배를 인정하지 않을 수 없었다. 그러나 '정복자' 메흐메드가 오래된 꿈을 실현시킨 것이었다. 무슬림은 이제 새로운 시대에 접어들었다. 그들은 몽골의 침략을 견뎌 내고 새로운 힘의 원천을 찾아냈다.

13세기에는 무슬림 상인들이 동아프리카 해안과 남부 아라비아, 그리고 인도 반도 서해안에 그들의 세력을 구축했다. 선교사의 역할을 수행하기도 했던 무슬림 상인들은 불교 무역이 사라져 버린 말레이시아에 정착하였고, 곧 대단한 명성을 얻게 된다. 15세기 말 이슬람 제국은 세계에서 제일 강력한 세력이 되었다. 무슬림은 동부 유럽과 유라시아 대초원, 그리고 아프리카 사하라 사막까지 세력을 넓혔다.

수피 설교자들은 상인들이 가는 곳마다 따라 다녔고, 14세기와 15세기에 말레이시아는 이슬람 세계의 일원이 되었다. 마치 모든 세계가 이슬람화되는 것 같았다. 무슬림의 지배하에 있지 않은 사람들도 무슬림이 세계를 지배한다는 사실을 알았고, 그들 역시 그들의 영토 밖으로 나오면 이슬람 제국을 상대해야 했다. 15세기 말에서 16세기 초, 유럽의 항해자들이 놀라운 발견을 계속할 때에도 무슬림의 영향력을 떨쳐 버릴 수 없었다. 이슬람은 무적인 것처럼 보였고 무슬림들은 지구에서 가장 강력하고 앞선 선진 제국을 건설할 수 있었다.

제4장
이슬람 황금기

이슬람 제국(1500~1700)

　화약 무기의 사용으로 통치자들의 신민에 대한 지배권은 이전보다 더욱 강해졌다. 여기에 효율적인 행정력을 갖추었더라면 그들은 더욱 넓은 지역을 한층 효과적으로 통제할 수 있었을 것이다. 압바스 왕조의 몰락 이후 비로소 그 모습을 갖추게 된 군사 국가military state의 등장은 이슬람 정치의 특징이 되었다. 이때 유럽에서도 군주들은 더욱 정교한 정부 조직으로 중앙집권에 성공하여 절대 군주가 되었다.

　15세기 말에서 16세기 초에 이란의 사파비 왕조, 인도의 무굴 제국, 아나톨리아, 시리아, 북아프리카, 아라비아에 걸친 오스만 제국 등 세 개의 이슬람 제국이 성립되었다. 이외에도 주목할 만한 사태가 일어났다. 시르-옥수스 유역 분지에서 이슬람 국가인 우즈베키스탄이 형성되었고, 모로코에서는 시아파 성향의 국가가 출현하였다. 말레이 군도에서는 이슬람교도가 중국, 일본, 인도, 불교도 무역상들과 상권을 겨루었고, 16세기에 그들은 절대적 우위를 누리게 된다.

　이슬람으로서는 이 시기가 바로 승리의 시대였다. 하지만 이 3대 주요한 이슬람 제국은 이슬람의 평등주의적 전통을 뒤로하고 절대 군주정 수립에 열을 올렸다. 체계적이고 관료적인 정확성으로 국가가 운영되었고 제국의 행정은 더욱 정교해졌다. 이들 제국은 군사 국가인 몽골의 영향을 받았으나 정책 결정에 민간인을 참여시켜 더 많은 민중의 지지를 얻었다.

그러나 이들 제국은 한 가지 사항에서 압바스 왕조와 커다란 차이가 있었다. 압바스 왕조의 칼리프들과 궁정 관료들은 이슬람의 원리에 따라 국정을 운영하지 않았다. 그들은 샤리아, 즉 이슬람법을 따르지 않고 세속적인 정서에 맞게 나라를 다스렸다. 하지만 이 3대 이슬람 제국은 군주들이 솔선하여 이슬람식으로 국정 운영을 하였다. 사파비 왕조 치하의 이란에서는 시아파가 국교가 되었다. 무굴 제국은 팔사파와 수피즘의 압도적인 영향을 받았으며, 오스만 제국은 전적으로 샤리아법에 따랐다.

해묵은 문제는 여전히 남아 있었다. 아무리 절대 군주가 신앙심이 깊다 해도 전제정치는 코란의 정신에 근본적으로 어긋나는 것이다. 민중의 대부분은 여전히 가난했고 전통적인 농업 사회에 만연한 부조리로 고통받았다. 또한 무굴 제국 치하의 인도와 오스만 제국의 아나톨리아(소아시아) 지방에서는 이슬람교도가 상대적으로 소수파였다. 무굴 제국과 오스만 제국은 인구의 다수를 차지하는 비무슬림 백성을 다스려야 했다.

시아파인 사파비 왕조의 탄생은 순니파와 시아파 사이에 결정적인 균열을 초래했다. 또 당시 이슬람 세계에서는 유럽에서 한창이던 가톨릭과 개신교의 갈등과 유사한 전례 없던 불관용과 분파주의를 낳았다. 또한 그때까지는 이슬람 세계에 중요하지 않았던 유럽의 도전이 시작되었다. 유럽에서는 농경 사회의 속박에서 벗어난 전혀 새로운 형태의 신문명이 발전하여 결국에는 이슬람 세계를 따라잡았을 뿐 아니라 정복할 수 있었다. 신유럽이 그 위용을 떨치기 시작했으나 16세기에는 여전히 실질적인 위

이슬람 제국(1500~1700)

화약 무기의 사용으로 통치자들의 신민에 대한 지배권은 이전보다 더욱 강해졌다. 여기에 효율적인 행정력을 갖추었더라면 그들은 더욱 넓은 지역을 한층 효과적으로 통제할 수 있었을 것이다. 압바스 왕조의 몰락 이후 비로소 그 모습을 갖추게 된 군사 국가military state의 등장은 이슬람 정치의 특징이 되었다. 이때 유럽에서도 군주들은 더욱 정교한 정부 조직으로 중앙집권에 성공하여 절대 군주가 되었다.

15세기 말에서 16세기 초에 이란의 사파비 왕조, 인도의 무굴 제국, 아나톨리아, 시리아, 북아프리카, 아라비아에 걸친 오스만 제국 등 세 개의 이슬람 제국이 성립되었다. 이외에도 주목할 만한 사태가 일어났다. 시르-옥수스 유역 분지에서 이슬람 국가인 우즈베키스탄이 형성되었고, 모로코에서는 시아파 성향의 국가가 출현하였다. 말레이 군도에서는 이슬람교도가 중국, 일본, 인도, 불교도 무역상들과 상권을 겨루었고, 16세기에 그들은 절대적 우위를 누리게 된다.

이슬람으로서는 이 시기가 바로 승리의 시대였다. 하지만 이 3대 주요한 이슬람 제국은 이슬람의 평등주의적 전통을 뒤로하고 절대 군주정 수립에 열을 올렸다. 체계적이고 관료적인 정확성으로 국가가 운영되었고 제국의 행정은 더욱 정교해졌다. 이들 제국은 군사 국가인 몽골의 영향을 받았으나 정책 결정에 민간인을 참여시켜 더 많은 민중의 지지를 얻었다.

그러나 이들 제국은 한 가지 사항에서 압바스 왕조와 커다란 차이가 있었다. 압바스 왕조의 칼리프들과 궁정 관료들은 이슬람의 원리에 따라 국정을 운영하지 않았다. 그들은 샤리아, 즉 이슬람법을 따르지 않고 세속적인 정서에 맞게 나라를 다스렸다. 하지만 이 3대 이슬람 제국은 군주들이 솔선하여 이슬람식으로 국정 운영을 하였다. 사파비 왕조 치하의 이란에서는 시아파가 국교가 되었다. 무굴 제국은 팔사파와 수피즘의 압도적인 영향을 받았으며, 오스만 제국은 전적으로 샤리아법에 따랐다.

해묵은 문제는 여전히 남아 있었다. 아무리 절대 군주가 신앙심이 깊다 해도 전제정치는 코란의 정신에 근본적으로 어긋나는 것이다. 민중의 대부분은 여전히 가난했고 전통적인 농업 사회에 만연한 부조리로 고통받았다. 또한 무굴 제국 치하의 인도와 오스만 제국의 아나톨리아(소아시아) 지방에서는 이슬람교도가 상대적으로 소수파였다. 무굴 제국과 오스만 제국은 인구의 다수를 차지하는 비무슬림 백성을 다스려야 했다.

시아파인 사파비 왕조의 탄생은 순니파와 시아파 사이에 결정적인 균열을 초래했다. 또 당시 이슬람 세계에서는 유럽에서 한창이던 가톨릭과 개신교의 갈등과 유사한 전례 없던 불관용과 분파주의를 낳았다. 또한 그때까지는 이슬람 세계에 중요하지 않았던 유럽의 도전이 시작되었다. 유럽에서는 농경 사회의 속박에서 벗어난 전혀 새로운 형태의 신문명이 발전하여 결국에는 이슬람 세계를 따라잡았을 뿐 아니라 정복할 수 있었다. 신유럽이 그 위용을 떨치기 시작했으나 16세기에는 여전히 실질적인 위협이 되지 못했다. 러시아가 무슬림 카잔과 아스트라를 침략(1552~1556)하여 기독교 지배를 확립했을 때에도 이슬람교도는 새로이 북유럽과 통상로를 열어 이익을 보았던 것이다.

이베리아 반도의 항해자들이 1492년 미 대륙을 발견하고, 세계 일주 항로를 개척하면서 포르투갈 상인들의 활동 폭은 더욱 커졌다. 16세기 말에 포르투갈 상인들은 홍해에서 신십자군운동을 전개하여 남방 해역의 이슬람 상권을 무너뜨리려 하였다. 이들의 성취는 서방 세계에서는 매우 중요한 것이었으나 이슬람 세계에는 별다른 충격을 주지 못했다. 이슬람 세계는 이란에서 성립된 시아파 사파비 왕조에 더 큰 관심을 보였다. 페르시아 제국의 후예 사파비 제국이 초기에 보여준 성공은 순니파에게는 심각한 타격이었다. 수세기 만에 안정적이고 강력한 시아파 국가가 이슬람권의 중심 세력으로 등장하게 되었다.

사파비 제국

12이맘파(시아파의 분파)로 개종한 아제르바이잔의 사파비 수피 종단은 한동안 그루지야와 카프카스의 기독교도를 약탈했을 뿐 아니라 메소포타미아와 이란 서부의 토호들도 습격했다. 1500년 16세의 이스마일Ismail은 이들 토호의 손에 죽은 아비지의 뒤를 이어 교단의 지도자가 되었고 바로 복수가 시작되었다. 1501년 이스마일은 타브리즈 지방을 정복한 뒤 다음해 1년 동안 이란의 나머지 지방을 모두 복속시켰다. 그는 12이맘 시아 교의를 새로운 제국의 국교로 선포했다.

이것은 놀라운 일이었다. 이때까지 시아파는 대부분 아랍인이었고, 시아파의 중심 지역은 이란의 라이, 카샨, 호라산, 쿰 등이었으나 대부분의 이란인은 순니파였다. 이스마일은 이란에서 순니파를 제거하고 수피 타리카 종단을 억압하며 이 계열의 성직자들을 처형하거나 추방하였다. 시아파 국가인 사파비 정부의 정책 노선에 따라 정통 칼리프 가운데 3인, 즉 아부 바크르, 우마르, 우스만은 알리에게 주어야 할 권력을 찬탈했다는 이유로 저주받았다. 시아파의 지도자 중 이 정도의 규모로 권력 투쟁을 벌인 사람은 없었다. 이는 종교 교단이 근대적인 무기체계를 갖추고 강압적인 권력을 행사했기 때문에 가능했다.

사파비 왕조가 창건되기 전 200년 동안 시아파와 순니파 사이에는 상호 화해하는 분위기도 있었다. 수백 년 동안 시아파는 은밀하고 신비주의적인 종파로 정치에서 한 걸음 물러나 있었는데, 이는 숨은 이맘이 부재하는 동안 정통성 있는 정부는 있을 수 없다는 믿음 때문이었다.

어떻게 '시아파 국가'가 있을 수 있는가? 이스마일은 이러한 이론에 영향받지 않았다. 그는 메시아적 유토피아가 가깝다고 믿는 시아파의 극단적인 종파에 속했으므로 12이맘파의 정통 교리를 몰랐을 가능성이 크다. 그는 추종자들에게 자신이 숨은 이맘이라고 말하고는 나름대로 최후의 심판을 위한 전투를 치렀을 수도 있다.

순니파에 대한 그의 지하드는 이란에만 있지 않았다. 1510년 호라산 지방에서는 순니파인 우즈벡족을 축출하여 옥수스 강 북쪽으로 몰아냈다. 또한 순니파인 오스만 제국을 공격했으나, 1514년 찰디란 전투Battle of Chaldiran에서 셀림 1세에게 패하였다. 순니파에 대한 그의 해외 원정은 실패했으나 이란 내에서는 성공하였다. 17세기 후기에는 이란인 대부분이 독실한 시아파가 되었고 현재까지도 그러하다.

이스마일 샤는 군사 국가를 건설하였으나 행정을 담당하는 민간인에게

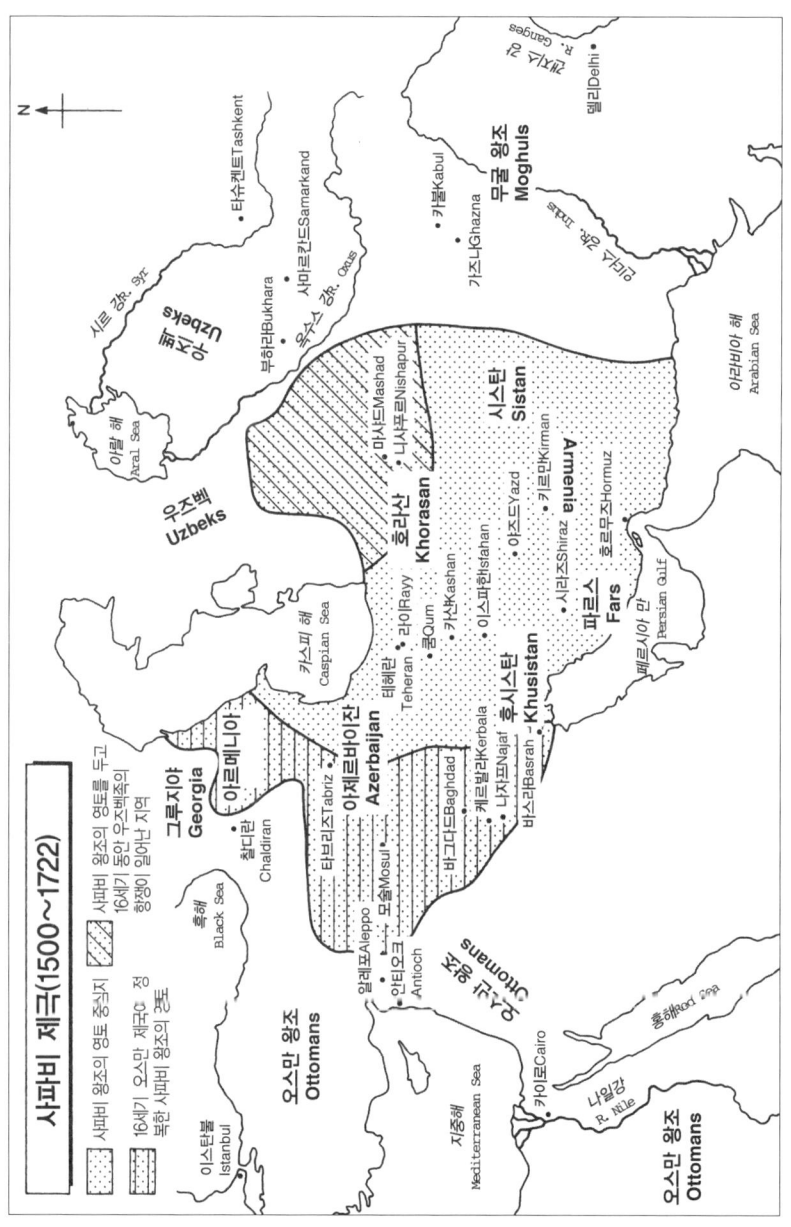

크게 의존하였다. 사산 왕조나 압바스 왕조의 군주들처럼 그는 '지상에 있는 신의 그림자'라 불렸고, 사파비 왕조의 정통성은 이맘의 후손이라는 이스마일 자신의 주장에 근거하고 있었다. 그러나 사파비 왕조가 일단 집권한 이후에는 혁명적 열정을 지닌 극단주의적 이념이 부적합하다는 것을 알게 되었다.

압바스 샤Shah Abbas 1세(재위 1588~1629)는 극단적 이념을 가진 행정 관료를 제거하고 외국에서 초빙한 아랍의 시아파 성직자들, 즉 울라마를 통해 정통 12이맘파 교리를 가르치게 했으며, 신학교를 세우고 넉넉한 재정 지원을 하였다. 압바스 샤 1세의 통치 시절에 제국은 최전성기였다. 그는 오스만 제국의 군사적 승리로 영토를 넓혔고 수도인 이스파한Isfahan은 문화적으로 르네상스를 맞이하였다. 이 또한 유럽의 르네상스와 마찬가지로 이슬람 이전의 과거에서 영감을 얻은 것으로 이란은 페르시아 제국의 문화에서 영향을 받았다. 이 시대에는 비흐자드Bihzad(1535년 사망), 리자 압바리Riza-i Abbari(1635년 사망) 등 위대한 화가들이 활동했는데 이들은 주옥 같은 정밀화 작품을 남겼다. 이스파한은 공원, 궁전, 광장, 거대한 이슬람 사원과 신학교 건물이 들어찬 장대한 도시가 되었다.

새로 들어온 아랍 시아파 울라마는 묘한 입장에 처했다. 이들은 이란에 오기 전에는 시아파 신학교를 세우지 못하고 울라마의 집에서 연구와 토론을 했을 뿐이었다. 이들은 세속적 정권과 거리를 둔다는 것을 일반 원칙으로 삼았으나, 이란에 와서는 교육과 사법을 떠맡아야 했으며 행정부의 종교 관련 업무도 수행해야 했다. 사파비 왕조의 넉넉한 경제적 지원 덕분에 울라마는 재정적으로 독립할 수 있었다. 이들은 그들의 신앙을 널리 전파할 수 있는 더 없이 좋은 기회를 거절하지는 않았으나 관직은 맡지 않았다. 그만큼 이들의 지위는 잠재적으로 매우 강력하였다.

12이맘파의 정통 교리에 따르면 왕이 아닌 성직자들이 숨은 이맘의 정당한 대리인이었다. 사파비 왕조는 성직자들을 통제할 수 있었고, 반면에 성직자들은 이란인들이 모두 시아파로 개종한 이후에야 그들의 지위를 제대로 활용할 수 있었다. 성직자들은 새로운 권력을 얻었으나 세속적인 사파비 정부와의 관계 때문에 12이맘파의 매력적인 특성이 약화되었다. 일부 성직자들은 더 이상 심오한 교리 해석을 추구하지 않았고 교리 해석은 융통성을 잃게 되었다.

무함마드 바키르 마즐리시Muhammad Baqir Majlisi(1700년 사망)는 모든 시대를 통틀어 가장 영향력 있는 성직자 가운데 한 사람이었으나 편협하게 시아파 교리를 해석하였다. 그는 이스파한에서 팔사파의 가르침과 신비주의irfan를 억압하였으며 수피 교도를 무자비하게 박해하였다. 뿐만 아니라 성직자들이 이슬람식 사법체계에 관심을 기울여야 한다고 주장했다. 마즐리시는 시아파가 신비주의와 철학을 불신하도록 하였는네 이는 오늘날에도 영향을 미치고 있다. 수피즘을 대체하기 위해 마즐리시는 카르발라에서 순교한 후세인을 기리는 의식을 장려하여 시아파의 가치 기준과 경건성을 민중에게 가르쳤다. 이러한 의식에는 애도 행진이 있는데, 격정적인 애도가가 불려지면서 민중들은 애통해하며 통곡한다. 이것은 이란에서 하나의 제도가 되었다.

18세기에 카르발라 전투를 묘사하는 수난극인 타지예taziyeh가 생겨났다. 이 극은 관람하는 민중들이 수동적인 관객이 아니라, 그 분위기에 동화되어 같이 울고 가슴을 치며 애도하고 개인적인 슬픔까지 표출함으로써 후세인의 순교의 고통을 체험하는 것이다. 이러한 의식들은 하나의 사회적 안전 밸브 구실을 한다고 볼 수 있다. 흐느끼고 이마를 두드리고 가슴을 치며 통곡하면서 민중들은 왜 선한 자들이 언제나 고통을 받고 악한

자들이 승리를 하는지 자문하게 되며, 경건한 시아 이슬람의 핵심인 정의에 대한 갈망이 온몸에서 솟구치는 것을 느끼게 된다.

마즐리시와 사파비 제국의 군주들은 이 의식의 잠재적 혁명성을 경계하기 위해 민중들을 억압하였다. 민중들은 국내의 폭군에 저항하는 대신에 순니파를 저주하였다. 그리고 불의에 투쟁하기보다는 후세인을 따라 천국으로 가는 길을 보장하는 후견자로서 그를 바라보았다. 따라서 이런 의식은 저항 정신이 현실 세계로 표출되지 못했기 때문에 제국의 기반 유지에 기여하였으며, 민중들이 권력자에게 비위를 맞추고 개인적인 이익을 추구하도록 했다. 1978~1979년의 이란 이슬람 혁명에 이르러서야 비로소 다시 한 번 타지예는 억압받는 민중이 부패한 정부에 대해 분노를 표출하는 수단이 되었다. 그러나 일부 성직자들은 이보다 오래된 시아파의 전통에 충실하였고, 이들의 사상은 오늘날까지 이란뿐 아니라 이슬람 세계 전체의 개혁가나 혁명가들에게 영감을 불어넣고 있다.

미르 다마드Mir Damad(1631년 사망)와 그의 제자 물라 사드라Mulla Sadra(1640년 사망)는 이스파한에 신비주의 철학파를 세웠는데, 마즐리시는 이를 탄압하는 데 온 힘을 기울렸다. 이들은 수흐라와르디의 전통을 이어받아 철학과 영성을 결합하였고 제자들에게 신비주의 교리를 가르쳐 순수 이미지의 세계와 영적 세계를 느끼게 하였다. 두 사람 모두 철학자는 아리스토텔레스처럼 이성적이고 과학적이 되어야 한다고 주장하면서도 진리 탐구를 위해 직관적인 접근 방법을 개발해야 한다고 주장하였다. 이들은 일부 성직자들의 불관용을 신앙의 이탈이라 간주함으로써, 진리는 강요될 수 없는 것이고 지적 단일성은 참된 신앙과 양립할 수 없는 것으로 보았다.

물라 사드라는 정치 개혁이 영성과 분리될 수 없다고 생각하였다. 그의 걸작 『4중 여행Al-Afsan al-Arbaah: The Fourfold Journey』에서 정치 지도자는 속세를 변혁하기 전에 신비주의 훈련을 받아야 한다고 말하고 있다. 정치 지도자는 자아를 벗어나 신의 광명을 찾고, 신비주의적 신에 대한 인식이 있어야 한다고 보았다. 신비주의 훈련은 비록 동력은 아니더라도 정치 지도자를 시아파의 이맘들이 가진 것과 같은 종류의 영적 통찰의 길로 이끄는 것이었다. 아야톨라 루홀라 호메이니Ayatollah Ruhollah Khomeini(1902~1989)는 물라 사드라의 가르침에 크게 영향을 받았으며, 임종 전에 이란인들에게 행한 마지막 연설에서 이르판(Irfan: 이슬람의 신비주의 전승)을 계속 연구하고 실천할 것을 간절히 요청하였다. 그 이유는 영적인 개혁이 없으면 참된 이슬람 혁명은 있을 수 없기 때문이다.

이란의 성직자들 사이에서 서서히 세력을 얻은 결과 오늘날에 엄청난 정치적 영향력을 미치고 있는, 종전과는 전혀 다른 새로운 사상에 물라 사드라는 크게 당혹하였다. 바로 우술리Usuli학파라 자칭하는 일부 성직자들은 '일반 무슬림은 이슬람의 기본 원리를 해석할 수 없다'고 믿었다. 그러므로 일반 무슬림은 학식 있는 성직자들 가운데 한 사람을 찾아내 그의 판단에 따라야 한다는 것인데 그들만이 숨은 이맘의 권능을 보유했기 때문이다.

시아파 성직자들은 '이즈티하드의 문'이 닫혔다는 순니파의 주장에 결코 동의하지 않았다. 시아파는 사법 판단을 하는 지도적인 고위 성직자를 무즈타히드mujtahid라 불렀는데, 그는 이슬람 법률을 집행할 때 '이즈티하드'를 실천할 권리를 가진다. 우술리학파는 군주마저도 그가 국정 자문역으로 뽑은 무즈타히드의 파트와에 복종해야 한다고 가르쳤다.

17세기에 우술리학파의 견해는 폭넓은 지지를 얻지 못했지만, 사파비 제국의 쇠락이 분명해진 17세기 말에는 뚜렷한 지지를 얻기 시작하였다.

이때는 국가의 약화를 만회할 강력한 법적 권위를 세울 필요가 절실했기 때문이다. 이 무렵 사파비 제국은 후진 농업 경제의 모순에 얽매여 제 기능을 발휘하지 못하고 있었다. 교역은 쇠퇴했고 경제는 불안했으며 군주들은 무능했다. 1722년 아프간 부족들이 이스파한을 공격하자 이 도시는 무력하게 함락되었다.

사파비 왕조의 한 왕자가 대학살에서 살아남아 유능하고 무자비한 군지휘관인 나디르 칸Nadir Khan의 도움으로 침략자들을 격퇴시킬 수 있었다. 사파비 왕조를 멸하고 스스로 '샤(Shah: 이란어로 왕을 뜻함)'가 된 나디르 칸은 20년 동안 통치하면서 이란의 통일을 유지하였고 주목할 만한 군사적 승리를 쟁취하였다. 그러나 잔인하고 야만적이었던 그는 1747년에 암살되었다. 이 기간 동안 이란의 성직자들에게 이슬람 세계 어디서에서도 찾아볼 수 없는 권력을 가져다 준 두 가지 사태가 일어났다.

첫째, 나디르 칸이 이란에 순니 이슬람을 재확립하려 하자 지도적인 성직자들이 제국을 떠나 성스러운 도시인 나자프와 카르발라(각각 이맘 알리와 후세인에게 헌정된 도시)에 정착했다. 이것은 처음에 시아파에게는 재앙으로 보였으나, 오스만 제국 영역의 이라크에 위치한 나자프와 카르발라에서 시아파 성직자들은 이란의 세속 지배자의 영향을 받지 않고 민중들을 가르칠 수 있었다.

둘째, 나디르 칸의 사망 후에 중앙 정부가 없는 권력 공백 상태에서—투르크멘 카자르 부족 출신의 아가 무함마드Aqa Muhammad가 1779년 카자르 왕조를 세우기까지—성직자들은 권력의 공백을 메웠다. 우술리학파가 득세하여 국사에 본격적으로 개입하면서 성직자들은 군주보다 훨씬 효율적으로 이란 민중의 지지를 받았다.

무굴 제국

순니파에 대한 이스마일 샤의 성전 수행으로 일어난 혼란은 인도에서 이슬람 제국이 탄생하는 데 일정 부분 기여했다. 제국의 창시자 바부르Babur(1530년 사망)는 이스마일의 동맹자였으나 사파비 왕조와 우즈벡족과의 전쟁 때문에 아프간 산악 지대로 망명하였다. 그는 그곳에서 티무르 제국의 유산인 잔여 국가들을 장악하여 티무르가 선호한 몽골 제국 국경선을 유지한 결과 북인도에서 잠시나마 권력 기반을 마련할 수 있었다.

그가 세운 국가는 오래가지 못했고 아프간 호족들 사이에 파쟁이 계속되다가, 1555년에 바부르의 자손 가운데 가장 유능한 후마윤Humayun이 왕좌에 오르게 된다. 그는 곧 사망했으나 후마윤의 아들 아크바르Akbar가 1560년 성년이 될 때까지 섭정으로 무굴 제국의 통치가 유지되었다. 아크바르는 북인도에서 통일된 국가를 세워 유일한 통치자로 인정받았다. 그는 중앙 정부를 술탄이 직접 지휘하는 군대로 운영되었던 몽골식 관습을 유지했고 효율적인 관료제를 도입하였다. 또한 무력으로 무굴 제국을 확장하기 시작하여 이슬람 군주들을 물리치고 힌두스탄, 펀자브, 말바, 데칸고원까지 지배하게 되었다.

그러나 이스마일과는 달리 아크바르는 그의 신민들을 박해하거나 개종을 강요하지 않았다. 만약 그랬었다면 그의 제국은 존속할 수 없었을 것이다. 무굴 제국에서 이슬람교도는 소수였지만 그들은 종교적 단일성을 강요하지 않았다. 힌두교 카스트들은 그들의 종교 관습을 그대로 간직하였고 불교도, 야콥파, 유대인, 자이나교도, 기독교도, 조로아스터교도, 순니파, 이스마일파들 모두에게 종교의 자유가 있었다. 14세기와 15세기에는 모든 카스트의 힌두교도와 일부 무슬림은 영적이고 사변적인 형태의 일신론을 함께 수립하여 종파적 불관용을 철저히 배격하였다.

구루 나나크Guru Nanak(1469~1539)가 창시한 시크교는 이들 부류에서 성장했으며, 힌두교와 이슬람교의 단일성과 양립 가능성을 주장했다. 그러나 적대적인 관계가 될 수 있는 가능성은 언제나 있었다. 인도에서 보편주의는 뿌리가 깊었고 불관용 정책은 인도 문화에 어긋날 뿐이었다. 이슬람 통치자들은 이것을 인식하였고, 그 결과 힌두교도를 군과 행정에 기용하였다.

아크바르는 이 전통을 더욱 강화하였다. 그는 비이슬람교도에 대해 샤리아가 규정한 인두세를 폐지하고 채식주의자가 되었으며 좋아하던 사냥도 그만 두었다. 그는 모든 신앙을 존중했기 때문에 힌두교 사원을 건축했고, 1575년에는 '예배의 집'을 지어 모든 종교 학자들이 모여 토론할 수 있는 공간을 마련해 주었다. 또한 스스로가 수피 교단을 창설하여 '거룩한 유일 신성' — 유일신은 모든 올바른 종교에서 그 모습을 드러낸다는 코란의 믿음에 기초한 — 에 봉헌하였다.

아크바르의 다원주의는 코란의 정신에 들어맞는 것이기는 하지만, 일부 율법학자들 사이에서 발전하고 있던 공동체주의와는 큰 차이가 있었다. 그의 시대는 최근 순니파와 시아파가 편협한 갈등을 빚은 것에 비한다면 희망이 존재했던 시대였다. 인도에서 이와 다른 정책을 폈더라면 정치적 재앙을 가져왔을 것이다. 아크바르가 통치할 무렵에는 이슬람 성직자들의 비위를 맞추는 일은 있었어도 율법에는 결코 관심을 두지 않았다. 그는 수피즘과 팔사파에만 관심을 두었는데, 둘 다 보편주의적 세계관을 가지고 있었다. 아크바르는 파일라수프들이 묘사한 이상 사회를 건설하고 싶었던 것이다.

그의 전기를 쓴 수피 역사가 압둘파즐 알라미Abdulfazl Allami(1551~1602)

는 아크바르를 이상적인 철인 황제로 보았다. 그는 또한 아크바르가 수피들이 움마를 이끌어 나가기 위해 각 세대에 한 명씩 존재한다고 생각했던 '완벽한 인간'이라고 믿었으며, 민중들의 갈등이 생기지 않을 정도로 관용의 정신을 도야하는 문명을 세웠다고 주장했다.

아크바르의 정책은 수피즘의 이상인 '보편적 평화'를 추구하는 것이었다. '보편적 평화'는 전 인류의 물질적, 영적 행복을 적극적으로 추구하는 '보편적 사랑'의 전주곡에 불과하다. 이러한 관점에서 종교적 편협성은 몰상식한 것이며 아크바르와 같은 이상적인 무슬림 철인 왕은 종파주의를 초월하였다. 그러나 일부 무슬림은 아크바르의 종교 다원주의에 분노했다.

수피교도인 아흐마드 시르힌디Ahmad Sirhindi(1625년 사망)는 이러한 보편주의를 위험한 것으로 보았다. 시르힌디는 아크바르보다는 그 자신이 그 시대의 '완벽한 인간'이라고 선언했다. 신과의 일치는 무슬림이 경건하게 샤리아를 — 이 시대에는 점차 종파적으로 되고 있었다 — 지켜야 성취될 수 있었다. 하지만 17세기 초, 인도의 무슬림 중 시르힌디의 견해에 동의하는 이는 소수였다.

1627년에서 1658년까지 제국을 통치한 아크바르의 손자 샤 자한Shah Jahan은 대체로 아크바르의 정책을 이어나갔다. 그가 세운 타지마할은 조부의 전통을 계승하여 이슬람과 힌두 건축 양식을 혼합한 것이다. 샤 자한은 힌두교 시인의 후원자가 되었고, 이슬람의 과학 서적은 산스크리트어로 번역되었다. 그러나 그는 수피슴에 적대적이었고 아크바르보다는 샤리아에 충실하였다. 그는 과도기적인 인물로 무굴 제국의 쇠퇴는 점점 더 분명해지고 있었다. 군대와 궁정의 지출은 지나치게 과도해졌고 황제들은 문화사업에는 끊임없이 투자한 반면 국부의 원천인 농업을 경시하였다.

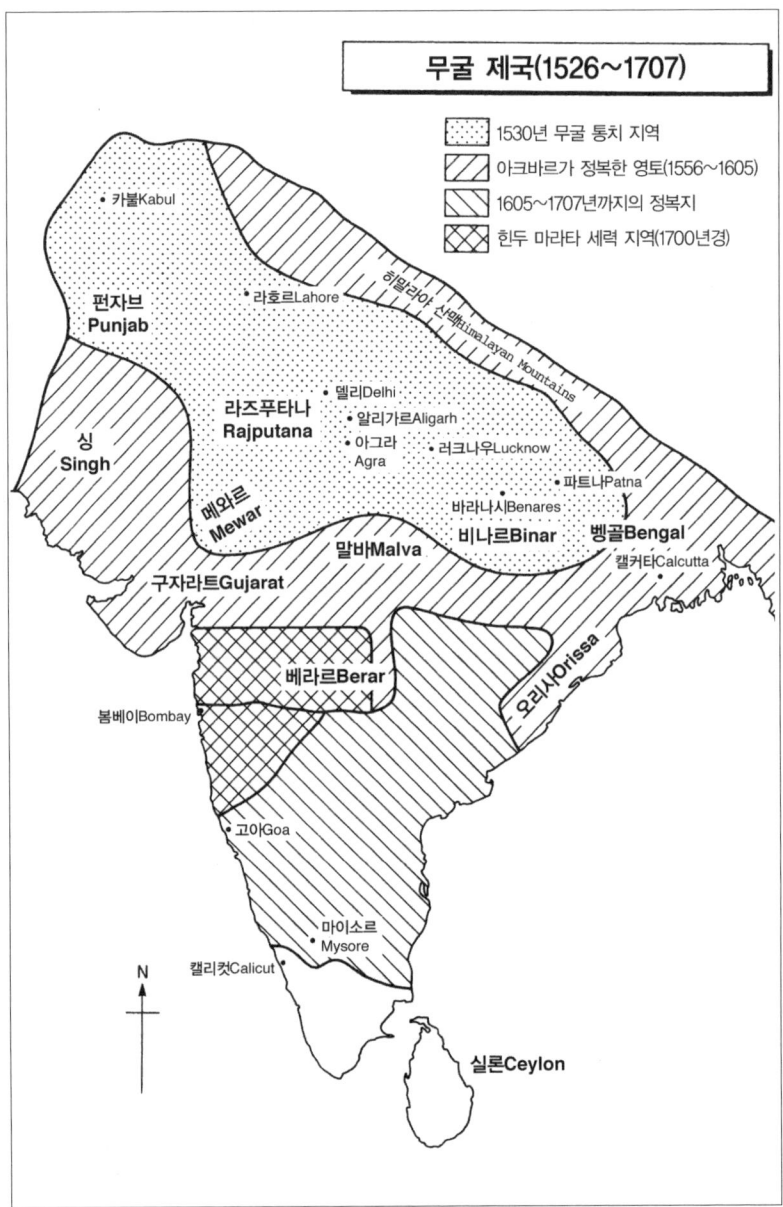

아우랑제브Aurangzeb(재위 1658~1707)의 통치기에는 경제 위기를 겪었고, 그는 이슬람 사회에서 더 엄격한 규율을 시행하는 것이 그에 대한 해법이라고 믿었다. 그는 다른 종교의 신도는 물론 이슬람의 '이단'을 매우 증오하였다. 그의 종파 정책은 시르힌디와 같이 다원주의를 못마땅해하던 무슬림들의 지지를 받았다.

후세인을 기리는 시아파의 의식은 인도에서 탄압받았고 술은 법으로 금지되었다(이 때문에 힌두교도와 융화가 어려워졌다). 무굴 황제는 여러 힌두교 축제에 참석했으나 그의 집권 시기에는 그 횟수가 급감하였다. 인두세가 부활되었고 힌두교 상인에 대한 세금은 두 배로 늘어났다. 무엇보다 최악의 사건은 제국 전역에서 힌두교 사원이 파괴되었다는 점이다. 이에 대해 힌두교도들은 이전의 관용 정책이 얼마나 현명했는지를 다시 한 번 되돌아보게 되었다. 또한 힌두교와 시크교 지도자들이 반란을 일으켜 편자브 지방에서 국가를 건설하려고 하였다.

아우랑제브가 죽었을 때, 제국은 이미 위험한 상태였으며 이후 완전히 회복되지 못했다. 계승자들은 그의 정책을 포기했으나 이미 결정적 피해를 입은 다음이었다. 무슬림도 아우랑제브의 정책에 불만을 품고 있었다. 그들은 아우랑제브의 샤리아에 대한 열정에 진실로 이슬람적인 것은 없다고 보았다. 왜냐하면 샤리아는 비무슬림 이교도를 비롯하여 모두에게 정의를 베풀라고 설파했기 때문이다. 제국은 와해되기 시작했고 각 지방은 독립적인 모습을 보였다. 그러나 무굴 세국은 1739년까지 명맥을 유지하였으므로 18세기 궁정에서는 힌두교도와 무슬림이 화해하여 서로의 언어를 익히고 유럽에서 수입한 책을 함께 번역하였다.

산악 지대의 시크교도와 힌두교도는 계속 제국을 상대로 싸웠으며, 이란의 사파비 왕조를 무너뜨린 아프간 부족들은 북서부에서 이슬람 제국을 수립하려 했다. 인도의 무슬림은 그들의 지위에 불안을 느끼기 시작했고, 이들이 당면한 문제는 오늘날에도 무슬림들에게 영향을 주고 있는 많은 어려움과 논쟁을 예고하는 것이었다.

인도 무슬림들은 자신들이 문명 세계의 주변 지역이 아닌 핵심부에서 포위된 소수파라고 느꼈다. 이들은 힌두교도와 시크교도뿐 아니라 인도 아대륙에서 정치, 상업적으로 세력을 확장하는 영국도 상대해야 했다. 처음으로 무슬림은 이교도의 지배를 받을 가능성에 직면했는데, 이는 이슬람 신앙에서 움마의 중요성을 고려하면 매우 곤혹스러운 일이었다. 이것은 단순히 정치 문제가 아니라 무슬림의 생존과 존재에 관한 것이었다. 전에 없던 계속되는 불안정이 인도 무슬림 삶의 특징이 되었다.

이슬람은 단순히 또 다른 힌두교 카스트가 될 것인가? 무슬림은 그들의 문화적, 종교적 정체성을 잃고 이슬람이 탄생한 중동의 문화 전통과 다른 외국 문화에 흡수될 것인가? 이미 그들은 뿌리를 잃어버렸는가?

수피 사상가 샤 발리 울라Shah Valli-Ullah(1703~1762)는 그 해답이 시르힌디에게 있다고 믿었는데, 이러한 그의 견해는 20세기에도 인도 무슬림에게 영향을 주고 있다. 그는 새로운 전투적 비전을 제시하였다. 무슬림의 세력이 세계 다른 지역에서도 약화되고 이슬람의 존속에 대한 우려가 생기면서 다른 철학자나 개혁자도 그와 유사한 결론을 내렸다. 무엇보다도 우선적으로 해야 할 일은 무슬림이 종파적 차이를 극복하고 단결하여 적에 대항할 수 있는 통일전선을 구축하는 것이라고 보았다.

샤리아는 인도의 특수한 조건에 맞게 적용되어야 하고 힌두화를 막는 수단이 되어야 했다. 무슬림이 군사적으로나 정치적으로나 우위를 누려야 하는 것은 필수적인 일이었다. 샤 발리 울라는 이 문제에 지나치게 관심을 두어 아프가니스탄이 이슬람 세력을 부활시키려는 불길한 시도마저 지지했다. 방어적인 성격이 이슬람 사상에 흘러들었고, 이것은 현재의 이슬람 신앙에도 그 특징으로 남아 있다.

오스만 제국

1453년 콘스탄티노플(지금의 이스탄불)을 정복했을 때, 오스만 터키는 제국을 설립할 만한 위세를 떨치고 있었다. 점진적으로 발전한 오스만 제국은 다른 이슬람 제국보다 기반이 군건하여 가장 성공적으로 오래 존속되었다. 초기 오스만의 지배자들은 전형적인 전사형이었으나, 이스탄불을 정복한 이후 술탄들은 정교한 궁정 의식을 갖춘 비잔틴 모델을 모방한 절대 군주정을 세웠다. 거대한 군사 조직의 중앙 권력은 술탄 개개인의 처신에 달려 있다고 보았으나 국가는 주로 고대 몽골 제국의 이념을 기본으로 하였다.

정복자 메흐메드 2세의 권력은 이슬람으로 개종하고 있던 발칸 반도의 귀족과 화약 무기의 도입 이후 점차 중요해지던 새로운 보병 부대인 예니체리yeni-cheri의 지지에 기반을 두고 있었다. 이슬람으로 개종한 노예들로 이루어진 예니체리는 특별한 이해관계가 없는 아웃사이더와 같은 존재로서 술탄을 절대적으로 지지하는 독립적 부대가 되었다.

오스만 제국인들은 오래 전부터 자신들이 국경을 수호하는 최전선 국가로 생각하였으며 이슬람의 적에 대한 지하드에 헌신하였다. 오스만 제국의 서쪽에는 기독교 세계가 있었고, 동쪽에는 시아파인 사파비 왕조가 있었다. 오스만 제국은 사파비 왕조 못지않게 극심한 종파적 자세를 보였고 그 결과 오스만 영역 내에서 시아파를 학살했다. 지하드는 외양적으로는 성공적이었다. 사파비 왕조에 대한 셀림Selim 1세(1467~1520)의 원정은 이란의 진격을 막았을 뿐 아니라, 오스만 제국을 시리아와 이집트 및 북아프리카와 아라비아까지 확대하는 계기가 되었다. 서쪽에서는 오스만 군이 유럽으로 계속 진격하여 1530년대에는 빈의 문턱까지 도달했다.

 오스만 제국의 술탄은 당대의 어느 체제와도 비교할 수 없을 만큼 효율적인 관료 조직으로 광대한 제국을 통치했다. 술탄은 제국의 백성들에게 획일성을 강요하지도 않았고 이질적인 요소들을 하나로 묶으려 하지도 않았다. 정부는 기독교도, 유대인, 아랍인, 투르크인, 베르베르인, 상인, 이슬람 성직자, 수피교도, 상인 길드 등 서로 다른 그룹들이 그들의 신앙과 관습을 따르며 평화롭게 살 수 있도록 하나의 보편적인 틀을 마련했을 뿐이다. 제국은 여러 주로 나뉘어져 이스탄불 중앙 정부에 직접 책임을 지는 지방 총독(파샤)이 다스렸다.

 제국은 서양에서는 술레이만 대제로 알려진 술레이만 알 카누니Suleiman al-Qanuni(재위 1520~1566, 알 카누니는 입법자라는 뜻) 통치 때 최전성기를 맞이하였다. 제국의 영토는 사상 최대였고 이스탄불은 문화의 르네상스 시기였다. 이곳에는 대표할 만한 뛰어난 건축물이 많았는데, 특히 궁전 건축가인 시난Sinan(1588년 사망)이 유명하다. 제국 전역에서 볼 수 있었던 이슬람 성원들은 크고 빛이 많이 들어오는 구조에 낮은 돔과 높은 첨탑이 공통적인 특징이었다. 또한 왕실은 그림, 역사, 의학 분야를 후원했는데 각 부문이 높은 수준으로 발전하였다. 1579년에는 천문대를 건설했고, 유럽이 이룩한 지리상 발견에 깊은 관심을 나타냈다. 이때는 유럽이 크게 발전하고 있었음에도 불구하고, 오스만 제국이 세계에서 가장 강력하던 시기였으며 서양과도 활발한 정보 교류가 있었다.

 다른 두 이슬람 제국과 마찬가지로 오스만 제국은 이슬람 방식으로 국가를 운영했다. 술레이만 통치 시절에 샤리아는 이전의 그 어떤 이슬람 국가들에서보다도 중요시되었다. 샤리아는 모든 무슬림 국민에게 적용되는 공식 법률이었고, 처음으로 규정된 형태의 샤리아 이슬람 법정이 출현한 시기였다. 법정에서 판결을 내리는 카디, 법을 해석하는 무프티, 신학교의 교사 등 법률 전문가들은 정부의 관리가 되어 술탄과 신민들 사이에 도덕적·종교적 연결 고리의 구실을 하였다. 이러한 역할은 아랍 지방에서 특히 의미가 컸는데, 여기에서 중앙 정부와 성직자들은 민중들이 제국의 지배를 받아들이도록 하는데 공조했다. 성직자들은 이슬람법을 배경으로 세속 정권에 정통성을 부여했을 뿐 아니라, 그들 출신 지역의 토착 주민과 오스만 제국의 투르크인 지방 총독 사이에 중개자로도 활동하였다.

오스만 제국의 신민들은 대체로 샤리아의 지배를 받는 것을 자랑스러워했다. 코란의 가르침에 따르면, 신의 율법에 따라 살아가는 움마는 번영할 것이라고 했는데 그 까닭은 실존의 기본 원칙과 조화를 이루기 때문이다. 신이 계시한 율법에 대한 헌신을 정통성의 기초로 하는 초기 오스만 제국의 괄목할 만한 성공은 이러한 믿음을 입증하는 듯했다. 성직자들은 오스만 제국이 공공 정책과 무슬림 의식을 통합시켰다고 느꼈다. 그러나 이러한 공조가 유익했을지 몰라도 부정적인 측면, 즉 성직자들에게 권력의 힘을 실어 주는 것이 아니라 오히려 그들의 입을 막고 민중의 신뢰를 떨어뜨리는 결과를 가져왔다.

샤리아는 저항운동의 성격에 기원을 두고 있으며, 그 원동력은 대부분 저항 자세에서 나온 것이었다. 오스만 제국 체제하에서 이러한 성격은 사라졌다. 성직자들은 국가에 종속되었고, 술탄과 지방 총독들은 보조금을 주지 않겠다고 위협하면서 정부로부터 봉급을 받는 그들을 통제하였다.

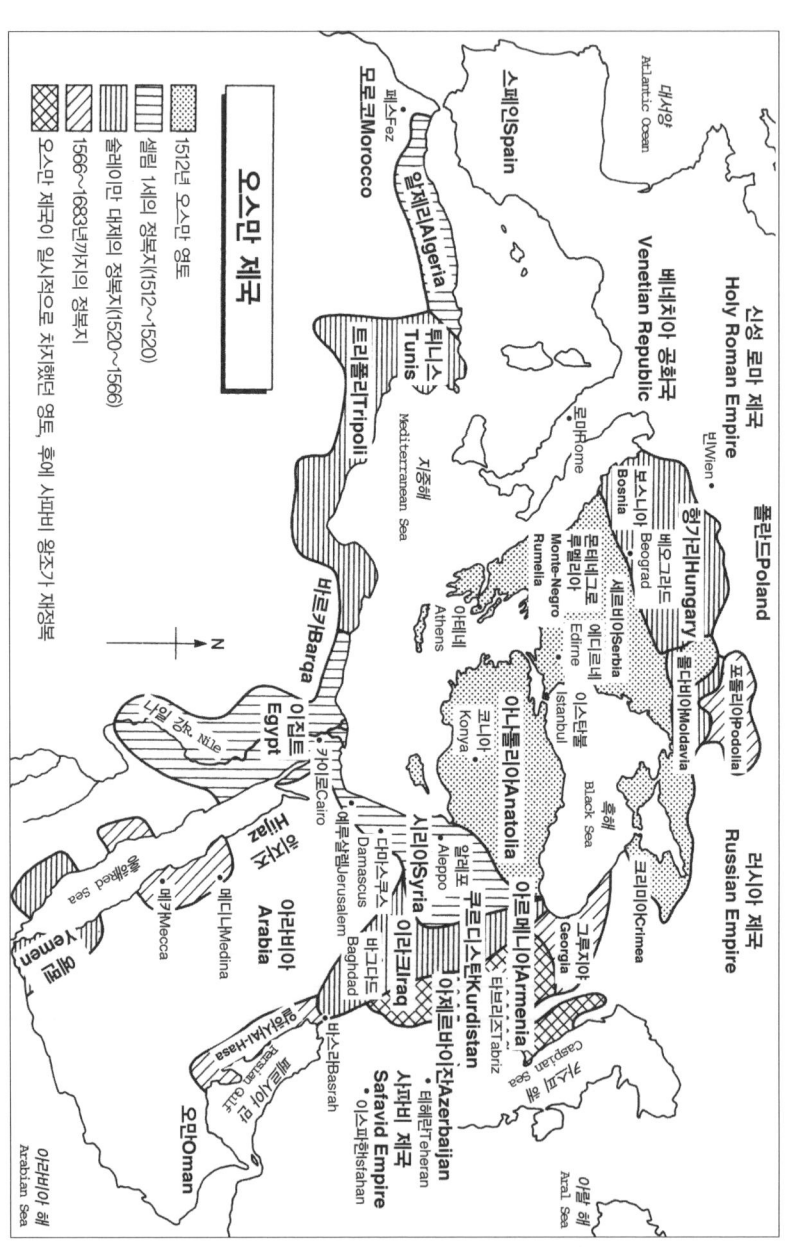

160

이슬람

'오스만 제국과 성직자 간의 동맹 원칙'을 고안한 아부 알 순드 홀라 첼레비Abu al-Sund Khola Chelebi(1490~1574)는 카디의 권위가 샤리아의 수호자인 술탄에게서 나온 것이기 때문에 술탄의 명령대로 법을 적용시켜야 한다는 입장을 분명히 했다. 원래 절대 군주정 체제와는 배치되는 성격을 지닌 샤리아는 점점 그것을 받아들이게 되었다.

이란의 시아파 성직자들은 국가의 구속을 받지 않게 되자 민중의 지지를 받았다. 많은 이란 성직자들은 헌신적인 개혁자가 되어 전제적인 샤에 대항하여 민중을 지도할 수 있었다. 또한 상당수의 성직자들이 현대 세계의 민주적이고 자유주의적 사상에 개방적이었다. 그러나 오스만 제국에서는 정치적 이점을 살리지 못하고 무력화되어 보수적인 태도를 보이며 어떤 변화도 원하지 않았다. 술레이만 사후에는 신학교의 커리큘럼이 더욱 단조로워지고, 팔사파 연구보다는 이슬람 법률 문헌 연구에 더 집중했다.

거대한 전사 국가였던 오스만 제국의 이슬람은 공동체적이고 분파적인 성격을 띠었다. 오스만 제국의 무슬림은 사방에서 압박해 오는 이교도들에 대응하기 위해서는 정통 신앙을 수호해야 한다고 느꼈다. 성직자들과 수피교도 역시 이러한 정서를 가졌으며, 제국이 취약한 모습을 드러내기 시작하자 이러한 경향은 더욱 두드러졌다.

술탄의 궁정은 유럽의 새로운 사조에 개방적이었으나, 신학교는 유럽 이교도로부터 나온 모든 것에 반대하였다. 예를 들면 성직자들은 이슬람 서적 인쇄를 반대했는데, 그들은 새로이 변화하는 서구에 관심을 가진 오스만 제국 내의 기독교 공동체에 등을 돌렸던 것이다. 민중에 대한 성직자들의 영향력은 오스만 사회 곳곳에 그 자취를 남겼다. 특히 변화가 불가피한 시점에서 성직자들은 민중들을 변화에 저항하게끔 하였다. 낡은 사고에 사로잡힌 성직자들은 근대화된 서구가 이슬람 세계를 침략했을 때 민중을 도울 수 없었고, 민중들은 다른 곳에서 성직자 집단 이외의 지도자를 찾아야 했다.

강대한 오스만 제국도 제국의 팽창을 따라가지 못하는 농업 사회의 한계를 실감해야 할 처지에 놓였다. 군사력의 약화로 술탄은 더 이상 절대 권력을 휘두를 수 없게 되었다. 경제는 휘청거렸고 부정부패와 세금 유용은 더욱 심해졌다. 조세 수입은 계속 줄어드는 데 비해 상류층은 풍요로운 생활을 누렸다. 유럽 국가의 경쟁력이 강화되면서 제국의 교역은 쇠퇴하였고, 지방 총독들은 개인적 치부책으로 권력을 남용하는 경향이 뚜렷해졌다. 그럼에도 불구하고 제국은 무너지지 않고 17세기의 활기찬 문화 생활을 누렸다. 18세기가 되자, 쇠퇴의 경향은 더욱 분명해졌고 그러한 조짐은 변경 지대에서 두드러졌다. 변방의 개혁자들은 종교 개혁으로 질서를 재확립하려 했다.

아라비아 반도의 무함마드 이븐 압드 알 와합 Muhammad ibn Abd al-Wahhab (1703~1792)은 오스만 제국을 벗어나 중부 아라비아와 페르시아 만에 이르는 국가를 세우는 데 성공했다. 그는 이븐 타이미야의 전통을 따른 전형적인 개혁자였다. 그는 현재의 위기는 근본적으로 코란과 순나로 돌아가야 해결할 수 있으며, 대부분의 무슬림이 규범으로 인정하는 중세의 이슬람법, 신비주의 그리고 팔사파와 같이 후대에 보완 및 첨가된 것을 단호히 버려야 한다고 믿었다. 오스만 제국의 술탄들이 진정한 이슬람에서 벗어나 있다고 생각한 와합은 그들이 배교자이며 죽어 마땅하다고 선언했다. 그는 7세기의 움마에 대한 견해에 기초하여 순수 신앙체계를 창안하였다. 그의 공격적인 자세는 보다 큰 변화와 사회 불안의 시대인 20세기에 일부 원리주의자에 의해 재현되었다. 와하비즘은 오늘날에도 사우디 아라비아에서 볼 수 있는 이슬람의 분파로 경전의 문자 해석과 초기 이슬람 전통에 기초한 청교도적 종교이다.

모로코의 수피 개혁자인 아흐마드 이븐 이드리스Ahmad ibn Idris(1780~1836)는 이 문제에 다르게 접근하였다. 그가 생각하는 해결책은 민중을 교육하여 더 나은 무슬림으로 만드는 것이었다. 그는 북아프리카와 예멘을 여행하면서 현지 방언으로 민중을 교화하였으며 살라트, 즉 예배와 같은 기초 의식을 수행하는 법을 가르쳤다. 그는 성직자들이 신학교에 틀어박혀 세세한 이슬람 법조문에만 관심을 기울인 채 자신의 의무를 이행하지 못하여 민중을 방기하고 있다고 생각했다.

네오 수피Neo-Sufi라 불리는 개혁자들도 알제리와 메디나에서 이드리스와 비슷한 선교 사업을 했다. 무함마드 이븐 알리 알 사누시Muhammad ibn Ali al-Sanusi(1832년 사망)는 사누시야Sanusiayyah운동을 창시했는데, 지금도 리비아에서는 이 운동이 주류를 이루고 있다. 네오 수피들은 새롭게 발전하는 서양에는 관심이나 지식이 없었으나, 신비주의 전통을 유럽 계몽 철학자들과 유사한 사상으로 발전시켰다. 그들은 민중이 성직자에 의지하는 것이 아니라 민중 자신의 통찰력에 의지해야 한다고 주장했다.

이븐 이드리스는 예언자 무함마드를 제외한 모든 이슬람 사상가들의 권위를 부정하였다. 그리하여 그는 무슬림들이 순종하는 습관을 버리고 과거의 전통에 매달리는 대신 새로운 것을 존중하도록 고무시켰다. 그의 신비주의는 예언자에 기반한 것으로 멀리 떨어진 신을 갈망하기보다는 이상적인 인간에 스스로를 맞추라고 민중을 가르쳤다.

그러므로 무슬림이 유럽의 새로운 사고와 정신을 배척해야 하는 본질적인 이유는 없었다. 여러 세기 동안 그들은 사회 정의에 대한 염원, 평등주의 정책, 언론의 자유, 정치와 종교의 분리라는 현대 서양에서도 중요하게 생각되는 미덕을 발전시켜 왔다. 그러나 18세기 말, 대부분의 선각

자다운 무슬림은 유럽이 자신들을 추월했다는 사실을 인정하지 않을 수 없었다. 과거 오스만 제국은 유럽 열강에게 충격적인 패배를 안겨 주었으나, 18세기에 들어와서 영토조차 지킬 수도 없었고 동등한 자격으로 협상할 수도 없었다.

16세기에 술레이만 1세는 유럽 상인들에게 외교 면책권을 부여했다. 카피툴레이션Capitulations으로 알려진 이 조약의 체결은 오스만 제국에 사는 유럽 상인들이 현지의 법을 준수할 필요가 없다는 것을 뜻했다. 이들은 범죄를 저질렀을 경우 그들의 영사가 주재하는 자국의 법정에서 자국의 법으로 재판을 받았다. 술레이만은 유럽 국가들과 동등한 자격으로 이들 조약을 협상했으나, 18세기에는 이 조약이 오스만 제국의 주권을 약화시키고 있음이 분명히 드러났다. 특히 1740년 유럽의 망명객과 같이 제국의 기독교도 및 토지에도 확대 적용되어 오스만 정부의 통제를 벗어나자 더욱 그러했다. 18세기 후반 오스만 제국은 심각한 위기에 놓여 있었다. 교역은 더욱 쇠퇴했고 아랍 지방의 베두윈 부족은 통제를 벗어났으며, 중앙 정부의 영향력이 제대로 미치지 못했던 지방 총독들은 민중을 착취했다. 유럽 열강의 승승장구 분위기 속에서 오스만 제국은 상황만 인식했을 뿐 그 어떤 조치도 취하지 못하고 있었다.

셀림Selim 3세는 서구식 군 개혁으로 힘의 균형을 회복할 수 있으리라는 생각에서 유럽을 모방하고자 했다. 1789년 그는 많은 사관학교를 개설하고 프랑스 교관을 초빙하여 무슬림 생도들이 신식 교육과 훈련을 받도록 하였다. 생도들은 근대적 군사 교리와 더불어 유럽의 언어와 서구 과학을 배웠다. 그러나 이것만으로는 서구의 위협을 막기에 역부족이었다. 오스만 제국의 건립 이래 유럽이 전혀 다른 유형의 사회로 발전한 것과 이슬람 세계를 앞질러 머지않아 세계의 패권을 장악할 것을 무슬림들은 여전히 깨닫지 못하고 있었다.

  18세기 말에는 세 개의 이슬람 제국이 모두 쇠퇴하고 있었다. 그러나 이것은 유럽인들의 오만한 주장과 같이 이슬람에 내재된 무력함이나 숙명 탓이 아니었다. 모든 농업 사회는 제한된 수명이라는 한계가 있게 마련인데, 농업 사회의 이상적인 번영을 대표한 이들 제국들은 결국 자연적이고 필연적인 종말에 도달한 것이다. 전근대 사회에서 서양의 기독교 제국들도 쇠퇴와 붕괴를 경험했다. 이슬람 국가들도 과거 여러 차례 무너졌으나 그때마다 무슬림들은 그 폐허에서 불사조처럼 일어나 더욱 커다란 성취를 이룩했었다. 그러나 이때는 달랐다. 18세기 무슬림 세력의 약화는 전혀 다른 유형의 서구 문명의 발흥과 동시에 일어났으며, 이슬람 세계는 이번의 도전만큼은 극복하기 어렵다는 사실을 알았다.

제5장

고뇌하는 이슬람

서양의 세계 제패

　서양의 팽창 세력은 세계사에서 그 유례를 찾아보기 힘들다. 알프스 산맥 이북의 나라들은 여러 세기 동안 뒤떨어진 지역으로 여겨졌다. 알프스 이남의 그리스 로마 문화에 부속된 존재였던 이 나라들은 나름대로 기독교와 농경 문화를 발전시켰다. 특히 서유럽은 비잔틴 제국보다 훨씬 뒤떨어져 있었다. 12세기와 13세기에 서유럽 국가들은 다른 중심 문화권을 겨우 따라잡았으며, 16세기에는 대변혁 과정을 단행하면서 유럽 이외의 세계를 지배하게 된다.
　세계사에서 이렇게 뒤떨어진 집단이 일취월장한 것은 유일한 일이다. 7세기와 8세기에 아랍 무슬림이 일어나 세계의 권력 집단이 된 것이 이와 유사하나, 무슬림은 세계의 패권을 장악하지 못했고 유럽이 16세기에 시작한 것과 같은 새로운 문명을 이루어 내지 못했다.
　오스만 터키 제국은 유럽의 위협에서 제국을 지키려는 희망으로 군을 유럽식으로 재편성하려 했으나 그 시도가 피상적이었으므로 실패할 수밖에 없었다. 유럽을 격파하기 위해서는 전통적인 농업 사회를 모든 면에서 변혁하여 정치, 경제, 사회, 종교, 정신적 그리고 지적 구조를 매우 신속하게 재창조했어야 하는데, 유럽도 300년이라는 시간이 걸려 성취한 발전을 하루아침에 이루어 내기란 사실 불가능한 일이었다.

유럽과 미국 사회는 이슬람 세계와 경제 기반이 크게 달랐다. 농업 생산의 잉여에 의존하는 사회가 아닌 기술과 자본 투입에 기초한 사회로서 보유 자원의 끊임없는 재생산이 가능했기 때문에 서구 사회는 농경 문화의 제약에서 벗어날 수 있었다. 이 혁명은 미리 계획되지도 의도되지도 않은 복잡한 과정의 결과물로 민주적이고 세속적인 사회 구조를 창조했다.

16세기에 유럽인은 과학 혁명을 성취하여 그 어느 때보다 더 자연을 지배할 수 있게 되었다. 의학, 항해, 농업, 공업 분야에서도 새로운 것들이 발명되었다. 이 발명들은 개체별로 결정적인 중요성을 가지지는 않았으나 그 축적된 효과는 대단했다. 이러한 혁신은 1600년 무렵부터 진보를 되돌릴 수 없을 정도의 규모로 일어났다. 한 분야의 발견은 다른 분야에 영향을 주었다. 유럽인들은 세계를 불변의 법칙에 의해 지배되는 것으로 보지 않고 자연을 변화시킬 수 있다고 생각했다. 농경 문화가 만든 보수적인 사회는 이러한 변화를 감당할 수 없었으나 경제의 기반이 달랐던 유럽인과 미국인은 더욱 자신감을 가졌다. 이들은 진보와 무역 발전을 굳게 믿고 지속적으로 자본을 투자하였다.

사회가 기술 발전에 의존하게 되어 19세기에 산업 혁명이 일어날 무렵, 서양인들은 자신감에 넘쳐 농경 문화권이나 종교인들이 으레 그렇듯이 영감을 얻기 위해 과거를 돌아보지 않고 미래만 바라보았다. 사회가 근대화함에 따라 사회적, 지적 변화도 함께 일어났다. 이 당시의 사회는 효율이 시대의 표어였다. 발명이나 정치도 효율의 관점에서 바라보게 되었다. 많은 사람들이 인쇄공, 점원, 공장 노동자로서 매우 저급한 수준으로

나마 다양한 과학 산업 프로젝트에 참여하게 되었고, 이 새로운 기준에 필요한 소양을 익히기 위해 대중은 일정한 교육을 받아야 했다.

대량 생산된 제품은 더 많은 사람들의 제품 구입을 필요로 하였다. 그러기 위해서는 점점 더 많은 사람들이 최소 생존 수준 이상의 경제 생활이 가능해야 했다. 또 많은 노동자들이 문맹에서 벗어남에 따라 더 많은 참정권을 요구하게 되었다. 한 국가가 생산성 향상을 위해 인적 자원을 총동원하기 위해서는 유대인들 같이 분리되고 주변화된 집단을 주류 문화로 끌어들여야 했다. 종교적 차별과 이상은 사회 진보를 가로막는 장애물이었으므로 허용되지 말아야 했으며 과학자, 군주, 정부 관리들은 교회의 굴레를 벗어나야 한다고 주장했다.

그러므로 민주주의, 다원주의, 관용, 인권 그리고 세속주의는 단순히 정치학자들이 꿈꾼 아름다운 이상일 뿐 아니라, 적어도 부분적으로는 근대 국가의 필요에 따라 강요된 것이다. 효율적이며 생산적으로 되기 위해서 근대 국가는 세속적이고 민주적인 기반 위에서 조직화되어야 한다는 것을 경험하게 되었다. 그리고 모든 제도를 새로운 이성과 과학적인 규범에 맞추어 조직한 사회는 전통적인 농업 국가와는 상대가 되지 않는다는 것도 알게 되었다.

이러한 사태 전개는 이슬람 세계에 치명적인 결과를 가져왔다. 근대 사회의 진보적 성격과 공업화된 경제는 끊임없이 팽창해야 했다. 새로운 시장이 필요했고 본국 시장이 포화 상태가 되면 해외에서 시장을 개척해야 했다. 그러므로 서구 국가들은 유럽 외부의 농업 국가들을 그들의 상업 네트워크에 끌어들이기 위해 다양한 방법을 동원해 식민지로 만들기 시작했다.

이것은 매우 복잡한 과정이었다. 식민지가 된 국가들은 유럽의 공업에 필요한 원자재를 수출하였다. 그 대가로 식민지 국가들은 서구의 공장에서 만들어진 값싼 제품을 얻었는데, 이는 그들의 토착 산업을 파괴하는 출발점이었다. 식민지는 유럽식으로 변혁되고 근대화되어야 했고, 재정과 상업도 합리화되어 서구체제에 편입되었으므로 적어도 일부 '토착민'은 근대적 사상과 정신에 친숙해져야 했다. 식민지가 되는 것은 침략을 수반하는 곤혹스럽고 낯선 과정이었다.

식민지의 근대화는 필연적으로 피상적일 수밖에 없었는데, 이는 유럽에서 3세기가 걸린 것을 가능한 한 가장 빠른 속도로 성취해야 했기 때문이다. 유럽에서는 근대 사상이 사회의 모든 계층에 침투할 만큼 시간이 넉넉했으나, 식민지에서는 상층 계급과 군대만이 서구 교육을 받을 수 있었고 근대화의 역동성을 이해하였다. 인구의 대부분은 농업 사회의 낡은 관습에 머물러야 했다. 그 결과 식민지 사회는 두 계층으로 분열되어 서로 이해하지 못하는 관계가 되었다.

근대화 과정에서 소외된 사람들은 마치 질병에 걸려 못 알아볼 정도로 변한 친구의 모습처럼 자신의 나라가 매우 낯설게 변해 가는 것을 곤혹스럽게 지켜보아야 했다. 그들은 이해할 수 없는 세속적인 외국 법전에 의해 지배되었다. 서구식 빌딩이 식민지 도시를 '근대화'시킴에 따라 도시는 크게 변하여 '옛 도시'는 박물관에서나 볼 수 있게 되었으며, 관광객의 발길을 끄는 지난 시대의 유적이 되고 말았다. 서구 관광객들은 어지러워 보이는 동양 도시의 구불구불한 골목길에서 종종 길을 잃었다. 관광객들은 토착민들에게 서구화되고 근대화된 그들의 수도와 마찬가지로 낯설 것이라는 사실을 충분히 이해하지 못했다. 지방 원주민들은 그들 나라에서 길을 잃은 듯한 혼란한 느낌을 가졌다. 무엇보다도 토착민들은 계층을 막론하고 그들의 운명이 외세의 손에 달려 있다는 사실에 분개했다. 그들은 뿌리를 잃은 느낌이었고 정체성을 상실하는 경험을 해야 했다.

　유럽인과 미국인이 목표를 설정하고 그들의 속도대로 근대화를 할 여유가 있었던 반면, 식민지 주민들은 지나치게 빠른 속도로 근대화해야 했고 서구가 만든 프로그램에 스스로를 맞추어야 했다. 그러나 서구인들도 그들 사회의 변혁에서 고통을 겪었다. 서구인들은 거의 400년간 정치 혁명, 때로는 유혈 혁명, 공포 정치, 인종 학살, 종교 전쟁, 농촌의 약탈, 광범위한 사회적 격변, 노동자 착취, 정신적 타락, 대도시의 아노미 현상을 경험하였다.

　오늘날 근대화 과정에서 더욱 어려운 여정을 지나고 있는 개발도상국에서도 유사한 폭력, 잔학 행위, 혁명과 그 방향의 상실 등을 볼 수 있다. 서양에서 발전한 근대 정신은 개발도상국과는 근본적으로 다른 것이 사실이다. 유럽과 미국의 근대 정신은 혁신과 독자성이라는 두 가지 특징이 있다(유럽과 미국에서의 근대화는 정치, 지식, 종교, 사회 등 모든 면에서 독립을 선언하면서 촉진되었다). 그러나 개발도상국에서는 근대성이 정체성을 갖지 못하고 오히려 독립과 민족적 독자성의 상실을 초래했다. 개발도상국은 자체적 혁신 없이 서양을 모방하는 것으로만 근대화를 하였는데, 서양은 이미 너무 진보하여 따라잡을 희망이 없었다. 근대화 과정은 똑같은 것이 아니므로 개발도상국들의 최종적인 근대화 결과는 서양에서 바람직하다고 보는 것과 같지 않을 수도 있다.

　이것은 마치 요리책에 나오는 케이크 제조에 필요한 성분을 구할 수가 없어서 밀가루 대신에 쌀을, 신선한 계란 대신에 건조시킨 오래된 계란을, 설탕 대신에 향신료를 쓴다면 요리책의 케이크와는 다른 케이크가 만들어지는 것과 다름없다. 전혀 다른 케이크 재료가 식민지 국가의 근대화 케이크에 들어갔고 민주주의, 다원주의, 그리고 그 밖의 근대화 과정에서 유럽과 같은 방식으로는 변화할 것 같지 않다.

이슬람 세계는 근대화 과정에서 격동을 겪었다. 이슬람권은 세계 문명에서 지도적인 역할을 하지 못하고 재빨리 유럽 열강에 의해 영구적인 종속 지역으로 그 지위가 내려갔다. 식민주의자들은 무슬림을 경멸했는데, 그 이유는 이들이 근대 정신에 철저히 매몰되어 이슬람 세계의 후진성, 비효율성, 숙명론, 부패만을 보았기 때문이다. 그들은 유럽 문화가 언제나 진보적이었다고 여겼으며, 역사적 안목이 결여된 결과 단순히 전근대적인 농경 사회만을 바라보았다. 하지만 그들은 몇 세기 전까지 유럽 역시 그만큼 '후진적'이었다는 것을 알지 못했다. 식민주의자들은 서양인들이 선천적으로 그리고 인종적으로 '동양인'보다 우수하다고 생각했으며, 수많은 방법으로 동양인에 대한 경멸감을 표현했다. 이 모든 것은 부정적인 결과를 낳았다. 서양인들은 인간을 자유롭고 강력한 존재로 만든 그들의 서구 문화에 무슬림이 갖는 적개심과 증오에 놀라곤 한다. 그러나 무슬림의 이러한 반응은 별난 것도 정도를 벗어난 것도 아니었다.

이슬람 세계는 너무도 광범위하게 퍼져 있었고 전략적으로 주요한 위치에 존재했기 때문에 중동, 인도, 아라비아, 말레이 반도, 아프리카에서의 식민지화 과정에서 제일 먼저 정복되어야 했다. 이 모든 곳의 무슬림들은 일찍이 이러한 근대화 공세를 경험했던 것이다. 그들이 보인 대응은 서구에 대한 단순한 반작용이 아니라 패러다임적인 것이었다. 그러나 이슬람 세계는 일본처럼 별 탈 없이 성공적으로 근대화를 성취할 수 없었다. 일본의 성공 요인은 식민지가 되지 않았기 때문에 경제와 사회제도가 침탈을 받지 않았고 그에 따라 서구의 과도한 종속을 강요받지 않았다는 데 있다. 유럽의 이슬람 세계 침략은 일원적이지는 않았으나 철저하고 효율적이었다. 그 침략은 무굴 제국에서 시작되었다.

18세기 후반기에 영국 무역업자들은 벵골 지방에 정착했는데, 이때는 영국의 근대화가 초보 단계였으므로 영국인과 힌두 무슬림 상인은 동등한 관계였다. 그러나 이 단계에서도 영국 상인의 활동에 대해 '벵골의 약탈'이라고 불렸던 점으로 보아 동등한 관계였다고 보기는 힘들다. 영국 상인들의 활동은 토착 산업에 항구적인 영향을 미치게 되어 농업의 자급자족 구조가 공업화된 서양 시장에 필요한 원료를 재배하는 구조로 바뀌게 되었다. 이에 따라 벵골 지방은 세계 경제에서 이차적 지위로 변화하였다. 서서히 영국은 '근대화'되고 효율적으로 되었으며, 그들의 입지는 더욱 견고해졌다. 이처럼 모든 면에서 지배적인 입장에 있었던 영국인들은 인도인을 '문명화'시키겠다는 생각을 하게 되었고, 1793년에는 개신교 선교사들이 인도로 오게 되었다.

그러나 벵골 주민들이 그들의 사회를 완전히 공업화하도록 지원받은 것은 아니었다. 영국 지배자들은 그들의 우월한 지위를 강화하고 벵골을 보조 역할에 머물게 하는 근대 기술의 측면만을 도입하였다. 벵골인들은 영국의 혜택을 받아 질병, 기아, 전쟁 같은 재난에서 벗어났고 그 결과 인구가 늘어났다. 인구 과잉 문제와 그에 따른 빈곤 문제가 새롭게 발생했으나, 서구에서 농촌의 과잉 인구가 도시로 이주한 것과 달리 도시의 발달을 겪지 않은 벵골인들은 농촌에 머물러야 했다.

벵골 지방에 대한 경제적 약탈은 정치적 지배로 이어졌다. 1798년부터 1818년까지 영국은 조약과 군사 정복으로 1843~1849년에 정복한 인더스 계곡을 제외한 전 인도에 대하여 지배권을 확립하였다. 같은 시기에 프랑스도 자신들의 거대한 제국을 세우려 했다. 1798년 나폴레옹은 인도로 가는 영국의 해상 통로를 차단할 기지를 수에즈 지역에 건설하기 위해 이집트를 점령했다. 일단의 학자들과 같이 온 그는 근대 유럽 문헌으로 채워진 도서관, 과학 실험실, 아랍 문자 인쇄기도 함께 가져왔다. 선진화된 유럽 문화는 탁월한 효율성을 지닌 근대적 군대와 같이 전해졌기 때문에 이슬람권인 중동에서는 처음부터 공세로 느껴졌다.

그러나 나폴레옹은 이집트, 시리아 원정에 실패하자 영국령인 인도를 러시아의 도움을 받아 북쪽에서 공격하려 했다. 이 때문에 이란의 전략적 가치가 커지자, 영국은 다음 세기에 이란 남부에 기지를 세웠고 러시아는 이란 북부를 지배하려 했다. 두 나라 모두 이란을 완전한 식민지나 보호국으로 만들지는 않았으나, (20세기 초에 석유가 발견되기 전까지는) 이란의 카자르 왕조의 왕들은 최소한 두 나라 가운데 한 나라의 지지 없이는 행동할 수 없었다. 벵골에서처럼 영국과 러시아는 그들의 이익을 증대시키는 기술만 진흥시켰을 뿐, 철도와 같이 이란 국민에게 혜택을 주는 발명품의 도입은 그들의 전략적 지위를 위협할 가능성이 있다는 이유로 막았다.

유럽 열강은 이슬람 국가를 차례로 식민지화하였다. 프랑스는 알제리를 1830년에 점령했고, 영국은 그로부터 9년 후에 오만의 아덴 항을 점령했다. 튀니지는 1881년에, 이집트는 1882년에, 수단은 1889년에, 리비아와 모로코는 1912년에 각각 점령당했다. 1915년 영국과 프랑스는 승리를 예상하고, 국력이 급속히 약화되어 가는 오스만 제국(오스만 제국은 제1차 세계대전에서 독일 편을 들었다)을 분할하는 사이크스-피코Sykes-Picot 협정을 체결하였다.

제1차 세계대전 후 영국과 프랑스는 시리아, 레바논, 팔레스타인, 이라크, 트랜스요르단 지역에 보호령을 설치하고 위임 통치를 시작했다. 유럽 열강이 그 동안 오스만 제국의 지배를 받아 왔던 아랍 지방에 독립을 약속했던 것과는 달리, 이 지역에 위임 통치가 실시되자 아랍인들은 격분을 감추지 못했다. 오스만 제국의 중심부에서는 아타튀르크Atatürk(1881~1938)로 알려진 무스타파 케말Mustafa Kemal이 유럽 열강을 물리치고 독립 터키 국가를 건설하였다. 발칸, 러시아, 중앙아시아의 무슬림은 신생 소련의 국민이 되었다. 일부 이슬람 국가들이 독립한 다음에도 서양은 경제, 석유, 수에즈 운하 같은 자원을 지배했다.

유럽의 점령은 치열한 갈등의 씨앗을 남겼다. 영국이 1947년 인도에서 물러나자 인도 아대륙은 힌두교를 믿는 인도와 이슬람교를 신봉하는 파키스탄으로 나뉘었는데, 오늘날까지도 핵무기를 상대방 수도에 겨냥한 채 적대 관계를 유지하고 있다. 1948년에 팔레스타인은 유엔과 국제 사회의 후원을 받고 이스라엘을 건국한 시오니스트들에게 그들의 향토를 잃었다. 팔레스타인 지역 상실은 서양 열강에 의해 이슬람 세계가 당한 굴욕의 상징이 되었음에도 열강들은 수십만의 팔레스타인 아랍 무슬림의 재산 박탈 및 추방과 관련하여 양심의 가책을 느끼지 못하는 것으로 보인다.

그럼에도 불구하고 초기에는 서양을 동경하는 무슬림들이 있었다. 이란의 지식인 말쿰 칸Malkum Khan(1833~1908)과 아가 칸 키르마니Aqa Khan Kirmani(1853~1896)는 서양의 교육제도를 받아들이고, 샤리아 대신 근대법을 도입하는 것이 진보의 길이라 생각하여 이란인들에게 그 수용을 촉구하였다. 이러한 지식인 그룹의 세속주의자들은 1906년 입헌 혁명에서 좀 더 개방적인 울라마와 합세하여 카자르 왕조에게 군주의 권력을 제한하고 의회제도를 도입하는 내용의 근대적 헌법 제정을 강요했고, 나자프 시의 지도적인 무즈타히드 대부분이 이 헌법을 지지했다.

셰이크 무함마드 후세인 나이니Sheikh Muhammad Husain Naini는 그의 「국가에 대한 권고Admonition to the Nation」(1909)에서 폭군의 권력을 이와 같은 방식으로 제한하는 것은 샤리아의 가치를 드높이는 것이며, 서구식 입헌 정부는 숨은 이맘의 재림 다음으로 좋은 것이라는 그의 견해를 설득력 있게 드러냈다.

이집트 작가인 타흐타위Rifah al-Tahtawi(1801~1873)는 팔사파, 즉 무슬림 철학자를 연상시키는 유럽 계몽주의에 매료되었다. 그는 파리의 모든 것이 효율적으로 운영되는 방식뿐만 아니라 프랑스 문화의 합리성과 정확성, 평민의 문자 해독에 깊은 인상을 받았다. 혁신을 향한 열정으로 가득 차 있었던 그는 이집트가 이 멋진 신세계로 입문하기를 갈망했다.

인도에서 사이드 아흐마드 칸Sayyid Ahmad Khan(1817~1898)은 코란이 근대 과학이 발견한 자연 법칙과 일치한다고 주장하면서 이슬람을 근대 서구의 자유주의에 적응시켜야 한다고 생각했다. 실천 방법의 하나로 알리가르에 대학을 세워 무슬림들에게 전통적인 이슬람 교과목과 더불어 과학과 영어를 배우게 했다. 또한 문화적 정체성을 인식하고 있던 그는 무슬림들이 영국을 그대로 모방하지 않은 근대화된 사회에서 살기를 희망했다.

식민지화가 진행되기 이전에도 일부 무슬림 통치자들은 스스로 주도하는 근대화를 이루고자 했다. 오스만 제국의 술탄 마흐무드Mahmud 2세는 1826년 탄지마트(Tanzimat: 대개혁)를 시작하면서, 예니체리를 폐지시키고 군을 근대화하였으며 일부 신기술을 도입했다. 1839년에 술탄 압둘하미드Abdulhamid(재위 1839~1861)는 귀족원 칙령Gülhane을 포고하여 절대 통치에서 백성과의 계약 관계로 수정하였으며, 제국의 제도를 대대적으로 개혁하는 데 힘썼다.

이집트를 사실상 오스만 제국에서 독립시킨 알바니아 출신의 장군 무함마드 알리Muhammad Ali(1769~1849)의 근대화 프로그램은 더욱 격정적이었는데, 그는 이 낙후된 지역을 혼자 힘으로 근대 세계에 편입시키려 했다. 그러나 그는 야만적인 방법으로 위험할 정도의 과속도를 내며 근대화를 추진하였다. 이는 근대화의 추진이 얼마나 어려운 것인지를 단적으로 보여주는 사례이다. 그는 정치적인 반대 세력을 대대적으로 학살하였을 뿐만 아니라, 농민들을 강제 징집하여 이집트의 관개 시설과 수로 교통을 개선시키기 위한 작업에서 2만 3천 명이 목숨을 잃었다고 한다. 농민들은 무함마드 알리의 근대적 군에 징집되는 것을 너무나 두려워하여 종종 자신의 손가락을 자르고 심지어 눈을 손상시켜 맹인이 되는 사람들도 있었다.

국가를 세속화시키기 위해 무함마드 알리는 종교계의 재산을 몰수하였고 울라마에게 권력을 거의 주지 않는 등 제도적으로 울라마를 소외시켰다. 그 결과 근대화 과정을 충격적인 공세로 인식하였던 울라마는 더욱 편협해져 그들 나라로 들어오는 모든 새로운 세력에 마음의 문을 닫았다. 반면에 무함마드 알리의 손자 이스마일 파샤Ismail Pasha(1830~1895)는 조부보다 성공적인 결과를 가져왔다. 그는 수에즈 운하 건설에 일부 비용을 투자했으며, 900마일의 철도를 깔았고, 137만 3천 에이커의 황무지를 관개·경작하여 그곳에 근대적인 학교를 세워 카이로를 근대 도시로 탈바꿈시켰다. 그러나 불행하게도 이러한 그의 야심적인 프로그램은 이집트를 파산시켜 채무에 허덕이게 했다. 영국은 유럽 채권 국가의 이익을 보호한다는 구실로 1882년 이집트를 무력 점령하였다. 무함마드 알리와 이스마일은 이집트를 근대적 독립 국가로 만들기를 원했으나 근대화의 결과는 사실상 영국의 식민지가 된 것이었다.

이러한 이슬람 세계의 초기 개혁가들은 유럽의 변혁을 이룬 사상들을 충분히 이해하지 못했다. 그러므로 그들의 개혁은 피상적이었다. 현재에 이르기까지 이슬람의 개혁자들, 그리고 사담 후세인Saddam Hussein은 군사 기술과 서양 문명의 겉모양만 획득하려 했을 뿐 그것이 사회의 다른 분야에 어떤 영향을 미칠지에 대해서는 진지하게 고민하지 않았다. 그러나 일찍이 일부 개혁자들은 이러한 위험성을 날카롭게 인식하고 있었다.

처음 이 문제를 경고한 이는 이란의 자말 앗 딘 알 아프가니Jamal ad-Din al-Afghani(1839~1897)였다. 그가 스스로를 '아프가니(al-Afghani: 아프간 사람)'라 한 것은, 이란의 시아파보다는 아프간의 순니파라고 해야 이슬람 세계에서 더 많은 추종자를 모을 수 있으리라 생각했기 때문일 것이다. 그는 1857년 힌두교도와 이슬람교도들이 영국의 지배에 대항하여 세포이 항쟁을 일으켰을 때 인도에 있었다. 아라비아, 이집트, 터키, 러시아 유럽을 여행할 때마다 그는 서양의 힘을 인식했고 서양이 머지않아 이슬람 세계를 지배하고 무너뜨릴 것이라고 확신했다. 이러한 확신에 의해 그는 서양의 외관적 모방이 불러일으킬 위험을 인식하며 유럽의 위협에 대항할 것을 무슬림에게 촉구한 것이다.

또한 무슬림은 자신들 나름대로 새로운 세계의 과학적 문화 수준에 도달해야 했다. 그러기 위해서 무슬림은 문화적 전통을 개발해야 했는데, 그 문화 전통이란 이슬람을 뜻했다. 그러나 우선 이슬람은 변화된 환경에 맞추어 좀더 합리적이고 근대적이 되어야 할 필요성이 있었다. 즉 무슬림은 '이즈티하드의 문'이라는 오랜 폐쇄성에서 벗어나 예언자 무함마드가 주장했듯이 자유로운 그들의 이성부터 사용할 줄 알아야 했다.

서양의 침략으로 이슬람에서 정치 문제가 다시 중심적인 문제로 떠올랐다. 예언자 무함마드 시절부터 무슬림은 현세의 사건들을 신의 현신으로 보았다. 그들은 역사에 현존하는 신과 마주쳤고, 더 나은 세상을 만들기 위해 늘 도전하였다. 무슬림은 정치적 사건에서 신의 뜻을 찾았고 패배와 비극을 겪고도 신학과 영성을 발전시켰다. 압바스 왕조의 몰락 이후에 좀더 코란의 정신에 부합하는 정치 형태에 이르자, 무슬림은 움마의 정치적 건전성에 덜 고뇌하게 되었고 내면적인 경건성을 발전시키는 데 힘썼다. 그러나 서양 세력이 그들의 일상생활에까지 침투하게 되면서 중요한 종교적 의문을 불러일으켰다. 움마가 겪는 굴욕은 정치적 재난일 뿐 아니라 무슬림의 영혼까지 건드리는 일이었다. 이러한 이슬람 세계의 취약함은 무언가 잘못되어 가고 있다는 신호였다. 코란은 신의 계시에 따르는 사회는 망하지 않는다고 약속했다. 이슬람 역사가 이를 증명해 왔던 것이다. 재앙이 들이닥칠 때마다 가장 독실한 무슬림들은 종교에 몰두하여 새로운 환경에 적합한 해답을 찾았고, 움마가 생존하였을 뿐 아니라 이전보다 더욱 커다란 성취를 이루었다.

이슬람 세계가 몰락하여 세속적이고 무신론적인 서양의 지배를 받을 수 있는가? 이러한 관점에서 점점 더 많은 무슬림들이 이 문제와 씨름했으며, 그들의 역사를 다시 본궤도에 올려놓으려는 시도는 필사적이고 절망적이었다. 특히 자살 테러는 ― 이슬람 역사에서 전례 없는 일이다 ― 일부 무슬림들이 승산 없는 싸움을 하고 있다는 확신의 모습을 보여주는 것이다. 기묘하기도 하고 비도덕적이기도 한 아프가니의 정치운동에서는 이러한 절망의 냄새가 풍긴다. 예를 들면 1896년 그의 제자 한 명이 이란의 왕을 암살한 사건을 꼽을 수 있다.

아프가니의 동료인 이집트 학자 무함마드 압두Muhammad Abdu (1849~1905)는 더 원숙한 사상가였다. 그는 이슬람 세계를 유지하기 위해서는 혁명이 아니라 교육이 해결책이라고 믿었다. 압두는 영국의 이집트 점령에 큰 충격을 받았으나, 유럽에 대해 반감을 갖고 있지는 않았다. 이러한 이유로 서양의 과학계와 철학계에서 그의 작품이 널리 읽힐 수 있었다. 그는 근대 유럽의 정치, 사법, 교육제도를 매우 높이 평가하였으나, 근대화가 너무도 빨리 진행되어 필연적으로 민중을 소외시키는 이집트 같은 종교 국가에는 그대로 이식시킬 수 없다고 믿었다. 근대적 사법, 헌법 혁신을 민중들이 이해할 수 있는 전통적 이슬람 사상에 접목시키는 것이 반드시 필요하였다. 민중들이 법을 이해할 수 없는 사회는 실질적으로 법이 없는 나라가 되기 때문이다. 이슬람의 원리 중 하나인 슈라(shura: 자문 회의) 개념은 무슬림이 민주주의의 의미를 이해하는 데 도움을 주었다.

교육도 개혁이 필요하였다. 마드라사, 즉 신학 대학의 학생들은 무슬림들에게 의미 있는 이슬람의 맥락에서 새로운 세계로 진입하는 것을 도울 수 있도록 근대 과학을 공부해야 했다. 샤리아 역시 현대 상황에 맞는 변화가 필요했다. 압두와 같은 시대의 언론인 라쉬드 리다Rashid Rida(1865~1935)는 이것이 길고도 복잡한 과정이 될 것임을 알았다. 리다는 아랍의 지식인들과 현학자들이 이슬람이 민중을 퇴보시키고 있다는 믿음뿐 아니라 종종 이슬람을 경멸하는 태도에 놀랐다. 그는 이러한 자세가 움마를 약화시켜 서구 제국주의의 먹잇감이 될 수 있다고 생각하였다. 그는 개혁된 샤리아 기반 위에 근대화를 추구하고 완전한 이슬람 국가 건설을 주장한 최초의 무슬림 가운데 한 사람이다.

또한 리다는 학생들이 이슬람법을 공부하는 동시에 국제법, 사회학, 세계사, 종교의 과학적 연구, 근대 과학을 배울 수 있는 대학 건립을 원했다. 대학에서 이와 같은 학문을 접한다면 이슬람 법체계는 동서양의 전통을 아우르는 방향으로 발전할 것이고, 농경 시대의 법전인 샤리아가 서양이 발전시킨 새로운 형태의 사회에 부합하게 될 것이라고 보았다. 이와 같이 이슬람 개혁가들은 유럽의 이슬람 비판에 응답할 필요성을 끊임없이 느꼈다. 서양에서는 정치뿐 아니라 종교에서도 무슬림의 의제를 정해 놓았다.

인도의 시인이자 철학자인 무함마드 이크발Muhammad Iqbal(1877~1938)은 이슬람이 서구의 어떤 시스템 못지않게 합리적이라고 주장했다. 실제로 이슬람은 모든 기성 종교 가운데 가장 합리적이고 진보적이었다. 이슬람의 엄격한 일신론은 인류를 신화에서 해방시켰으며, 코란은 무슬림들에게 자연을 면밀히 관찰하여 반영하고 늘 스스로의 행위를 양심에 비추어 보라고 촉구한다. 그러므로 근대성을 낳은 경험주의 정신은 사실상 이슬람에서 기원한 것이다. 이러한 이크발의 주장은 편파적이고 부정확한 역사 해석이기는 하지만, 기독교는 우월한 신앙이며 유럽은 언제나 진보의 첨단에 서 있다고 보았던 당시 서양의 경향만큼 편협한 것은 아니었다.

이슬람의 합리주의 정신을 강조하는 이크발은 수피즘을 경멸하였다. 그는 근대적 합리주의가 진보를 향한 유일한 길이라고 보기 시작하면서 신비주의로부터 멀어지는 이슬람의 추세를 대표하는 인물이 되었다. 이는 이슬람 세계에서 점점 더 유행하게 되었다. 이크발은 서구 사상에 깊은 영향을 받았고 런던에서 박사학위를 받았다. 그는 서양이 전통과 단절하는 대가로 진보를 성취했다고 믿었던 인물이다.

무슬림들은 서양의 세속적 개인주의는 인격의 개념을 신으로부터 분리하여 신을 우상으로 잠재적으로는 악마로 만들었다고 보았다. 그러므로 서양은 자멸할 가능성이 있다는 무슬림의 견해는, 유럽의 집단 자살이라 볼 수 있는 제1차 세계대전 이후에 더 쉽게 이해할 수 있게 되었다. 무슬림에게는 인생의 신적인 측면의 목격자가 되어야 할 아주 중요한 사명이 있었다. 이것은 속세에서 멀어져 사색하는 데 있는 것이 아니라 샤리아에 담긴 사회적 이상을 실천하는 행동주의에 의해 가능했다.

이제까지 살펴본 이슬람 개혁자들은 지식인으로서, 이들은 주로 교육받은 엘리트에 호소하였다. 이집트의 젊은 교사인 하산 알 반나Hasan al-Banna(1906~1949)는 그들의 사상을 대중에게 가르칠 조직을 만들었다. 그가 창설한 무슬림 형제당의 운동은 중동 전역에 걸친 대중운동이 되었으며, 당시에는 모든 계층에 호소력을 갖는 유일한 이데올로기였다. 그는 서양의 과학과 기술이 무슬림에게 필요하며 정치, 사회제도를 개혁해야 한다는 것을 잘 알고 있었다. 다른 개혁가들과 마찬가지로 그 또한 정치, 사회 개혁은 의식 개혁과 병행되어야 한다고 확신했다.

알 반나는 수에즈 운하 지역의 영국인들이 호화롭게 사는 것을 보고는 이집트 노동자들의 가축 우리 같은 주거 환경과 비교하면서 눈물을 흘렸다. 그에게 이러한 현실은 이슬람의 개혁을 요구하는 종교 문제로 인식되었다. 기독교인들은 교의를 다시 한 번 강조하는 식으로 근대성에 대응했으나 무슬림들은 사회, 정치적 노력(지하드)으로 대응하였다. 그는 종교가 서양이 주장하는 것처럼 개인적인 영역에 머물 수 없으며, 이슬람은 총체적인 삶의 양식이라 주장하였다. 그가 세운 무슬림 형제당은 새로운 시대 정신에 부응하는 방향으로 코란을 해석하려 했으며 무슬림 민족을 통일하고, 생활 수준을 높이고, 사회 정의를 구현하고, 문맹과 가난을 퇴치하여 외국의 지배에서 이슬람 세계를 해방시키려 노력하였다.

식민주의자들의 지배 아래서 무슬림들은 그들의 뿌리와 단절되었다. 다른 민족을 모방하는 한 문화적 혼혈아로 남을 수밖에 없었다. 남녀 당원들을 코란식 삶과 기도 의식 속에 훈육시키는 일 외에 알 반나는 학교를 세우고, 근대적 보이스카웃운동을 시작하고, 노동자를 위한 야간 학교를 운영하여 공무원 시험을 준비하도록 했다. 무슬림 형제당은 농촌 지역에 진료소와 병원을 짓고 공장을 세워 무슬림들이 국가가 운영하는 곳보다 더 나은 임금과 의료 혜택을 받게 하고, 더 많은 휴가를 얻도록 하였으며, 근대 노동법을 가르쳐 그들의 권리를 지키게 하였다.

그러나 무슬림 형제당도 실책을 저질렀다. 일부 당원들은 테러 행위를 자행했고 이는 당의 해체를 불러왔다(후에 다른 형태로 재조직되었다). 하지만 당원의 대부분은 ─ 1948년에는 수백만이었다 ─ 이러한 주변적인 행동에 대해 아는 바가 없었으며 자신들의 복지와 선교를 중시했을 뿐이다. 제2차 세계대전 무렵에 이집트의 가장 강력한 정치 조직으로 성장한 무슬림 형제당의 성공은, 지식인이나 세속주의자들이 지배하는 정부와는 상관없이 민중의 절대 다수가 근대화와 이슬람을 원한다는 것을 보여주는 것이었다.

이러한 유형의 사회운동은 근대 이슬람운동의 특징이었는데, 특히 셰이크 아흐마드 야신Sheikh Ahmad Yasin이 가자 지역에 설립한 무자마(Mujamah: 이슬람 의회)가 주목할 만하다. 무자마는 1967년 6일 전쟁으로 이스라엘에 점령당한 팔레스타인 영토 가자 지역에 무슬림 제국과 유사한 복지 왕국을 만들어 이슬람식으로 근대화의 혜택을 제공했다.

근대적인 이슬람 국가는 어떤 것인가?

식민지 경험 및 유럽과의 충돌은 이슬람 사회의 해체를 가속화하였다. 세계는 돌이킬 수 없을 만큼 변해 있었다. 서구의 도전이 전례 없는 것이었으므로 무슬림들은 어떻게 대응해야 할지 몰랐다. 근대 세계에 완전히 동등한 파트너로 참여하려면 무슬림은 이 변화를 수용해야 했다. 구체적으로 말해서 유럽은 보수적 종교의 속박으로부터 정부, 과학, 기술을 해방시키기 위해서는 종교와 정치를 분리해야 한다는 사실을 알고 있었나. 유럽에서 민족주의는 그때까지 사회 통합을 유지하던 종교의 기능을 대체했다. 그러나 이러한 19세기의 실험은 많은 문제를 안고 있었다. 유럽의 민족 국가들은 1870년에 군비 경쟁을 하였고 끝내는 두 차례의 세계대전을 일으켰다.

나치의 유대인 학살과 소련의 강제 수용소가 보여주었듯이 세속적 이데올로기도 종교의 편협성 못지않게 수많은 인명 살상을 초래한다는 것이 증명되었다. 계몽 철학자들은 민중이 교육을 받을수록 더 합리적이고 관용적이 될 것으로 믿었다. 이러한 희망은 과거의 메시아적 환상 못지않게 몽상적이라는 것이 드러났다. 최후까지 근대 사회는 민주주의에 매진하였고, 그 결과 유럽인과 미국인에게 더 많은 정의와 평등을 가져다 주었다. 이러한 결과를 얻기까지 서양은 여러 세기 동안 민주주의 실험을 하였다. 반면 아직 농경 사회이거나 충분히 근대화되지 못한 사회, 그리고 인구의 대부분이 근대 정치를 이해할 수 없는 지역에 근대적 의회제도가 강요되면 매우 다른 결과를 낳게 된다.

기독교인의 종교 경험으로는 정치가 중심적인 것은 아니었다. 예수는 그의 왕국이 이 세상에 있지 않다고 하지 않았는가. 여러 세기 동안 유럽의 유대인들은 정치에 개입하지 않는 것을 원칙으로 삼았다. 그러나 정치는 무슬림에게 이차적인 문제가 아니었다. 정치는 종교적 진리를 추구하는 무대였다. 구원은 죄에서 면제받는 것이 아니라, 개인이 자기 완성을 위해 자신의 존재를 신에게 완전히 순종할 수 있는 정의로운 사회의 창조에 있다. 그러므로 정치는 가장 중요한 일이었으며, 20세기 내내 진정한 이슬람 국가를 창조하려는 시도가 계속 이어졌다. 이것은 언제나 어려운 일이었다. 지하드를 요구하는 염원, 즉 투쟁이었으나 지하드로는 분명한 성과물을 얻을 수 없었다.

타우히드의 이상은 세속주의의 이상을 배제하는 것처럼 보이나, 과거에 시아파와 순니파 모두 종교와 정치의 분리를 받아들인 적이 있다. 실용주의적 성격을 갖는 정치는 번잡하고 잔인한 것이다. 이상적인 이슬람 국가는 간단하게 적용되는 '주어진' 것이 아니라, 냉엄한 현실 정치에서 창조적인 독창성과 규율로 코란의 평등주의적 이상을 실행해야 세울 수 있는 것이다. 서양인들이 상상하는 것처럼 이슬람 때문에 무슬림이 근대적 세속 국가를 세우는 것이 불가능한 것은 아니다.

그러나 이슬람 세계의 세속화가 서양과 매우 달랐던 것은 사실이다. 서양에서의 세속화는 유익한 것으로 간주되었다. 초기에 존 로크John Locke(1632~1704) 같은 철학자는 세속화가 사람이 종교적이 될 수 있는 새롭고 개선된 길이라고 여겼는데, 이는 세속화가 종교를 강압적인 국가 통제로부터 벗어나게 하고 영적 이상에 더 충실하게 만들었기 때문이다. 하지만 이슬람 세계에서는 세속화 과정에서 종교와 종교적인 것에 대해 야만적인 공격이 있었을 뿐이다. 예를 들어 터키 공화국의 아타튀르크는 모든 종교 학교를 폐쇄하고, 수피 교단을 탄압하였으며, 근대의 서양 옷 입기를 강요했다. 하지만 이러한 강압 조치는 언제나 비생산적이다. 터키에서 이슬람은 사라지지 않았고, 오히려 비밀리에 신봉되었다.

이집트의 무함마드 알리 역시 이집트 울라마의 재산을 몰수하고 종교 재단의 기금을 차지했으며 그 영향력을 박탈하였다. 반이슬람이던 자말 압드 알 나세르Jamal Abd al-Naser(1918~1970)도 한동안 무슬림 형제당을 탄압했다. 무슬림 형제당의 비밀 테러 조직 당원의 한 사람은 나세르 암살을 시도했으나, 나세르의 수용소에서 수년을 보낸 수천 명의 단원 대부분은 유인물을 돌리거나 집회에 참석하는 것 이상의 선동적인 행동은 하지 않았다.

이란의 팔레비 왕조도 세속화를 과격하게 추진하였다. 레자 샤 팔레비 Reza Shah Pahlavi(재위 1925~1941)는 울라마의 종교재단 및 기금을 몰수하고 샤리아를 근대 세속법으로 대체했다. 후세인을 추모하는 아슈라 축제를 탄압하고 성지 순례를 금지했다. 이슬람 의상은 입을 수 없었고 레자의 군대는 길거리에서 여성의 차도르를 총검으로 찢었다. 1935년 마샤드 시의 제8대 이맘의 사당에서 의상법Dress Laws에 대한 평화로운 항의 시위가 일어나자 군인들이 무장하지 않은 군중들에게 발포하여 수백 명의 인명 피해가 났다. 이란에서 막강한 권력을 누리던 울라마는 그들의 영향력이 무너지는 것을 지켜보기만 했다. 이란 의회에서 레자 국왕을 비난했던 성직자 아야톨라 무다리스Ayatollah Muddaris는 1937년 정권에 의해 암살되었고 울라마는 겁에 질려 저항조차 하지 못했다.

왕위를 이은 레자 국왕의 아들 무함마드 레자 샤 팔레비Muhammad Reza Shah Pahlavi(재위 1941~1979)는 부친 못지않게 이슬람을 적대하고 경멸했다. 정권에 항의하던 수백 명의 신학교 학생들이 거리에서 총에 맞아 죽었고 신학교는 폐쇄되었으며, 지도적인 성직자는 고문당하거나 투옥되거나 추방되었다. 팔레비 세속 정권에 민주적인 것은 아무것도 없었다. 국왕의 비밀 경찰 사바크SAVAK는 종교계를 위시한 반정부 세력을 재판 없이 투옥하여 고문했으며 대의 정부의 가능성은 없었다.

유럽인들이 20세기 후반에 와서 관심을 두지 않았던 민족주의도 많은 문제를 야기했다. 움마의 통일성은 무슬림들이 소중히 지켜온 이상이었다. 이제 이슬람 세계는 서양 세력이 임의적으로 정한 국경에 의해 여러 왕국과 공화국으로 나뉘어졌다. 무슬림들이 스스로를 오스만 터키 제국의 시민이나 다르 알 이슬람의 구성원으로 여기는 데 익숙한 상황에서 민족의식을 고취시키기는 쉽지 않았다. 민족주의로 간주된 것 가운데는 단순히 서양에 부정적인 자세만 견지하여 민족주의는 종종 서양을 몰아내려는 욕망과 동일시되기도 했다. 일부 신생 민족 국가는 그 구성원들간에 긴장이 일어날 수밖에 없는 구조를 갖추고 있었다. 예를 들어 수단 남부는 대체로 기독교도가, 북부는 무슬림이 거주했다. 그들의 정체성을 종교로 규정하는 데 익숙한 사람들에게 공통된 '수단' 민족주의를 세우는 것은 어려운 일이었다. 과거 자치권을 각각 행사해 온 순니파, 시아파, 마론 기독교 공동체로 그 인구 분포가 비슷한 규모로 나뉘어져 있던 레바논에서는 이 문제가 더욱 심각했다. 권력 분점은 불가능하다는 것이 입증되었다.

이러한 인구 시한 폭탄은 결국 내전(1975~1990)으로 비화되어 나라가 폐허가 되는 비극을 겪었다. 시리아, 이집트, 이라크 같은 나라에서 민족주의는 지배 엘리트에 의해 수용되었으나 좀더 보수적인 대중들은 받아들이지 않았다. 이란에서 팔레비 왕조의 민족주의는 이슬람에 적대적이었기 때문에, 시아파와 결별하여 이슬람 이전의 고대 페르시아 제국의 문화에 기반을 두고자 했다.

민주주의 역시 문제점이 없었던 것은 아니다. 근대성을 이슬람 하부구조에 접목시키고 싶어한 개혁자들은 민주주의의 이상이 이슬람에 역행하는 것이 아니라고 지적했다. 이슬람법은 슈라와 움마의 대표자들의 '동의'가 있어야 인정되는 이즈마 원리를 중시한다. 정통 칼리프들은 다수의 투표로 뽑혔다. 이 모든 것은 민주주의의 이상과 일치했다. 서양의 민주주의는 '국민의 국민에 의한 국민을 위한 정부'로 규정한 것이 그 어려움의 하나였다. 하지만 이슬람에서 정부에게 정통성을 주는 것은 국민이 아니라 신이다. 인간의 지위를 이처럼 격상시키는 것은 신의 주권을 찬탈하는 것이므로 우상 숭배로 보일 수 있다. 그러나 이슬람 국가들이 서양의 슬로건에 동의하지 않으면서도 대의제 정부를 도입하는 것은 불가능한 것이 아니었으나 실제로 민주주의의 이상은 오염되어 있었다.

1906년 입헌 혁명이 일어난 후에 이란인들이 마즐리스(의회)를 세우자, 러시아는 이란 국왕이 의회를 폐쇄하는 데 도움을 주었다. 1920년대에 영국은 이란을 보호국으로 만들려 했으나 영국이 종종 이란의 선거에서 부정을 저질러 그들에게 유리한 결과를 얻어 낸다는 사실을 미국이 알아냈다. 인기가 없었던 레자 샤는 근대화 프로그램을 촉진시키려는 목적으로 마즐리스를 해산하고 이란인의 기본 인권을 체계적으로 부정했지만, 미국은 그를 지지하여 이중적인 잣대를 보였다. 서양은 그들 국민이 민주주의를 누리고 있다고 자랑스레 떠들었는데, 무슬림은 잔혹한 독재정치에 굴종해야 했다.

1923년부터 1952년 사이에 이집트에서 처러진 17번의 총선에서 모두 와프드wafd당이 승리했지만, 이 당이 집권한 것은 다섯 차례에 불과했다. 와프드당은 영국이나 이집트 국왕에 의해 강제로 물러나게 되었다. 그러므로 무슬림이 종교가 사적 영역으로 물러난 민주적인 근대 민족 국가를 세우기는 어려웠다. 그렇다고 다른 방안이 더 나은 것 같지도 않았다.

1932년 건국된 사우디아라비아 왕국은 와하비 사상에 기반을 두고 있다. 정부의 공식 견해는 문자 그대로의 코란 해석에 근거하여 헌법이 불필요하다는 것이다. 그러나 코란은 법에 대한 내용이 별로 없으므로 실제로는 더욱 복잡한 법체계로 보충해야 할 필요성이 있었다. 사우디 정부는 아라비아 반도의 순수한 이슬람 후계자라고 선포하였고, 울라마는 국가의 정통성을 승인했다. 그 대가로 사우디 국왕들은 이슬람의 보수적인 가치관을 국가 운영에 적용해야 했다. 여성은 격리되었고(예언자 무함마드 시절에 없었던 일이지만), 도박과 술은 금지되었으며, 절도범의 신체 훼손 같은 전통적인 처벌도 사법체계에 포함되었다.

대부분의 이슬람 국가와 조직은 이러한 전근대적인 형벌 관습을 유지하는 것을 코란에 충실한 행위로 보지 않고 있다. 무슬림 형제당은 초기부터 사우디의 이러한 이슬람적 형벌이 부적절하고 낡아빠진 것이며, 통치 엘리트의 과도한 부와 부의 불평등한 분배가 훨씬 더 코란의 가치체계와 충돌되고 있다고 비난한 바 있다.

파키스탄은 또 하나의 근대 이슬람의 실험장이었다. 파키스탄을 건국한 무함마드 알리 진나Muhammad Ali Jinnah(1876~1948)는 근대적이며 세속적인 사상을 가진 인물이었다. 무굴 제국의 아우랑제브 황제 시절부터 인도의 무슬림들은 불만 세력으로부터 불안을 느끼고 있었다. 그들은 정체성에 위협을 느꼈으며 다수의 힌두교도 세력에 때문에 초조하였다. 1947년에 영국에 의해 인도와 파키스탄으로 분리된 이후 갈등은 첨예화되어 폭력 행위로 폭발하였고 수천 명의 인명 피해가 났다.

진나는 무슬림이 종교적 정체성으로 정의되거나 제한되는 것이 아닌 정치적 장을 창조하고 싶었다. 그러나 '세속'을 이슬람의 표상으로 내건 무슬림 국가에 이것이 무슨 의미가 있겠는가? 아부 알라 마우두디Abul Ala Mawdudi(1903~1979)가 창립한 자마아티 이슬라미Jamaat-i Islami는 샤리아를 더 엄격히 적용할 것을 촉구했고, 1956년 헌법은 파키스탄을 이슬람 공화국이라고 공식 선포했다. 이 열망은 정치제도로 체화되어야 했다.

무함마드 아윱 칸Muhammad Ayub Khan 대통령(1958~1969)의 정부는 우리가 이미 본 공세적 세속주의의 전형적 사례였다. 그는 종교재단을 국유화했고 신학교 마드라사의 교육에 제한을 두어 순수한 세속적인 비종교 법률제도를 진흥시켰다. 그의 목표는 이슬람을 국가가 통제하기 쉬운 개인적 민간 종교로 만드는 것이었으나, 이러한 그의 정책은 필연적으로 이슬람주의자들과의 갈등을 유발시켜 결국 몰락하게 되었다. 1970년대에 이슬람 원리주의자들은 반정부 세력의 핵심을 이루었다. 좌파이며 세속주의자인 줄파키르 알리 부토Zulfaqir Ali Bhutto 대통령(1971~1973)은 술과 도박 금지 조치로 이슬람 원리주의자들을 달래려 했으나 합리적 조치가 되지 못했다.

1977년 7월 독실한 무슬림인 무함마드 지아 울 하크Muhammad Zia-ul-Haqq 가 쿠데타를 성공시켜 좀더 이슬람적인 정권을 수립했다. 그는 전통 이슬람 복식, 이슬람 형법 및 상법을 부활시켰다. 그러나 지아 울 하크 대통령도 세속주의를 천명한 정치, 경제 분야에서는 이슬람을 경시했다. 그가 1988년 비행기 사고로 사망한 이후 파키스탄 정치는 종족간의 갈등, 엘리트 계층의 반목과 부패 스캔들로 얼룩졌고 이슬람주의자들의 영향력은 감소하였다.

이슬람은 파키스탄의 정체성 유지에 여전히 중요하였고 일상생활에 폭넓게 영향을 끼쳤으나 현실 정치에는 영향을 주지 못했다. 이러한 타협은 압바스 왕조와 몽골 간의 권력 분점을 연상시킨다. 국가는 이슬람 정당들을 강압적으로 통제해 왔으나 이는 이상적인 것과는 거리가 먼 것이다. 인도와 마찬가지로 파키스탄도 핵무기 개발에 지나치게 많은 지출을 보이고 있다. 인구의 3분의 1이 절대 빈곤에 허덕이고 있는데도 말이다. 이와 같은 현상은 진정한 이슬람의 감정으로는 용납할 수 없는 극히 혐오스러운 일이다. 국가에 의해 억압받고 있다고 느끼는 무슬림 운동가들은 이웃 아프가니스탄의 탈레반 원리주의 정부에 눈길을 돌리고 있다.

무슬림들이 20세기에 적합한 이상적 정치체제를 찾지 못하고 있다고 해서 이슬람이 근대화와 양립할 수 없다는 것을 뜻하지는 않는다. 이슬람의 이상을 국가 구조 안에서 실현하고 올바른 지도자를 찾으려는 노력은 그들의 역사에서 계속되어 왔다. 모든 종교적 가치처럼 진정한 이슬람 국가 개념은 시대를 초월하는 것이므로, 사람이 만든 형식으로는 완벽히 구현될 수 없으며 연약하고 결함 많은 인간이 성취할 수 없는 것이다. 종교적 삶은 어려운 것이고 우리 근대 문화의 세속적 합리주의는 전통적 삶을 영위하는 사람들에게 특수한 문제를 제공한다.

정치보다 교의에 집착하는 기독교인들은 그들의 신앙이 근대적 감각에 호소력을 가지도록 노력하는 한편 교의 문제와 씨름하고 있다. 그들은 예수의 신성에 대한 믿음을 두고 논쟁하면서, 일부는 오래된 교의에 집착하고 있고 다른 사람들은 좀더 급진적인 해결책을 찾고 있다. 이러한 토론들은 기독교 비전의 중심에 놓여 있는 종교성의 핵심을 건드리는 문제이므로 때때로 고통스럽고 신랄한 것이 된다.

근대적 이슬람 국가 건설을 위한 투쟁은 이러한 딜레마와 같은 것이다. 신앙인들은 어느 시대든지 그들의 전통을 근대성에 부합시키려 했다. 이는 이상적 형태의 무슬림 정부에 대한 추구가 비정상적인 것이 아니라 본질적이고 전형적인 종교적 행위로 보아야 한다.

원리주의

서구 언론 매체들은 '원리주의fundamentalism'로 알려진 전투적이고 때로는 폭력적인 광적 신앙의 양태를 순전히 이슬람적 현상인 것과 같은 인상을 심어 준다. 그러나 사실은 그렇지 않다. 원리주의는 근대화에 따른 문제에 대응하여 모든 주요 종교에서 일어난 전 지구적 현상이다. 이슬람 원리주의 이외에도 유대교 원리주의, 기독교 원리주의, 불교 원리주의, 시크교 원리주의, 심지어 유교 원리주의도 있다. 이러한 유형의 신앙은 기독교 세계에 속한 미국에서 20세기의 시작과 더불어 처음 일어났다. 이것은 우연이 아니다. 원리주의는 단일한 운동이 아니다. 모든 원리주의는 동일한 전통에 기반을 두고 있다 하더라도, 독립적으로 발전하며 각자 고유한 상징성과 열정을 보유한다. 그리고 서로 다른 입장을 표명하면서도 동일한 부류에 속하는 듯한 유사한 성격을 띠고 있다.

원리주의운동은 서구 근대화의 도래에 즉각적으로 반응하여 일어난 것이 아니라, 근대화 과정이 진전된 다음에 일어난 것임을 주목해야 한다. 무슬림 개혁가들이 행한 예에서 보았듯이, 종교인들은 처음에 그들의 전통을 개혁하고 전통과 근대 문화를 결합시키려 노력한다. 그러나 이러한 온건 조치들이 효과가 없으면 극단적인 수단에 매달리는 사람들이 나타나게 되어 원리주의운동이 탄생하게 된다.

우리는 근대화의 본보기인 미국에서 원리주의가 최초로 나타났고, 다른 지역에서는 그 후에 모습을 드러낸 것을 알 수 있다. 세 개의 일신교 가운데 이슬람 원리주의는 근대 문화가 뿌리를 내리기 시작한 1960년대 후반과 1970년대 전반에 발전하였으므로 가장 늦은 편에 속한다. 이때는 근대화에 더 오래 노출되었던 기독교와 유대교에서 원리주의가 정립된 시기였다. 모든 종교의 원리주의운동은 공통점이 있다. 즉 모두가 약속한 것 전부를 성취하지 못한 근대화 실험에 깊이 실망하고 환멸을 느끼며 실질적인 공포감을 표현한다.

지금까지 필자가 연구해 온 모든 원리주의운동은 세속 정부가 종교를 말살하려 한다는 사실에 확신을 갖고 있다. 세속주의는 이슬람 세계에 매우 공격적으로 강요되어 왔기 때문에 이러한 확신이 반드시 편집광적인 반응은 아니다. 따라서 원리주의자들은 근대화 공세 이전의 '황금 시대'를 돌아보며 영감을 얻으려 하는 것이지 세월을 거슬러 중세로 돌아가려는 것은 아니다. 모든 원리주의운동은 본질적으로 근대적이며 현대 세계에서만 나타날 수 있는 것이다. 뿐만 아니라 원리주의운동은 그 종교의 재해석에서 혁신적이며 급진적이기도 하다. 그러므로 원리주의는 근대 세계에서 하나의 본질적인 부분이다. 근대성이 뿌리를 내리는 곳에서 원리주의운동은 의식적인 반응으로 근대성과 더불어 생겨나는 것이다.

원리주의자들은 전통에 불리하게 작용하는 요소들을 지나치게 강조하여 근대적 발전에 대한 그들의 불만을 표현한다. 미국에서조차 그들은 민주주의와 세속주의에 매우 비판적이다. 여성 해방은 근대 문화의 한 특징이었으므로, 원리주의자들은 전통적인 농경 사회의 성 역할을 강조하면서 여성에게 베일을 씌우고 가정에 들어앉히려 했다. 그러므로 원리주의자 공동체는 근대화의 그늘로 보일 수 있다. 또한 근대화 실험의 어두운 면을 돋보이게 하기도 한다. 따라서 원리주의는 강압적인 세속주의와 공생 관계이다. 원리주의자들은 자유주의적이거나 근대화한 체제에 언제나 공격을 받고 있다고 느끼기 때문에 그 결과 그들의 견해나 행동은 더욱 극단적이 된다.

1925년 테네시 주에서 개신교 원리주의자들이 학교에서 진화론을 가르치는 것을 막기 위해 벌어진 그 유명한 스콥스 재판Scopes Trial으로 그들은 세속 언론의 수많은 조롱을 받았다. 이후 그들의 신학이론은 더 반동적이 되었고, 성경은 지나치다 싶을 만큼 문자적으로 해석되었다. 그리고 정치적으로는 좌파에서 극우로 변신하였다. 이처럼 세속주의의 공세가 격렬해질 때 원리주의자들의 반발은 더욱 컸다. 이러한 상황에서 원리주의는 세속 문화를 즐기는 부류와 세속 문화를 불안하게 보는 부류로 양극화되는 사회의 분열된 모습을 드러낸다. 시간이 지날수록 양 진영은 점점 더 서로를 이해하지 못하게 된다. 그러므로 원리주의는 한 문화 또는 한 민족 안의 자유주의자 혹은 세속주의자와의 내부 분쟁에서 기인한다.

예를 들면 이슬람 원리주의자들은 처음에는 서양이나 이스라엘 같은 외부의 적보다는 근대화를 더 긍정적으로 보는 국내인이나 무슬림을 적대시한다. 원리주의자들이 주류 문화에서 이탈하여 순수 신앙 집단을 만들어 종교 부흥운동을 시작하는 경우가 흔히 있다(가령, 예루살렘이나 뉴욕의 극단적인 정통 유대인 공동체). 그리고 나서 주류를 올바른 길로 되돌리고 세계를 다시 신성하게 하려는 다양한 형태의 공세를 취한다.

모든 원리주의자들은 생존을 위해 투쟁하고 있다고 느끼며, 자신이 곤경에 처해 있으므로 싸워서 벗어나야 한다고 믿을 수 있다. 드물기는 하나 일부 원리주의자들이 테러리즘에 빠지는 것은 이러한 심리 구조에 기인한다. 그러나 절대 다수는 폭력에 의존하지 않고, 좀더 전통적이고 합법적인 방식으로 그들의 신앙을 부흥시키려 노력할 뿐이다. 원리주의자들은 종교를 다시 중심 무대로 옮기는 데 성공하였고, 이제 종교는 국제 정치에서 다시 주요한 역할을 하고 있다. 이는 세속주의가 고양되고 있던 20세기 중반에는 상상할 수 없는 일이었다. 1970년대 이후의 이슬람 세계에서도 그렇다. 그러나 원리주의는 단순히 종교를 정치적 목적으로 '이용'하는 것은 아니다. 공적 생활에서 신성을 배제하는 세속주의에 대한 반란이며, 정신적 가치가 근대 세계를 지배하게 하려는 필사적인 시도이다. 그러므로 원리주의자를 자극하는 절망감이나 공포는 종교 전통을 왜곡시키는 경향이 있으며, 관용과 타협을 설교하는 대신에 공격적인 측면을 강조한다.

이슬람 원리주의는 이러한 원리주의의 일반적 성격을 잘 갖추고 있다. 그러므로 이슬람 자체가 무슬림이 근대화를 과격할 정도로 배척하게 만드는 전투적이고 광신적인 힘이 있다고 상상하는 것은 올바르지 않다. 무슬림은 전 세계의 온갖 종교의 원리주의자들처럼 근대 세속 문화를 매우 오해하고 있다. 무슬림은 '원리주의'가 미국 개신교도들이 자긍심에서 고안한 용어로서 아랍어로는 번역하기 어렵다는 점을 지적하며 이 용어 사용을 반대한다.

우리가 보아 왔듯이 우술Usul은 이슬람법의 기본 원리를 의미하며, 모든 무슬림들이 여기에 동의하므로 그들은 우술리야(원리주의)라는 용어를 선호한다고 할 수 있다. 이러한 용어를 정의하기 어려움에도 불구하고, '원리주의'는 전투적인 종교운동을 묘사하는 데 쓰이는 유일한 용어로서 이보다 더 적절한 단어를 찾기는 어렵다.

초기 원리주의자 사상가 가운데 한 사람은 파키스탄의 '자마아티 이슬라미'의 창설자 마우두디였다. 그는 서양의 강대한 힘이 이슬람을 분쇄하려 하고 있다고 보았다. 그는 무슬림이 그들의 종교와 문화가 존속하기를 원한다면, 함께 단결하여 이슬람을 침식하는 세속주의와 싸워야 한다고 주장했다. 무슬림은 이전에도 적대적인 사회와 마주쳐 재앙을 겪기도 했으나 아프가니의 설교와 더불어 이슬람의 담론에 있어 새로운 인식을 얻게 되었다. 서양의 위협으로부터 무슬림은 처음으로 방어적인 입장을 취하게 되었고, 마우두디는 모든 세속적 정신을 거부했다. 그는 이슬람 혁명 신학을 제의했고, 신이 유일한 주권자이기 때문에 누구도 인간의 명령을 받을 의무가 없다고 보았다. 마치 식민 세력을 상대로 하는 혁명은 정도가 아니라 의무라고 생각했던 것이다. 마우두디는 전면적인 지하드를 촉구했다.

예언자가 자힐리야(jahiliyyah: 이슬람 이전 시기의 무지와 야만성)와 싸웠듯이, 무슬림은 모든 수단을 써서 서양이라는 근대의 자힐리야에 저항해야 했다. 마우두디는 지하드가 이슬람의 중심 교의라고 주장했다. 이것은 하나의 혁신이었다. 이전에는 누구도 지하드가 이슬람의 다섯 기능[1]에 필적하는 것이라 주장한 바가 없었는데, 마우두디는 현재의 위기 상황이 이를

---

[1] 이슬람의 다섯 기둥이란, 무슬림의 다섯 가지 의무 사항을 뜻하는 것으로 신앙의 선서, 예배, 단식, 희사, 순례로서 5주柱라고도 한다. 시아파와 이슬람 원리주의자들은 여기에 지하드 의무를 하나 더 첨가하기도 한다.

정당화한다고 느꼈다. 문화적·종교적 절멸에 대한 스트레스와 공포로 인해 신앙이 더 극단적인 방향으로 흘러간 결과, 잠재적 폭력으로 왜곡되어 나타난 것이다.

그러나 순니파 가운데 이슬람 원리주의의 진정한 창설자는 마우두디에게 큰 영향을 받은 사이드 쿠틉Sayyid Qutb(1906~1966)이었다. 그는 본래 극단주의자가 아니라 서양 문화와 세속 정치에 흥미가 많은 사람이었다. 1953년 무슬림 형제당에 가입한 후에도 완전한 세속 이데올로기를 피하기 위해 서구 민주주의를 이슬람에 맞는 방식으로 수용하기를 희망한 개혁파였다. 그러나 그는 1956년 무슬림 형제당 당원이라는 이유로 수감되었고, 수용소에서 이슬람교도와 세속주의자는 같은 사회에서 평화 공존이 불가능하다고 확신하게 되었다. 그는 무슬림 형제당의 단원들이 고문당하고 처형되는 것을 목격한 이후, 이집트에서 이슬람교에 주변적인 역할만 부여하겠다는 나세르의 결의에 대하여 우려하였다. 이러한 상황에서 그는 자힐리야의 진실된 모든 면을 보았다. 마침내 그는 이것을 영원한 신앙의 적으로 규정하고, 예언자 무함마드의 예를 따라 무슬림이 죽을 때까지 투쟁해야 하는 '야만주의barbarism'라 정의 내렸다.

쿠틉은 비이슬람 사회를 단순히 자힐리야라고 보았던 마우두디보다 더 나아갔다. 그는 이슬람 역사 문헌에서 단지 아라비아의 이슬람 이전 시기의 무지나 미개를 뜻하는 용어였던 자힐리야를 현대 이슬람 사회에 적용하였다. 나세르 같은 통치자는 겉으로는 이슬람교도이지만 그의 언행에서 그가 배교자임이 증명되었으므로, 무슬림은 예언자가 메카의 이교도들을 굴복시킨 것처럼 그러한 정부를 무너뜨려야 할 의무가 있다고 보았다.

나세르의 폭력적인 세속주의로 쿠틉은 코란과 예언자의 삶이 던지는 메시지를 둘 다 왜곡하는 형태의 이슬람을 신봉하게 되었다. 그는 무슬림들에게 예언자를 모델로 하여 주류 사회에서 떨어져 나와(예언자가 메카에서 메디나로 히즈라를 한 것처럼) 지하드에 참여하라고 말했다. 그러나 예언자는 기본적으로 비폭력 정책을 써서 승리했다. 코란은 종교 문제에서 폭력과 강제력을 단호히 반대하며 그 비전은 — 배척과 분리를 설교하는 것이 아니라 — 관용적이고 포용적이다. 쿠틉은 관용을 강조하는 코란의 지시는 이슬람이 정치적으로 승리하고 진정한 이슬람 국가가 세워진 이후에야 가능하다고 주장했다. 이 새로운 비타협성은 원리주의자들의 종교의 핵심에 있는 깊은 공포감에서 나온 것이다. 결국 쿠틉은 살아남지 못했다. 나세르의 고집으로 그는 1966년 처형되었다.

모든 순니파 원리주의운동은 쿠틉의 영향을 받았다. 가장 극적이었던 사건은 강압적인 대국민 정책 때문에 자힐리 통치자로 비난받았던 안와르 사다트Anwar al-Sadat 같은 정치 지도자의 암살이었다. 1994년 아프가니스탄에서 정권을 잡은 탈레반도 그의 이념에 영향을 받았다. 탈레반은 스스로 이슬람의 원형에 복귀하려 하였다. 이슬람 원형의 복귀로 울라마가 정부의 지도자가 되었고 여성은 베일을 착용해야 하며 직업을 가질 수 없었다. 또한 언론 매체도 종교 방송만 허용되었고 죄수에게 돌을 던지고 신체를 절단하는 이슬람식 형벌이 재도입되었다. 서양의 일부에서는 탈레반을 진정한 이슬람으로 간주하나, 탈레반 정권은 핵심적인 이슬람의 가르침을 위반하고 있다.

대부분의 탈레반(Taleban: 종교 학교의 '학생')은 파슈툰 부족에 속하는데, 이들은 북부 지역에서 정권에 대항하는 비파슈툰 부족을 적으로 간주한다. 이러한 종족 쇼비니즘은 예언자와 코란이 금지하는 것이다. 소수 종족을 탄압하는 것 역시 코란에 명백히 어긋난다. 탈레반의 여성 차별은 예언자의 실천과 첫번째 움마의 운영 방식에 완전히 위배된다. 신앙을 왜곡하고 그 신앙이 의도하는 방향과 반대로 행하고 있는 그들의 선택적인 종교관(파키스탄의 종교 학교에서 받은 편협된 교육을 반영한다)을 볼 때 탈레반은 전형적인 원리주의자들이다.

모든 주요 종교와 마찬가지로 이슬람 원리주의자들은 생존을 위한 투쟁에서 종교를 탄압과 폭력의 도구로 만들었다. 하지만 대부분의 순니파 원리주의자들은 그러한 극단적인 방법에 의존하지 않았다. 1970년대와 1980년대의 원리주의운동은 덜 급진적이면서 설득력 있는 방법으로 세계를 변화시키려 했다.

1967년 '6일 전쟁'에서 아랍군이 이스라엘에 굴욕적으로 패배한 이후 중동 전역에서 사람들의 관심은 종교로 집중되었다. 나세르 같은 지도자들의 오랜 세속 정치가 의심받는 듯했다. 민중들은 세속적인 정치 지도자들이 종교에 충실하지 않았기 때문에 그들이 패배한 것으로 생각하였다. 그들은 세속주의와 민주주의가 서양에서는 훌륭하게 기능했으나, 이슬람 세계에서는 일반 무슬림이 아닌 엘리트 계층만 혜택을 입은 것으로 보았다. 이처럼 원리주의는 식민주의와 같은 근대성의 교의와 열정을 배격하는 일종의 '포스트 모던post-modern' 운동으로 보일 수 있다.

이슬람 세계 전역에서 대학생과 노동자들은 그들의 환경을 바꾸기 시작했다. 대학교와 공장에 이슬람 성원을 세워 예배를 보고 이슬람 방식을 지향하는 반나Banna 형식의 복지협회를 만들어 세속 정부보다 이슬람이 민중을 위해 더 노력한다는 것을 보여주었다. 대학생들은 그늘진 캠퍼스 잔디 일부를 — 심지어 게시판일지라도 — 이슬람의 영역이라고 선언한다는 것 자체가 세속 사회에서 주변 영역으로 물러난 이슬람을 제자리에 놓으려는 의미 있는 시도라고 생각했다. 그들은 세계의 일부를 — 아무리 작더라도 — 이슬람으로 재생한 것이라 느꼈다. 그들은 신성한 미개척 이슬람 영역을 확장하고 있었는데, 이는 이스라엘이 점령한 요르단 강 서안에 새로운 정착촌을 건설한 유대교 원리주의자들이 아랍인에 넘어간 땅을 되찾아 유대교의 방패 아래 놓은 방식과 거의 같은 것이었다.

이슬람 복장으로 돌아간 것도 같은 원칙이 적용된 것이다. 이슬람 복장이 무슬림 민중의 의사에 관계없이 강요될 때는(탈레반의 경우처럼) 레자 샤 팔레비의 공세적인 방식이 초래한 것과 같은 역작용을 불러일으킨다. 그러나 많은 무슬림 여성들은 차도르를 입는 것을 사회가 분규에 휩싸이고 탈선하기 전인 식민지 이전 시대로의 복귀를 상징하는 것으로 생각한다. 그러나 단순히 시계를 되돌린 것은 아니다. 여론 조사를 살펴보면 차도르를 착용한 여성의 대다수가 남녀 각각의 성 역할 문제에서는 진보적 견해를 가지고 있다는 것을 알 수 있다. 농촌 출신의 가족 가운데 단순한 문맹 상태를 벗어나 고등 교육을 처음으로 받게 된 여대생에게는 이슬람 의상을 입는 것이 연속성을 부여하고 근대화로 이행하는 통과 의례의 고통을 완화시켜 준다. 그들은 근대 세계로 들어올 때 나름대로의 방식과 신성한 의미를 주는 이슬람을 통하여 들어온다.

차도르를 입는 것은 근대화의 긍정적인 면을 묵시적으로 비판하는 것이기도 하다. 차도르는 성적인 문제에서 '모든 것을 드러내는' 서양의 강압을 거부하는 것이다. 서양에서는 사람들이 선탠을 한 미끈한 몸매를 특권의 상징으로 자랑한다. 그들은 노화를 거부하려 애쓰며 이승의 삶에 집착한다. 차도르로 온몸을 감싼 이슬람 여성의 신체는 초월의 지향을 선언하는 것이며, 동일한 의상은 계급의 차이를 없애고 서양의 개인주의에 대항한 공동체의 중요성을 강조하는 것이다.

사람들은 종종 종교를 통해 근대적 사상과 열정을 만들어 왔다. 1776년 미국 독립 혁명 시기에 모든 미국인 캘빈주의자들이 미국의 건국의 아버지들의 세속적 기풍을 공유하거나 이해한 것은 아니었다. 그들은 독립 투쟁에 기독교 색채를 부여하여 신세계 창조 과정에서 세속주의자들과 더불어 싸울 수 있었다. 일부 순니파와 시아파 원리주의자들은 외래의 근대문화에 나름대로의 의미와 영적인 성격을 부여하고 접근하기 쉽게 만드는 데 종교를 활용하고 있다. 다시 말해 이들은 서양이 규정한 것과 다른 문화적 관점에서 근대화가 가능하다고 암묵적으로 주장하고 있는 것이다. 1978~1979년의 이란 이슬람 혁명은 이러한 관점에서 살펴볼 수 있다.

1960년대에 아야톨라 루홀라 호메이니는 이란 민중이 거리로 나가 무함마드 레자 샤의 헌법에 어긋나는 잔혹한 정책에 항의하게 하였다. 그는 레자 샤를 시아 이슬람에서 불의한 통치자의 전형으로 보고 카르발라에서 후세인을 살해한 우마이야 왕조의 칼리프 야지드와 동일시했다. 무슬림은 그러한 폭군과 투쟁할 의무가 있었다. 사회주의 혁명을 하자는 호소에 움직이지 않았던 민중은 그들의 가장 뿌리 깊은 전통에 반향하는 호메이니의 호소에 호응하였다.

호메이니는 샤(이란 국왕의 호칭)의 세속적 민족주의에 시아 이슬람의 대안을 제공하였다. 그는 점차 12이맘 가운데 한 사람처럼 보이게 되었다. 그는 12이맘처럼 정당하지 못한 통치자에게 공격받거나 투옥되거나 거의 살해될 뻔했었다. 그 때문에 망명길에 오르게 되었고 소유한 모든 것을 박탈당했다. 알리와 후세인처럼 그는 용감하게 불의에 맞섰고 진정한 이슬람적 가치를 옹호했다. 호메이니는 12이맘처럼 실천하는 신비주의자로 알려져 있다. 카르발라에서 아들이 살해당한 후세인처럼, 그의 아들 무스타파Mustafa도 샤의 비밀 정보 요원에 의해서 살해되었다.

1978년 반관영인 에텔라아트Ettelaat 신문이 호메이니를 비방하자 신학교 학생들이 거리로 나와 이에 항의하였고, 이들에 대한 학살로 혁명이 발발했을 때, 호메이니는 '숨은 이맘'처럼 멀리서(그의 망명지인 이라크의 나자프에서) 혁명 행동 요령을 지시하였다. 호메이니만이 민중의 지지를 받는다는 것을 확인한 세속주의자들과 지식인들은 기꺼이 울라마와 힘을 합쳤다. 이란 혁명은 20세기의 이데올로기에 영감을 얻은 유일한 혁명이다(러시아 혁명과 중국 혁명은 카를 마르크스의 19세기 비전에서 영감을 얻었다).

호메이니는 시아파의 사상을 급진적으로 재해석하여 '숨은 이맘'이 나타나지 않을 때에는 신비주의적 영감을 받은 이슬람 율법을 아는 법학자를 포함한 울라마가 국민을 통치할 수 있다고 보았다.[2] 여러 세기 동안 12이맘파는 성직자들이 정치에 참여하는 것을 금지했으나 울라마 중 다수는 아니지만 혁명을 기도하는 성직자들은 벨라야티 파키 이론(Velayat-i Faqih: 최고 성직자에 의한 통치)[3]을 받아들이려 했다.

혁명 기간 내내 카르발라의 상징성은 대단했다. 사망자를 애도하는 전통적인 종교 의례와 후세인을 추모하는 아슈라 행사는 반정부 시위로 발전했다. 카르발라 신화는 시아파 교도를 정권의 총 앞에 용감히 맞서게 하여 수천 명의 목숨을 잃게 했으며, 일부는 순교를 상징하는 하얀 수의를 입었다. 이란에서 종교는 중동에서 가장 안정되고 최강으로 보였던 팔레비 왕조를 몰락시킬 정도로 강력한 세력이라는 것이 증명되었다.

그러나 모든 원리주의자들과 마찬가지로 호메이니의 비전은 뒤틀린 점이 있었다. 미국인 인질 사건(이후의 레바논에서 시아파에 의한 인질 사건들도 이란을 본뜬 것이었다)은 포로를 인간적으로 다루고 가능한 한 빨리 석방하라는 코란의 명령을 위반한 것이다. 심지어 포로 수용자는 몸값의 일부를

---

[2] 이슬람에서 울라마란 성직자, 신학자 및 법학자를 총칭하는 용어로 무슬림의 지도 계층이라 할 수 있다.
[3] *벨라야티 파키 이론은 과거에 이슬람 법률학자들에 의해 논의되어 왔으나, 거의 알려진 것이 없으며 심지어 기괴하고 이단적이라고까지 간주되기도 했다. 그러나 이 이론은 호메이니의 정치 사상의 구심점이 되었고, 나중에는 이란에서 호메이니의 통치 이념의 근간이 되었다.

자기가 부담해야 한다. 코란은 전쟁 시기를 제외하고는 포로 수용을 분명히 금지하며, 전쟁중에도 전투 행위가 없을 때에는 인질로 잡아 두는 것을 배제한다.(코란 2: 178 ; 8: 68 ; 24: 34 ; 47: 5) 혁명 이후 호메이니는 반대파의 목소리를 억압하면서 '표현의 통일unity of expression'을 고집했다. 언론 자유에 대한 요구는 혁명의 주요 관심사 가운데 하나였으며, 이슬람은 이데올로기의 일치가 아닌 실천의 한결같음만 강조해 왔다.

종교 문제에서 코란은 강압을 금지하며 호메이니의 정신적 스승인 물라 사드라는 특히 이를 혐오하였다. 호메이니는 소설가 살만 루쉬디Salman Rushdie가 그의 작품 『악마의 시The Satanic Verses』에서 무함마드를 모독했다는 이유로 1989년 2월 14일 그를 살해하라는 파트와fatwah를 발표했는데, 이는 사드라가 사상의 자유를 열렬히 옹호한 것을 거스르는 것이었다. 알아자르al-Azar와 사우디아라비아의 울라마는 이 파트와가 비이슬람적이라고 선언했으며, 다음달에 열린 이슬람 회의에서 49개 회원국 가운데 48개국이 이 파트와를 비난했다.

그러나 이슬람 혁명은 이란인들이 나름대로의 근대성을 이루는 데 도움을 준 것처럼 보인다. 호메이니는 사망하기 전에 더 많은 권력을 의회에 넘기려 하였다. 또한 그의 축복을 받으며 국회의장이 된 하셰미 라프산자니Hashemi Rafsanjani는 벨라야티 파키를 민주적으로 해석하였다. 근대 국가의 필요성에 의해 시아파들은 민주주의의 필요성을 확신했는데, 그것은 국민 대다수가 받아들일 수 있는 이슬람 패키지의 형태로 왔다.

1997년 5월 23일 무함마드 하타미Muhammad Khatami가 압도적인 승리로 대통령에 당선됨으로써 이러한 사실이 재확인되었다. 그는 즉시 서방 세계와 더욱 적극적인 관계를 맺고 싶다고 천명했으며, 1998년 9월에는 루쉬디에 내린 파트와를 철회하였고, 이란의 최고 지도자 아야톨라 알리 하메네이Ayatollah Ali Khamenei는 이를 승인했다. 하타미의 당선은 다원주의, 이슬람 율법의 부드러운 해석, 민주주의의 확대, 진보적인 여성 정책을 바라는 민중 대다수의 강한 욕구가 반영된 결과였다. 아직 승리는 성취되지 않았다. 호메이니를 반대했던 보수 성직자들은 — 호메이니는 이들을 다룰 시간이 없었다 — 아직도 하타미[4]의 개혁을 막고 있으나, 코란의 정신에 충실하면서도 현실 조건을 받아들여 발전하는 이슬람 국가 창조는 이란 민중 대다수의 염원이다.

소수 민족의 무슬림

이슬람 원리주의라는 유령은 다른 종교의 원리주의에 별다른 위협을 받지 않았던 서구 사회를 공포에 떨게 했다. 이것은 그들 나라에 살고 있는 무슬림에 대한 서양인의 태도에 영향을 주었다. 500~600만 명의 무슬림이 유럽에 살며 700~800만 명이 미국에 거주한다. 현재 독일과 프랑스에는 약 1,000개의 이슬람 성원이 있으며 영국에는 500개가 있다.

서양 사회에 정착해서 거주하는 무슬림 가운데 절반 정도가 1950년대와 1960년대에 이주해 온 이민 2세대이다. 이들은 비교적 교육을 많이 받았으며 부모 세대의 유화석 태도를 배격하며 더 많은 것을 얻으려 한다. 이들의 노력은 간혹 방향을 잘못 잡기도 했다. 예를 들어 1990년대 초 영국에서 무슬림 의회를 세우자는 칼림 시디키Kalim Siddiqui 박사의 주장은 영국 무슬림의 호응을 거의 받지 못했지만, 무슬림들이 영국 주류 사회에

---

4 2001년 6월 대선에서 대통령으로 재선되었다.

통합하려 하지 않는다는 사실에 영국인들을 두려워하게 만들었다.

살만 루쉬디의 소설『악마의 시』때문에 위기 상황이 발생했을 때, 영국 브래드포드의 무슬림들이 이 책을 공개적으로 불태우자 무슬림 지역 사회에 대한 영국 국민의 적대감은 한층 더 팽배해졌다. 영국 무슬림의 대다수가 이 소설을 용납하지 않았으나 루쉬디의 살해를 원하지는 않았다. 그럼에도 유럽인들이 자국의 무슬림들을 자연스럽고 침착한 매너로 대하기는 어려웠다. 독일에서 터키 이주 노동자들은 인종 폭동에서 살해되었고, 프랑스에서는 히잡을 착용하고 등교하는 여학생이 언론의 공격을 받았다. 영국에서는 무슬림이 그들의 자녀를 위한 전용 학교의 건립을 요청하자 영국인들은 격렬한 항의를 하였다. 만약 유대인, 가톨릭, 퀘이커 교도들이 같은 요구를 했다면 받아들여졌을 것이다. 영국은 무슬림이 영국 사회를 은밀히 해치려는 제5열로 여기는 듯하다. 미국에서의 무슬림은 형편이 더 나은 편이다. 미국의 무슬림은 더 많은 교육을 받았고 중산층이다. 유럽의 무슬림들 대부분이 아직 노동자 계급인 반면에 미국의 무슬림은 의사, 학자, 엔지니어로 일한다. 미국의 무슬림은 자신들의 선택으로 미국에 온 경우가 많다. 그들은 미국인이 되고 싶어하며 유럽보다는 인종의 도가니인 미국에서 통합의 가능성이 더 크다고 본다.

이슬람 국가운동Nation of Islam이라 불리는 흑인분리운동 단체의 카리스마적인 지도자 맬컴 엑스Malcolm X(1925~1965)와 같은 일부 무슬림들은 민권운동 기간 중 광범위한 존경을 받았고 흑인과 무슬림 파워의 상징이 되었다. 그러나 이슬람 국가운동은 이단적이었다. 이 단체는 디트로이트의 행상인이었던 월리스 파드Wallace Fard가 창립했으며, 1934년 그가 행방불명이 된 뒤에는 엘리자 무함마드Elijah Muhammad(1897~1975)가 이끌었다.

이슬람 국가운동은 신이 파드로 육화되었으며, 백인들은 선천적으로

악하고 사후 세계는 없다고 주장했으나 이 모두가 이슬람에 이단적인 견해이다. 이 운동은 노예 시절의 보상으로 미국 내의 아프리카계 미국인 African Americans, 즉 흑인 국가 설립을 요구하였고 서방 세계에 극단적으로 적대적이었다. 그러나 맬컴 엑스는 엘리자 무함마드의 도덕적 결함을 보고 이슬람 국가운동에 환멸을 느껴 추종자들과 함께 순니 이슬람에 귀의하였다. 이 때문에 2년 후에 그는 암살되었다.

이슬람 정통파인 아메리칸 무슬림 미션 American Muslim Mission은 추종자가 더 많았다. 이들은 무슬림들을 알 아즈하르 대학에 유학시키고 더 정의로운 사회를 위해 백인과 더불어 투쟁할 수 있는 가능성을 탐구하였다. 그러나 이슬람 국가운동은 맬컴 엑스가 창설한 아메리칸 무슬림 미션보다 더 많은 매스컴의 주목을 받았다. 그 이유는 이슬람 국가운동의 기묘하고 반항적인 자세가 이슬람이 비관용적이고 광신적인 믿음이라는 서양의 이슬람관에 더 가까웠기 때문이다.

1947년 인도에서 파키스탄으로 이주하지 않은 무슬림과 그 자손들은 1억 1,500만 명이나 된다. 그러나 이 많은 수에도 불구하고 이들은 서양에 사는 무슬림보다 더 많은 위협을 느낀다. 인도의 힌두교도와 무슬림들은 1947년 인도 아대륙이 인도와 파키스탄으로 분리된 비극에 영향을 받고 있으며, 많은 힌두교도들이 인도 무슬림의 권리를 옹호하지만 언론에서는 무슬림을 부정적으로 보도하고 있다. 이들은 빈민의 정서를 가지고 있으며, 마음속으로는 파키스탄이나 카시미르에 충성하고 있다고 비난받는다. 또한 출산율이 높고 시대에 뒤떨어졌다고도 비난받는다. 인도의 무슬림은 마을에서 추방당하기 일쑤며 좋은 직장을 얻기도 어렵고 종종 숙박을 거부당하기도 한다.

영광스런 무굴 제국을 보여주는 것은 거대한 건물들뿐이다. 타지마할

Taj-Mahal, 붉은 요새Red Fort, 주네 성원Juneh Mosque은 힌두 원리주의자 그룹인 인도민중당(BJP: Bharatiya Janata Party)의 공격 대상이 되었다. 인도민중당은 실제로 힌두교도가 이 건물들을 지었고 무슬림이 인도의 사원을 파괴하고 그 대신 이슬람 성원을 지었다고 주장한다. 사실 인도민중당의 주요 공격 목표는 무굴 왕조의 창시자인 '바부르의 성원Mosque of Babur'이었다. 그들은 1992년 12월 언론과 군대가 지켜보는 가운데 10시간 만에 이 사원을 해체했다. 이것은 인도에 거주하는 무슬림들에게 상당한 충격을 안겨 주었다. 그들은 이 상징적인 파괴 행동이 시작에 불과하며, 그들 자신도 인도에서 말살되어 기억조차 남지 않게 될 것이라고 느꼈다.

그들의 신앙에 위협으로 보인 소설 『악마의 시』에 대한 광적인 반대 행위에는 이러한 절멸에 대한 공포가 깔려 있었다. 지역주의와 불관용은 가장 포용적이고 문명화된 전통을 가진 인도 이슬람에 위배되는 것이다. 그러나 공포와 억압이 그들의 신앙을 왜곡시켰다.

이슬람의 미래

두번째 기독교 밀레니엄 전날에 십자군은 예루살렘에서 약 3만 명의 유대인과 무슬림을 학살하여, 번성하던 이슬람 성지를 악취 나는 시체 안치소로 만들었다. 5개월 이상 도시 인근의 계곡과 도랑에는 썩어 가는 시체로 가득 찼고, 십자군 원정이 끝난 뒤에 주둔하던 소수의 십자군이 치우기에는 널브러진 시체가 너무나 많았다. 아브라함의 세 종교[5]가 이슬람

---

[5] 유대교, 기독교, 이슬람교는 모두 아브라함을 조상으로 인정한다.

지배하의 상대적 조화 속에서 500년 가까이 공존할 수 있었던 예루살렘은 악취로 채워졌다. 이것은 이슬람이 5세기 로마 제국의 멸망 이래 암흑 세계에서 벗어나 국제 무대에 재등장한 서구 기독교와의 첫 경험이었다.

무슬림은 십자군에게 고통을 받았으나 그들의 존재가 오랫동안 무슬림을 괴롭히지는 못하는 가운데 1187년 살라딘은 예루살렘을 재탈환했다. 십자군이 근동 지역에 1세기를 더 머물렀으나, 그것은 이 지역의 장구한 이슬람 역사에서 보면 지나가는 에피소드에 불과했다. 이슬람 세계의 주민 대부분은 십자군의 영향을 전혀 받지 않았고 서유럽에는 여전히 관심을 갖지 않았다. 서유럽은 십자군 원정 시기의 현저한 문화 발전에도 불구하고 이슬람 세계보다는 뒤떨어진 상태에 있었다. 그러나 유럽인은 십자군을 잊지 않았으며, 세월이 흐를수록 전 세계를 지배해 가던 다르 알 이슬람도 무시할 수 없었다. 십자군 원정 이후 서구 기독교 제국의 국민들은 상투적이고 왜곡된 이슬람에 대한 야만적인 이미지를 발전시켜 무슬림들을 우수한 문명의 적이라고 여겼다.

이러한 편견은 십자군 원정에서 또 하나의 희생물이었던 유대인에 대한 유럽인의 환상과 맞물렸으며, 종종 기독교인의 행위에 대한 불안감을 보여준다. 예를 들면 십자군 원정 때 기독교도들은 무슬림 세계에 대하여 잔인한 성전을 선동했는데, 유럽의 지식층 학자 수도승들도 이슬람을 태생적으로 폭력적이고 관용적이지 못한 신앙으로 칼로서만 일어선 것으로 묘사하였다. 이슬람을 놀라울 정도로 관용성을 지니지 못한 종교라고 묘사하는 신화는 서양이 널리 받아들인 생각 중의 하나였다.

그러나 20세기가 끝나 가면서 일부 과격파 무슬림은 이러한 서양의 인식을 증명이라도 하듯이, 급진주의적인 행동을 보이고 있으며 폭력을 중요한 이슬람의 의무로 만들고 있다. 이들 원리주의자들은 종종 서구 식민주의와 식민시대 이후의 서구 제국주의를 알 살리비야(al-Salibiyyah: 십자군)라고 부른다. 식민시대의 제국주의는 중세의 십자군보다는 덜 폭력적이었으나 그 영향은 더욱 파괴적이었다. 강력했던 이슬람 세계는 종속 지역이 되었고, 무슬림 사회는 근대화가 가속화됨에 따라 심각하게 해체되고 있다.

전 세계의 주요 종교를 믿는 사람들은 서구식 근대화의 충격으로 비틀거렸고, 우리가 원리주의라 부르는 전투적이고 종종 관용적이지 못한 종교의 모습이 발생했다. 원리주의자들은 근대 세속 문화의 부정적 측면을 바르게 고치려 할수록 투쟁적으로 되며, 그 과정에서 이슬람을 포함한 전 세계의 모든 신앙을 특징 짓는 동정심, 정의, 자비 같은 핵심 가치에서 이탈하게 된다. 종교는 다른 모든 인간의 행위처럼 종종 남용되기도 하지만, 잘 이용한다면 인간은 개인 고유의 신성불가침을 인식하게 되어 인류가 저지르기 쉬운 살인적 폭력을 완화하도록 도와준다. 우리가 보아 왔듯이 세속의 공세와 박해가 종교의 관용을 가져다 주지 못한 채 증오만을 키워 왔다. 이것은 1992년 알제리에서 비극적인 모습으로 나타났다. 1970년대 이슬람의 부흥 과정에서 이슬람 구국전선(FIS: Islamic Salvation Front)은 1954년 프랑스 식민 통치에 저항하는 혁명을 일으켜 1962년 사회주의 정부를 수립한 비종교적 민족주의 정당인 민족해방전선(FLN: National Liberation Front)에 도전하였다. 프랑스에 대항한 알제리의 혁명은 유럽으로부터 독립하려는 아랍인과 무슬림을 고무시켰다. 민족해방전선은 당시 중동의 다른 세속적이고 사회주의적인 정부와 비슷하여 이슬람을 서구처럼 개인적 신앙 차원의 영역으로 몰아넣었다.

그러나 1970년대에 이슬람 세계의 민중들은 약속한 바를 이행하지 못한 세속주의 이데올로기에 실망하였다. 이슬람 구국전선의 창립 구성원

가운데 압바스 마다니Abbas Madani는 근대에 맞는 이슬람 정치 이데올로기를 만들고자 하였다. 또 알제(알제리의 수도)의 빈민 지역에 위치한 이슬람 성원의 이맘인 알리 이븐 하즈Ali ibn Hajj는 이슬람 구국전선의 급진파 지도자였다. 이슬람 구국전선은 정부 허가를 받지 않고 서서히 그들의 이슬람 성원을 건립하여 프랑스의 무슬림 사회에 뿌리를 내렸다. 하지만 프랑스 무슬림 사회의 노동자들은 공장과 사무실에 예배할 장소를 마련해 달라는 요구로 장 마리 르 펜Jean-Marie Le Pen이 이끄는 우익 정당의 분노를 사기도 했다.

1980년대에 알제리는 경제 위기를 맞았다. 민족해방전선은 민주주의의 길로 국가를 이끌었으나 매우 부패한 정당이었다. 민족해방전선은 좀 더 민주적인 개혁 도입을 망설였다. 이즈음 알제리에서는 인구가 폭발적으로 증가하여 3,000만 인구의 대부분이 30세 이하였고, 높은 실업률과 심각한 주택 부족으로 결국 폭동이 일어났다. 경기 침체와 민족해방전선의 무능에 좌절한 청년들은 새로운 것을 찾아 이슬람 정당으로 몰려들었다. 1990년 6월 이슬람 구국전선은 지방 선거에서 크게 승리했는데, 특히 도시에서 압승하였다. 이슬람 구국전선의 행동주의자들은 대부분 젊고 이상주의적이며 고등 교육을 받았다. 이들은 여성의 전통 이슬람 복식을 고집하는 등 일부 교조적이고 보수적인 면이 있었으나, 정부 내에서도 정직하고 유능하다고 알려져 있다.

그러나 이슬람 구국전선은 반서방적이지는 않았다. 지도자들은 유럽연합과의 교류와 서방의 신규 투자를 장려하겠다고 말했다. 지방 선거에서 여러 번 승리하자, 1992년에 치러질 총선거에서 승리할 것이 확실해 보였다. 그러나 알제리에서 이슬람 정부는 탄생하지 못할 운명이었다. 군사 쿠데타가 일어나 자유주의적인 이슬람 구국전선 지도자 벤제디드

Benjedid 대통령(그는 민주 개혁을 약속했었다)을 축출하고 이슬람 구국전선을 탄압하여 그 지도부를 투옥시켰다. 이란이나 파키스탄에서 이처럼 폭력적이고 위헌적인 방법으로 선거 실시가 봉쇄되었다면, 서방에서는 항의의 목소리가 컸을 것이다.

이러한 쿠데타의 발생은 이슬람이 태생적으로 민주주의에 반하며, 근대 세계와 어울리지 않는다는 것을 입증하는 예로 보여질 수도 있었다. 쿠데타로 이슬람 정부의 성립이 좌절되자 서방 언론은 환호했다. 알제리는 이슬람의 위협으로부터 벗어났고 수도인 알제의 술집, 카지노, 디스코텍 등은 폐쇄되지 않았다. 신기하게도 이러한 비민주적 행위는 알제리를 민주주의의 안전 장소로 만들었다. 프랑스 정부는 강경파인 민족해방전선의 리아민 제로알Liamine Zeroual 대통령에 호의를 보이며, 이슬람 구국전선과 대화를 하지 않기로 한 그의 결심을 강력히 지지했다. 이슬람 세계가 서구의 새로운 이중 기준에 충격을 받은 것은 당연한 일이었다.

그 결과가 비극적이라는 것은 이미 예견되어 있었다. 공정한 법 집행에서 밀려나 분노하고 좌절한 이슬람 구국전선의 멤버들은 그들만의 게릴라 조직인 무장이슬람그룹(GIA : Armed Islamic Group)을 결성하고 알제의 남부 산악 지대에서 테러운동을 시작했다. 학살이 자행되었고 한 마을 주민 전체가 살해되는 일도 있었다. 언론인, 지식인, 세속인, 종교인도 테러의 목표가 되었다. 이슬람주의자들이 이러한 잔학 행위에 전적인 책임이 있는 것으로 추정되었다. 그러나 알제리 군부의 일부가 무장이슬람그룹을 불신시키기 위해 학살을 묵인한 정도가 아니라 적극적으로 개입했다는 사실이 드러나면서 점차 의문이 제기되었다.

민족해방전선과 이슬람 구국전선은 모두 실용주의자들과 협상을 거부하는 강경파들간의 내분에 휩싸여 분열되었다. 선거 실시를 저지하기 위해서 일으킨 쿠데타로 인해 이슬람 원리주의 종교 세력과 세속주의 비종교 세력 사이에 전면전이 일어난 것이다. 1995년 1월 로마 가톨릭 교회는 로마에서 양측이 협상할 것을 호소했다. 그러나 제로알 정부의 협상 참석 거부로 황금 같은 기회는 사라졌다. 이후 더 많은 이슬람의 테러가 있었고 알제리 정부는 국민투표로 모든 종교 정당을 금지했다.

비극적인 알제리의 사례가 미래를 보는 기본 틀이 되어서는 안 된다. 탄압과 강압에 대항하여 소수의 무슬림 세력이 이슬람의 교의에 어긋나는 폭력의 길로 갔을 뿐이다. 세속주의의 공격으로 이슬람은 진정한 신앙을 왜곡하고 우습게 만드는 방향으로 나아 갔다. 알제리 사태는 서양이 신장시키려는 민주주의 개념에 먹칠을 했다. 민주적인 선거 과정을 통해 이슬람 정부가 세워지기에는 민주주의에 한계가 있었다. 유럽인과 미국인은 이슬람 세계의 다양한 정당과 정치 집단에 대해 무지함을 보였다. 그들은 이슬람 구국전선 온건파를 가장 폭력적인 원리주의 그룹과 동격으로 간주하며, 민족해방전선의 세속주의자들이 저지르는 폭력, 불법, 반민주적 행동과 동일선상에서 이슬람 구국전선을 보았다.

그러나 서양이 좋든 싫든 이슬람 구국전선이 지방 선거에서 거둔 성공은 이슬람 세계의 민중들이 어떠한 형태로든 이슬람 정부를 원하고 있다는 것을 보여주는 것이다. 이는 세속 정부가 이슬람 세력의 성장을 감지하고 있는 이집트, 모로코, 튀니지에 분명한 메시지를 던진 것이다. 20세기 중반 세속주의가 압도적으로 우세했고, 이슬람은 되돌이킬 수 없는 과거로 생각되었다. 그러나 이제는 중동의 어떠한 세속 정부도 진정한 민주 선거가 치러지게 되면 이슬람 정권이 탄생할 수 있다는 유쾌하지 못한 현실을 깨닫게 되었다.

예를 들면 이집트에서는 이슬람이 1950년대에 나세르주의가 누렸던 것만큼의 인기를 얻고 있다. 이슬람 복식은 어디에서나 볼 수 있는데, 무바라크 정부가 세속주의적이므로 이는 자발적인 현상이다. 세속주의를 지향하는 터키에서도 최근의 여론 조사에 따르면, 인구의 약 70퍼센트가 이슬람을 믿으며 20퍼센트는 하루에 5회 기도한다고 한다. 요르단에서는 사람들이 무슬림 형제당으로 몰려들고 있으며, 팔레스타인 사람들은 무자마Mujamah를 주시하는 반면, 1960년대를 풍미했던 팔레스타인 해방기구PLO는 성가시고 부패하고 시대에 뒤떨어진 것으로 보고 있다. 중앙아시아에서는 수십 년간의 소련 탄압 이후 종교를 되찾고 있다. 이슬람권에서는 서양에서 성공한 세속주의 이데올로기를 그 동안 시험해 왔지만, 무슬림은 점점 더 그들의 정부가 이슬람 규범에 순응하기를 바라게 되었다.

이러한 경향이 구체적으로 어떠한 형태로 나타날지 아직 분명하지는 않다. 이집트에서는 대다수의 무슬림이 샤리아가 공식 법률로 되기를 바라는 반면, 터키에서는 겨우 3퍼센트만이 이에 찬성한다. 그러나 이집트에서도 일부 성직자마저 농업 시대의 법인 샤리아를 매우 다른 환경인 근대에 맞추어 적용한다는 것은 극히 어려운 문제라는 것을 알고 있다. 라쉬드 리다 역시 1930년대에 이를 깨닫고 있었으나 불가능하다고는 생각하지 않았다.

무슬림 모두가 서양을 증오한다는 것은 사실이 아니다. 근대화 초기에는 많은 지도적 사상가들이 유럽 문화에 심취했고, 20세기 말에 와서는 가장 저명하고 영향력 있는 이슬람 사상가 가운데 일부가 다시 서양을 바라보고 있다. 이란의 하타미 대통령은 이러한 추세의 한 예이다. 호메이니 정부에서 요직을 맡았던 이란 지식인 압돌카림 소루쉬Abdolkarim Sorush도 그러한 사람인데, 그는 종종 보수적인 율법학자들에게 공격받기도 했지만 집권층에 강한 영향력을 미쳤다.

소루쉬는 호메이니를 숭배하지만 그보다 더 뛰어난 인물이었다. 그는 이란인이 이슬람 이전의 정체성, 이슬람적 정체성, 서양식 정체성 등 세 가지 정체성을 가지고 있으므로 이 세가지 정체성을 서로 조화시켜야 한다고 주장한다. 그는 서양의 세속주의를 배격하고 인류는 언제나 영성이 필요하다고 믿지만, 이란인들에게 시아파의 전통을 고수하면서도 근대 과학을 배우라고 권고한다. 이슬람은 근대 산업 사회를 수용하기 위해 이슬람 법률학을 발전시켜야 하며, 21세기에 맞는 시민권 철학과 경제 이론을 개발해야 한다는 것이다.

순니파의 사상가들도 비슷한 결론에 도달했다. 망명중인 튀니지의 르네상스당의 지도자 라쉬드 알 간노우치Rashid al-Ghannouchi는 이슬람에 대한 서양의 적대감은 무지에서 나온 것으로 믿는다. 또한 사고와 창조성을 제한한 과거 기독교의 나쁜 경험에서 비롯됐다고 본다. 그는 스스로를 '민주적 이슬람주의자'라고 일컬으며 이슬람과 민주주의는 양립 가능하다고 보지만, 인간이 분리되어 파편화될 수 없기 때문에 서양의 세속주의를 배격한다. 이슬람의 이상인 타우히드는 육체와 영혼, 지성과 영성, 남과 여, 도덕과 경제, 동양과 서양의 이분법을 배격한다.

무슬림은 근대화를 원하나 미국, 영국, 프랑스가 강요하는 식의 근대화는 아니다. 무슬림은 서양의 효율성과 기술력에 감탄한다. 그들은 피를 흘리지 않고 서양에서 정권이 교체되는 방식에 매료되었다. 그러나 무슬림이 보는 서양 사회에는 빛과 감성과 영성이 없다. 무슬림은 그들의 종교적·도덕적 전통을 고수하고 서양 문명의 가장 좋은 면을 흡수하고 싶어한다.

알 아즈하르 대학의 졸업생이며 무슬림 형제당의 당원으로 현재 카타르 대학의 '순나와 시라 연구소' 원장인 유수프 압달라 알 카라다위Yusuf

Abdallah al-Qaradawi도 비슷한 노선을 취하고 있다. 그는 중용을 믿으며 근래에 이슬람 세계에서 나타난 완고성이 민중들의 인간에 대한 통찰력과 비전을 박탈하여 그들을 가난하게 만들 것이라고 확신한다. 예언자 무함마드가 극단을 배제하고 '중용'의 길을 택했다고 말했듯이, 카라다위도 현재 이슬람 세계의 일부에서 나타나는 극단주의는 이슬람 정신과 맞지 않는 것이며 오래가지 못할 것으로 생각한다.

이슬람은 예언자가 후다이비야에서 쿠라이시 부족과 인기 없는 조약을 ─코란은 이를 "위대한 승리"(코란 48: 1)라고 한다─ 체결한 데에서 알 수 있듯이 평화의 종교이다. 그의 주장에 따르면 서양은 무슬림의 종교를 살리고 이슬람의 이상을 정치에 도입할 권리를 인정해야 한다. 또한 서양인들은 이 세상의 삶의 양식이 하나만 존재하는 것이 아니라는 사실을 알아야 한다. 다양성은 전 세계에 혜택을 준다. 신은 인류에게 선택할 권리와 선택 능력을 주었으므로, 세속주의와 비종교적 삶을 선택할 수도 있고 이슬람 국가를 포함하여 종교적 삶을 선택할 수도 있다.

카라다위는 "서양 기독교인과 무슬림이 종교적으로 되어 그들의 종교를 고수하고 도덕적으로 되는 것이 더 좋은 일이다"[6]라고 주장한다. 많은 서양인들이 삶에서 영성이 부재하는 것에 불안을 느끼고 있다. 그들이 근대 이전의 종교적 삶의 양식이나 관습적인 제도적 신앙으로 돌아가고 싶어하는 것은 아니다. 그러나 종교는 인류가 고상한 가치를 개발하는 데 어느 정도 기여를 했다고 보는 인식이 커지고 있다.

이슬람은 수세기 동안 무슬림의 양심의 선두에서 사회 정의, 평등, 관용과 자비 개념을 지켜 왔다. 무슬림이 언제나 이러한 이상에 맞춰 산 것은

---

6 *Joyce M. Davis, Between Jihad and Salaam : *Profiles in Islam*(New York, 1997), 231.

아니었으며, 종종 정치적·사회적으로 제도화하는 데 어려움을 겪었다. 그러나 이것을 달성하려는 투쟁은 수세기 동안 이슬람의 영성에서 나왔다. 서양인들은 이슬람이 건전하고 튼튼하게 되는 것이 그들의 이익에도 부합된다는 것을 알아야 한다. 코란과 샤리아에 어긋나는 폭력을 휘둘러 온 극단적인 이슬람 분파의 형성은 전적으로 서양의 책임만은 아니다. 그럼에도 서양이 이러한 사태에 상당한 원인을 제공해 온 것이 사실이다. 새로운 밀레니엄에 이슬람을 좀더 정확하게 평가하려면, 모든 원리주의자의 비전의 기저에 놓여 있는 공포와 절망을 달래야 한다.

주요 인물

가잘리, 아부 하미드 무함마드(Abu Hamid Muhammad Ghazzali, 1058~1111) 순니 이슬람을 가장 명확히 정의한 바그다드의 신학자. 수피즘의 종교적 경건함과 신앙적 입지를 세웠다.

간노우치, 라쉬드 알(Rashid al-Ghannouchi, 1941~) 자신을 민주적인 이슬람 원리주의자라고 칭하며 국외에서 망명중인 르네상스당의 튀니지인 지도자.

나디르 칸(Nadir Khan, 1748년 사망) 사파비 왕조의 붕괴 후 이란의 시아파 군사력을 일시적으로 회생시켰다.

나세르, 자말 압드 알(Jamal Abd al-Nasser) 이집트 대통령(1956~1970). 호전적, 민족주의적, 세속적, 사회주의적인 정부를 이끌었다.

나시르, 칼리프 알(Caliph al-Nasir) 압바스 왕조의 마지막 칼리프 중 한 명. 바그다드에서 자신의 통치를 강화하기 위해 이슬람 종교계를 이용하려고 하였다.

나이니, 셰이크 무함마드 후세인(Sheikh Muhammad Husain Naini, 1850~1936) 이란인 고위 성직자. 「국가에 내한 권고Admonition to the Nation」라는 글에서 입헌통치제도의 개념을 시아파의 교리에 기초를 두고 있다고 주장하였다.

니자물물크(Nizamulmulk) 1063년부터 1092년까지 셀주크 제국의 재상을 지냈고 셀주크 왕조의 실질적인 관리자였다.

라쉬드, 칼리프 하룬 알(Caliph Harun al-Rashid) 압바스 왕조의 제5대 칼리프(786~809)로 절대 권력의 전성기가 그의 재위 기간에 도래하여 격조 높은 문화 개화기를 주도하였다.

레자 칸(Reza Khan) 이란의 왕(1925~1941). 팔레비 왕조의 건립자. 호전적이며 세속적이고 민족주의의 성향을 가진 정부를 수립하였다.

루미, 잘랄 알 딘(Jalal al-Din Rumi, 1207~1273) 막대한 영향력을 가진 순니파 지도자로 많은 추종자가 있었으며, 말라니 수피 종단Mawlani Order 창시자로 종종 빙빙 맴도는 탁발승Whirling Dervishes으로 불리기도 한다.

리다, 무함마드 라쉬드(Muhammad Rashid Rida, 1865~1935) 카이로에서 살라피야운동(Salafiyyah : 이슬람 부흥운동)을 창시한 언론인. 최초의 완전한 근대 이슬람 국가의 창설을 주장하였다.

마문, 칼리프 알(Caliph al-Mamun) 압바스 왕조의 칼리프(813~833)로 그의 재위 기간부터 압바스 왕조의 몰락을 초래하였다.

마우두디, 아불 알라(Abul Ala Mawdudi, 1903~1979) 파키스탄인 원리주의 이론가. 그의 이상은 순니 이슬람 세계에 큰 영향을 미쳤다.

마즐리시, 무함마드 바키르(Muhammad Baqir Majlisi 1700년 사망) 이란이 12이맘 시아파를 그들의 신앙으로 확립한 이후 이 교리에 별로 관심을 보이지 않았던 울라마 중의 한 사람이다. 무슬림 철학자 팔사파의 가르침을 억압하고 신비주의자 수피들을 박해하였다.

마흐디, 칼리프 알(Caliph al-Mahdi) 압바스 왕조 칼리프(775~785)로 많은 이슬람교도들의 신앙심을 승인하고, 이슬람 법률학의 연구를 장려하였다. 재임 기간 동안 자신의 정권에 성직자들이 협력하도록 타협하였다.

마흐무드 2세(Mahmud II) 오스만 제국의 군주(1808~1839)로 근대화의 일환인 탄지마트(1839~1876) 개혁을 도입.

만수르, 칼리프 알(Caliph al-Mansur) 압바스 왕조의 칼리프(754~775)로 시아파의 반대 세력을 강경하게 억압하였다. 자국의 수도를 새 도시인 바그다드로 이전시켰다.

만수르, 후세인 알(Husain al-Mansur) '모직 직공al-Hallaj'으로도 알려졌으며, 무아경 수피들 중 가장 유명한 인물. 신과 자신이 하나의 일체라는 확신을 갖고 황홀에 빠져 "Ana al-haqq!"(내가 진리이다)라고 말하고 다녀 922년 이단으로 몰려 처형되었다.

말리크 이븐 아나스(Malik ibn Anas, 795년 사망) 이슬람의 말리키 법학파의 창시자.

맬컴 엑스(Malcolm X, 1925~1965) 이슬람 연합 흑인 분리주의자 단체의 카리스마적인 지도자. 미국의 민권운동 기간에 큰 업적을 남겼다. 1963년 이슬람 연합의 이단파에서 탈퇴하여 그의 추종자들을 이슬람 순니파에 합류시킨 결과 2년 뒤 암살되었다.

메흐메드 2세(Mehmed II) 오스만 제국의 술탄(1451~1461)으로 1453년 비잔틴 제국의 콘스탄티노플을 점령하면서 '정복자'라는 칭호를 갖게 되었다.

무다리스, 아야톨라 하산(Ayatollah Hasan Muddaris, 1937년 사망) 의회에서 레자 샤를 공격한 이란 성직자. 정부에 의해 살해되었다.

무라드 1세(Murad I) 코소보 전쟁에서 세르비아인들을 물리친 오스만 제국의 술탄(1360~1389).

무스타파 케말(Mustafa Kemal, 1881~1938) 아타튀르크라고도 하며, 근대적이고 세속적인 터키 국가의 건립자이다.

무슬림(Muslim, 878년 사망) 하디스와 같은 권위 있는 명문가의 수집가.

무아위야 이븐 아비 수피안(Muawiyyah ibn Abi Sufyan) 우마이야 왕조 초대 칼리프(661~680)로서 무슬림의 제1차 내전 이후 이들 사회에 강력하고 효율적인 정부를 수립하였다.

무타와킬, 칼리프 알(Caliph al-Mutawakkil) 압바스 왕조의 칼리프(847~861)로 사마라에 위치한 아스카리 요새에 시아파 이맘들을 감금시킨 책임자이다.

무함마드 레자 팔레비, 샤(Shah Muhammad Reza Pahlavi, 1919~1980) 이란 팔레비 왕조의 두번째 왕(1941~1979). 과감한 근대화와 세속 정책으로 이슬람 혁명을 불러일으켰다.

무함마드 알 바키르(Muhammad al-Baqir, 735년 사망) 시아파의 제5대 이맘으로 메디나 외곽에 거주하였다. 12이맘 시아파의 특징인 비교(秘敎)의 코란 독경법을 발전시켰다.

무함마드 알리, 파샤(Pasha Muhammad Ali, 1769~1849) 이집트 부왕. 오스만 제국 군대의 알바니아계 장교로서 이집트를 실질적으로 이스탄불로부터 독립시키고 자국의 근대화를 이루어 냈다.

무함마드 이븐 알리 알 사누시(Muhammad ibn Ali al-Sanusi, 1832년 사망) 신수피 개혁가로 사누시야운동을 시작하였다. 이 운동은 리비아에서 여전히 지배적인 위치를 차지한다.

무함마드 이븐 압달라(Muhammad ibn Abdallah, 570~632) 코란을 무슬림에 전파시킨 예언자. 일신론적 신앙과 단일 이슬람 공동체를 확립한 교조이다.

무함마드, 화레즘 샤(Khwarazmshah Muhammad) 화레즘의 한 왕조의 지배자(1200~1220). 이란에 강한 군주제를 확립시키려 했으나 몽골의 분노를 사 첫 몽골 침략을 야기시켰다.

물라 사드라(Mulla Sadra, 1640년 사망) 시아파의 신비주의 철학가. 그의 업적은 특히 이란의 지식인층, 개혁가들, 근대화 추구자들에게 정신적인 영감을 주었다.

물쿰 칸, 미르자(Mirza Mulkum Khan, 1833~1908) 이란의 근대적인 개혁가.

미르 다마드(Mir Damad, 1631년 사망) 이스파한의 신비주의 철학파의 창시자로서 물라 사드라의 스승이다.

바그다드의 주나이드(Junaid of Baghdad, 910년 사망) '비무아경 수피들Sober Sufis' 중 최초의 한 사람으로서 신과의 만남은 고도의 자기 억제를 통한 고양된 자아 평정 상태에서 가능하다고 피력했으며, '무아경 수피들Drunken Sufis'들이 추구하는 과도한 황홀경 상태는 진정한 신비주의자들에게는 단지 초월해야 하는 단계라고 주장하였다.

바이바르스 루큰 앗 딘(Baibars Rukn ad-Din, 재위 1260~1277) 맘룩(노예) 왕조의 술탄으로 북부 팔레스타인의 아인잘루트에서 수많은 몽골군을 물리쳤으며, 시리아 해안에 위치한 십자군 최후의 거점들을 대부분 제거하였다.

부토, 줄파키르 알리(Zulfaqir Ali Bhutto, 1928~1979) 파키스탄의 대통령(1971~1973) 및 수상(1973~1977) 역임. 이슬람 원리주의자들에게 많은 양보를 하였으나, 더 독실한 지아 울 하크에 의해 정권이 전복되었다.

부하리, 알(al-Bukhari, 870년 사망) 하디스에 대한 권위 있는 수집 작품들의 저자.

비스타미, 아부 야지드 알(Abu Yazid al-Bistami, 874년 사망) 초기의 "무아경 신비주의자, 즉 술 취한 듯한 황홀경에 빠진 수피Drunken Sufis들" 중 하나로서 신의 파나

(fanah : 영혼 적멸)주의를 설교하였으며, 오랜 기간의 신비주의 수행을 통해 자아의 가장 깊숙한 내면에서 신을 찾는다고 주장하였다.

살라흐 앗 딘 유수프 이븐 아유브(Salah ad-Din Yusuf ibn Ayyub, 1193년 사망) 쿠르드인 장군으로 시리아와 이집트에 확장된 제국의 술탄. 시아 무슬림 국가 파티마 왕조와의 전쟁에서 승리한 후 이집트를 순니파 이슬람 국가로 복귀시켰다. 예루살렘에서 십자군을 몰아냈고, 서구에서는 살라딘Saladin으로 알려져 있으며, 아유브 왕조를 창건하였다.

샤 발리 울라(Shah Valli-ullah, 1703~1762) 인도의 수피교 개혁가. 서양의 근대화가 이슬람에 위협적임을 최초로 인식한 무슬림 사상가.

샤 자한(Shah Jahan) 무굴 제국의 황제(1627~1658)로 재위 기간 중 세련되고 정교한 문화의 절정을 이루었고, 타지마할 묘의 건축을 지시하였다.

샤피이, 무함마드 이드리스 알(Muhammad Idris al-Shafii, 820년 사망) 이슬람법 원리를 기초로 이슬람 법학의 연구를 획기적으로 발전시켰다. 이슬람의 샤피이 창시자.

셀림 1세(Selim I) 오스만 제국의 술탄(1512~1520)으로 시리아, 팔레스타인, 이집트를 맘룩으로부터 정복하였다.

셀림 3세(Selim III) 오스만 제국의 술탄(1789~1807)으로 서구화 개혁을 시도하였다.

소루쉬, 압돌카림(Abdolkarim Sorush, 1945~) 이란 지식인의 선구자. 시아파의 보다 자유로운 해석을 옹호한 반면 서양의 세속주의를 거부하였다.

수흐라와르디, 야흐야(Yahya Suhrawardi, 1191년 사망) 수피 철학자. 이슬람교 이전에 존재한 이란 신비주의에 기반을 둔 계몽ishraq학파의 창시자. 알레포의 아유브 왕조 정권에 의해 그의 사상이 이교적 믿음으로 몰려 처형되었다.

술레이만 1세(Suleiman I) 오스만 제국의 술탄(1520~1566)으로 터키에서는 이슬람 세계의 입법자al-Qanuni로 불리며, 유럽에서는 '위대한 황제'로 알려져 있다. 그가 만든 제국의 독특한 제도는 그의 재위 기간 동안 가장 널리 전파되었다.

시난 파샤(Sinan Pasha, 1578년 사망) 이스탄불의 술레이만 사원과 에디르네의 셀림 사원의 건축가.

아가 무함마드 칸(Aqa Muhammad Khan, 1797년 사망) 이란 카자르 왕조의 창시자.

아부 바크르(Abu Bakr) 이슬람 최초의 개종자들 중 한 사람. 예언자 무함마드의 절친한 친구이자 조언자로서, 무함마드의 사망 이후 초대 칼리프(632~634)가 된다.

아부 수피안(Abu Sufyan) 아부 알 하캄의 사망 후 예언자 무함마드에 반대하는 세력을 이끌지만, 곧 무함마드를 이길 수 없음을 깨닫고 이슬람으로 개종한다. 우마이야 가문 출신으로 그의 아들 무아위야는 우마이야 왕조의 초대 칼리프가 된다.

아부 알 카심 무함마드(Abu al-Qasim Muhammad) 숨겨진 이맘Hidden Imam으로도 알려짐. 시아파의 12번째 이맘으로서 874년 자신의 목숨을 구하기 위해 은둔 생활에 들어갔다고 알려짐. 934년에 그의 '은둔Occultation'이 선포되었다. '신은 기적적으로 이맘을 숨겼기에 그는 더 이상 시아파 신도들과 직접 만날 수 없게 되었다'라고 알려졌다. 그리고 '최후의 심판 직전에 구세주Mahdi로 돌아와 신의 모든 적들을 물리치고 정의와 평화의 황금기를 시작할 것이다'라고 전한다.

아부 알 하캄(Abu al-Hakam) 코란에서는 아부 자흘, 즉 무지의 아버지로도 알려져 있다. 메카에서 무함마드에 대항하는 세력을 이끌었다.

아부 하니파(Abu Hanifah, 699~767) 피크(Fiqh : 이슬람 법학)를 체계화하여 이슬람교의 4대 법학파 가운데 하나인 하나피의 창시자.

아우랑제브(Aurangzeb, 재위 1658~1707) 무굴 제국의 마지막 황제로서 아크바르의 관대한 정책들에 반대되는 정치를 펼친 결과 많은 힌두교도와 시크교도의 반란을 초래하였다.

아이샤(Aisha) 예언자 무함마드가 가장 아꼈던 부인으로 무함마드는 그녀의 품에서 죽었다. 그녀는 아부 바크르의 딸로서 제1차 내전에서 알리 이븐 아비 탈립에 대항한 메디나 반대 세력을 이끌었다.

아크바르(Akbar, 재위 1556~1605) 인도 무굴 제국의 황제. 인도 내의 힌두교인들과 공존하는 관대한 정책을 펼쳤으며 그의 집권으로 무굴 제국은 전성기를 맞았다.

아흐마드 시르힌디(Ahmad Sirhindi, 1625년 사망) 수피 개혁가로 무굴 제국 황제 아크바르의 성직 겸임pluralism에 반대하였다.

아흐마드 이븐 이드리스(Ahmad ibn Idris, 1780~1836) 신수피Neo-Sufi 개혁가로서 모로코 북부 아프리카와 예멘에서 활동하였으며, 울라마를 거치지 않고 직접 민중에게 다가설 수 있는 좀더 생동적인 이슬람을 도입하기 위해 노력하였다.

아흐마드 이븐 한발(Ahmad ibn Hanbal, 780~833) 하디스 수집가이자 법률학자로서 아흘 알 하디스ahl al-hadith, 즉 하디스 추종자의 지도자. 그의 정신은 한발리 이슬람 법학파에 의해 계승되었 다.

아흐마드 칸, 사이드 경(Sir Sayyid Ahmad Khan, 1817~1898) 인도의 개혁가로 근대 서구 자유주의에 이슬람을 적응시키려 했고 인도인들에게 유럽인과 협력하고 그들의 관습과 제도를 받아들일 것을 주장하였다.

알리 알 리다(Ali al-Rida) 시아파의 제8대 이맘. 칼리프 알 마문은 그의 제국 내의 시아파 교도들의 불만을 잠식시키기 위해 817년에 그의 후계자로 지명했으나, 별다른 성과를 거두지 못하였고 그 다음해에 알 리다는 사망하게 된다(피살된 것으로 추정된다).

알리 알 하디(Ali al-Hadi) 시아파의 제10대 이맘. 848년에 칼리프 알 무타와킬에 의해 사마라로 소환되어 가택 연금되었다. 868년에 아스카리 요새에서 사망하였다.

알리 이븐 아비 탈립(Ali ibn Abi Talib) 예언자 무함마드의 피후원자이자 사위로 생존한 가장 가까운 남성 인척이었다. 656년에 제4대 칼리프가 되었으나, 661년 하와리즈파의 과격주의자에게 피살당하였다. 시아파 교도들은 그가 예언자 무함마드를 계승했어야 한다고 보고 있으며, 그를 이슬람 사회의 초대 이맘으로 숭배한다. 그를 기리는 성지는 이라크의 나자프에 있으며 시아 무슬림들에게는 중요 성지 순례지이다.

알리 자인 알 아비딘(Ali Zayn al-Abidin, 714년 사망) 제4대 이맘으로 베일에 감춰진 인물이다. 메디나에 은거하며 정치에는 별다른 참여를 하지 않았다.

압두, 무함마드(Muhammad Abdu, 1849~1905) 이집트 개혁가로서 이슬람의 가르침과 제도의 현대화를 통해 무슬림들이 서구의 새로운 사상을 이해하고 이집트의 결속을 꾀하는 운동을 전개하였다.

압둘파즐 알라미(Abdulfazl Allami, 1551~1602) 수피 역사가이며 무굴 제국의 황제인 아크바르의 전기 작가.

압둘하미드(Abdulhamid, 재위 1839~1861) 오스만 제국의 술탄으로서 1839년 귀족원 칙령을 선포하여 절대 통치를 수정하고 오스만 제국의 신민들의 계약적(부분적) 동의가 오스만 정부에게 필수적인 요건이 되도록 하였다.

압드 알 말리크(Abd al-Malik, 재위 685~705) 내전 이후 우마이야 왕조의 권력을 회복시킨 제5대 칼리프. 691년에 그의 후원으로 '바위의 돔Dome of the Rock'이 완성되었다.

압드 알 와합, 무함마드 이븐(Muhammad ibn Abd al-Wahhab, 1703~1792) 순니파 개혁가로서 진정한 이슬람 원리로 돌아갈 것을 주장한 와하비운동의 창시자. 와하비즘은 현재 사우디아라비아에서 신봉되고 있는 이슬람의 한 분파이다.

압바스 1세(Abbas I, 재위 1588~1629) 페르시아의 샤(shah : 황제). 이란의 사파비 제국 최절정기에 집권하여 이스파한에 웅장한 궁정을 짓고, 시아파 울라마를 초빙하여 국민들에게 12이맘 시아파의 신앙을 가르쳤다.

야신, 셰이크 아흐마드(Sheikh Ahmad Yasin, 1936) 이스라엘 점령지인 가자에 위치한 복지 기구인 이슬람 의회Mujamah의 창시자. 하마스 테러 조직은 이 운동의 한 분파이다.

야지드 1세(Yazid I) 우마이야 왕조의 칼리프(680~683)로 카르발라 전투에서 후세인 이븐 알리를 살해한 포악하고 잔인한 독재 군주로 더 잘 알려져 있다.

와실 이븐 아타(Wasil ibn Ata, 748년 사망) 이성주의적 신학을 가르치는 무타질라학파의 창시자.

왈리드 1세, 칼리프 알(Caliph al-Walid I) 우마이야 왕조의 칼리프(705~717)로 이 왕국의 권력과 업적의 절정기에 통치하였다.

우마르 2세(Umar II) 우마이야 왕조의 칼리프(717~720)로 종교운동의 원칙에 따른 통치를 추구하였다. 자국의 비아랍계 신민이 이슬람으로 개종하는 것을 긍정적으로 장려한 최초의 칼리프였다.

우마르 이븐 알 카탑(Umar ibn al-Khattab) 예언자 무함마드의 가장 절친한 친구 중 한 명. 무함마드의 사후 제2대 칼리프(634~644)였고, 첫 아랍의 정복 전쟁과 요새화된 무슬림 수비대 병영 도시를 건설하였다. 페르시아의 전쟁 포로에 의해 살해당한다.

우스만 이븐 아판(Uthman ibn Affan) 무함마드를 따른 최초로 개종한 사람 중 한 명으로 그의 사위이기도 하다. 무함마드의 사후 제3대 칼리프(644~656)였으나 전임자들보다는 능력이 떨어지는 칼리프였다. 친인척의 편중적 엽관 정책으로 민심을 잃게 되고 폭동이 일어나 그 과정에서 메디나에서 암살당하였다. 그의 암살은 제1차 내전으로 비화된다.

은폐한 이맘(Hidden Imam) 아부 알 카심 무함마드Abu al-Qasim Muhammad 참조.

이븐 루쉬드, 아부 알 왈리드 아흐마드(Abu al-Walid Ahmad Ibn Rushd, 1126~1198) 서구에서는 아베로에스Averroes라고 불리웠다. 스페인 코르도바의 무슬림 철학자이자 이슬람 법정의 재판관인 카디Qadi로서 그의 합리적인 철학은 이슬람 세계보다는 이곳에서 더 영향력을 발휘하였다.

이븐 시나, 아부 알리(Abu Ali Ibn Sina) 서구에서는 아비세나Avicenna로 알려진 그는 종교와 신비주의 경험을 연결시킨 팔사파Falsafah, 즉 무슬림 철학자를 대표하는 인물이다.

이븐 알 아라비, 무이드 앗 딘(Muid ad-Din Ibn al-Arabi, 1240년 사망) 스페인 신비주의자이자 철학가로 이슬람 제국 각지를 여행하였다. 많은 작품을 편찬한 매우 영향력 있는 저술가로서 신앙의 정신적인 면이 그의 철학과 확고히 융화되고 복합적인 신학 비전을 전파하였다.

이븐 알 주바이르, 압달라(Abdallah Ibn al-Zubayr, 692년 사망) 제2차 내전 중 우마이야 왕조에 대항한 주요 인물들 중 한 사람.

이븐 이샤크, 무함마드(Muhammad Ibn Ishaq, 767년 사망) 치밀하게 조사한 하디스 기록에 바탕을 둔 예언자 무함마드에 대한 최초의 주요 전기의 저자.

이븐 타이미야(Ibn Taymiyyah, 1263~1328) 수피즘의 영향에 대해 반대하고 코란과 순나의 원리로의 회귀를 시도한 개혁가. 다마스쿠스의 감옥에서 사망하였다.

이븐 하잠(Ibn Hazam, 994~1064) 코르도바 궁정의 스페인 시인이며 종교 사상가.

이븐 할둔, 압드 알라흐만(Abd al-Rahman Ibn Khaldun, 1332~1406) 『역사 입문 *Maqaddimah*』의 저자. 무슬림 철학자로서 역사학에 철학의 원리를 적용하였고 사건의 흐름 뒤에 작용하는 보편적인 법칙을 찾아내려고 하였다.

이스마일 이븐 자파르(Ismail ibn Jafar) 그의 아버지 자파르 앗 사디크에 의해 시아파의 제7대 이맘으로 임명된다. 일부 시아파 교도들은(이스마일파Ismailis, 즉 7이맘파) 그가 알리 이븐 아비 탈립의 마지막 직계 후손으로서 진정한 이맘의 후계자라 간주하고 있다. 그들은 12이맘파에 의해 제7대 이맘으로 추앙받는 자파르 앗 사디크의 아들인 무사 알 카짐을 인정하지 않았다.

이스마일 파샤(Ismail Pasha) 이집트가 오스만 투르크의 속국이었던 때 이집트의 부왕(재위 1863~1879)이었으며 케디브(Khedive : 위대한 왕자)라는 칭호를 얻었다. 그의 근대화 정책은 국고를 바닥나게 했고, 결과적으로 영국의 이집트 지배를 초래하였다.

이스마일(Ismail) 아브라함의 장남이며 성경에서 이쉬마엘로 알려진 예언자이다. 신의 명령으로 어머니 하갈과 함께 황무지로 내쫓기나 다시 신에 의해 구제되었다. 무슬림 전승에 의하면 하갈과 이스마일은 메카에 살았으며 아브라함이 그들을 만나기 위해 그곳을 방문하여 아브라함과 이스마일이 카바(Kabah : 인류의 조상이자 최초의 예언자인 아담에 의해 건설된 곳)를 재건하였다고 전해진다.

이스마일, 샤(Shah Ismail, 1487~1524) 이란의 사파비 왕조의 초대 샤로서 국민에게 12이맘 시아파를 국교로 선포하였다.

이크발, 무함마드(Muhammad Iqbal, 1876~1938) 인도의 시인, 철학가로 이슬람의 합리적인 이성주의를 강조하며, 이슬람이 서구의 근대성과 양립할 수 있음을 증명하려 하였다.

자말 앗 딘 알 아프가니(Jamal ad-Din al-Afghani, 1839~1897) 이란의 개혁가로서 유럽의 정치 문화적 헤게모니를 피하기 위해 모든 종파의 무슬림들에게 단합하고 이슬람을 근대화시킬 것을 강력히 주장하였다.

자이드 이븐 알리(Zayd ibn Ali, 740년 사망) 제5대 시아파 이맘의 형제. 정치적 행동주의자로서 제5대 이맘은 자이드가 자신의 위치를 위협할 것을 우려하여 그의 정적주의 철학을 발전시켰을 것이라고 추정한다. 이후 정치적 행동주의에 참여하는 시아 무슬림들이나 정치에서 물러난 12이맘 시아파를 피하는 사람들을 때때로 자이드파라고 부른다.

자파르 알 사디크(Jafar al-Sadiq, 765년 사망) 이슬람의 제6대 이맘으로 이맘제의 교리를 확립하였고 그의 추종자들에게 정치 일선, 즉 정계에서 물러나 코란 명상에 집중할 것을 권하였다.

진나, 무함마드 알리(Muhammad Ali Jinnah, 1876~1948) 인도로부터 분리되어 독립할 당시 인도 내의 무슬림 연맹 지도자로서 파키스탄의 국부로 불려진다.

첼레비, 아부 알 순드 홀라(Abu al-Sund Khola Chelebi, 1490~1574) 오스만 샤리아 국가 Ottoman Shariah State의 법률 원칙을 세움.

칸, 무함마드 아윱(Muhammad Ayub Khan) 파키스탄의 대통령(1958~1969)으로 강력한 종교와 국가의 분리 정책은 결과적으로 그의 파멸을 초래하였다.

쿠틉, 사이드(Sayyid Qutb, 1906~1966) 무슬림 형제당의 당원으로서 나세르 정권에 의해 처형되었다. 그의 이념은 순니파 원리주의의 핵심을 차지하고 있다.

키르마니, 아가 칸(Aqa Khan Kirmani, 1853~1896) 이란의 세속주의적 개혁가.

킨디, 야쿱 이븐 이샤크 알(Yaqub ibn Ishaq al-Kindi, 870년경 사망) 최초의 주요한 무슬림 철학가로서 알 마문과 알 무타심 치하의 이라크에서 바그다드의 무타질라파와 함께 활동하였다. 주로 그리스 현인들의 지혜를 탐구하였다.

타바리, 아부 자파르(Abu Jafar Tabari, 923년 사망) 샤리아 학자이자 역사가. 신을 숭배한 다양한 사회의 성공과 실패를 추적하여 보편적인 역사를 저술하였다. 특히 무슬림의 움마에 비중을 두었다.

타흐타위, 리파 알(Rifah al Tahtawi, 1801~1873) 이집트의 이슬람 신학자로 출판된 그의 일기에는 유럽 사회에 대한 흠모의 내용이 담겨 있다. 유럽 서적을 아랍어로 번역하는 일을 했으며, 이집트에서 근대화 사상을 고취시켰다.

파라비, 아부 나스르 알(Abu Nasr al-Farabi, 950년 사망) 파일라수프Faylasuf, 즉 무슬림 철학자 중 가장 이성주의적이며 수피학자인 그는 알레포의 힘단 왕조 궁전의 왕실 악사이기도 하였다.

하갈(Hagar) 성경에서는 아브라함의 부인이며 아브라함의 아들이자 모든 아랍인의 선조가 된 이쉬마엘(아랍어로는 이스마일)의 어머니. 하갈은 이슬람에서는 가장 추앙받는 가모장家母長들 중의 한 사람이며 메카에서 순례 행사 때 특별한 경의를 나타낸다.

하디자(Khadija) 예언자 무함마드의 첫번째 부인이며 그의 생존한 모든 자손의 어머니. 또한 그녀는 첫번째 이슬람 개종자였으며, 메카에서 무슬림들이 쿠라이시에 의해 박해를 받던 첫번째 히즈라Hijrah(616~619) 직전에 겪었던 궁핍함 때문에 사망하였다고 추정된다.

하산 알 바스리(Hasan al-Basri, 728년 사망) 바스라의 설교자이자 종교 개혁 지도자. 우마이야 왕조 칼리프에 대한 그의 공개적인 비판들로 유명하다.

하산 알 반나(Hassan al-Banna, 1906~1949) 이집트의 개혁가이며 무슬림 형제당의 창시자. 1949년 정교政教 분리주의 정책노선을 걷는 이집트 정부의 세속주의자에 의해 암살되었다.

하산 알 아샤리(Hasan al-Ashari, 935년 사망) 무타질라와 아흘 알 하디스를 조화시킨 철학자. 그의 이러한 철학은 순니파 이슬람의 정신을 잘 표현하고 있다.

하산 알 아스카리(Hasan al-Askari, 874년 사망) 시아의 제11대 이맘. 압바스 왕조 칼리프의 포로로 사마라의 아스카리 요새에서 생활하다 죽는다. 대부분의 이맘들처럼 그도 압바스 정권에 의해 독살당한 것으로 추정된다.

하산 이븐 알리(Hasan ibn Ali, 669년 사망) 알리 이븐 아비 탈립의 아들이자 무함마드의 손자. 그는 시아 무슬림들에게 제2대 시아 이맘으로 추앙받고 있다. 그의 아버지의 피살 이후 시아파 교도들은 그를 칼리프로 추대하지만, 하산은 정계에서 은퇴하고 메디나에서 조금은 사치스러운 삶을 영위하였다.

하크, 지아 울(Zia ul-Haqq) 이슬람적인 성향이 강한 정부를 주창했던 파키스탄의 대통령(1978~1988)으로 당시 종교와 정치, 경제 정책을 분리시켰다.

하타미, 호자톨 이슬람 세이드(Hojjat ol-Islam Seyyid Khatami) 이란 대통령(1997~). 이슬람 법률에 대한 관대하고 자유로운 해석 및 서구와의 관계 촉진을 추구한다.

호메이니, 아야톨라 루홀라(Ayatollah Ruholla Khomeini, 1902~1989) 팔레비 정권에 대항하여 일어난 이슬람 혁명의 정신적인 지도자이자 이란의 최고 파키Faqih(1979~1989).

후세인 이븐 알리(Husain ibn Ali) 알리 이븐 아비 탈립의 둘째 아들이자 예언자 무함마드의 손자. 시아파 교도들에 의해 제3대 이맘으로 존경받고 있으며, 칼리프 야지드에 의한 그의 순교는 이슬람력 무하람 달에 애도되고 있다.

이슬람 용어

가주(Ghazu) 이슬람 이전 아랍인들의 약탈 행위. 이슬람 이후 성전 참여자의 용맹성을 표현하는 말. 후에 가지ghazi는 가지 전사 또는 투사를 의미하며, 때때로 이 용어는 다르 알 이슬람의 국경 지역을 침범하는 약탈 조직단에 적용되기도 한다.

굴라트(Ghulat) 시아파 초기 코란의 이면적 의미를 과장되게 해석한 극단파.

다르 알 이슬람(Dar al-Islam) 이슬람 정복지 중 거주민들이 모두 이슬람으로 개종한 지역. 단어의 의미는 '이슬람의 집'을 뜻한다.

디크르(Dhikr) 이슬람 수피들의 종교 의식 중 하나로 "알라"의 이름을 소리내 읊조리면서 춤과 함께 명상과 황홀의 세계로 진입한다. 힌두교의 만트라와 유사하다.

딤미(Dhimmi) 이슬람 정복지에 사는 유대교, 기독교, 조로아스터교, 힌두교, 불교, 시크교도를 일컫는다. 이들은 종교의 자유, 안전 보호를 받는 대신 인두세를 납부하였다.

라쉬둔(Rashidun) 어원은 '바른 길로 인도된', '완전한'을 의미한다. 이슬람 공동체 최초의 네 명의 정통 칼리프를 일컫는 말이다. 이들은 아부 바크르, 우마르, 우스만, 알리이다.

마드라사(Madrasah) 어원은 학교. 역사적으로 학파의 중심이 되었던 압바스 왕조의 학교. 인도 무굴 제국의 마드라사에서는 율법, 신학을 가르쳤다.

마드합(Madhhab) 4대 순니 법학파.

마왈리(Mawalli) 이슬람 정복시 정복지의 거주민 중 이슬람으로 개종한 사람을 지칭한다. 페르시아인, 예멘인들이 주종을 이루었다.

무즈타히드(Mujtahid) 이즈티하드 행위 주체자(이즈티하드 참조). 고위 성직자 및 법학자.

무타질라(Mutazilah) 어원은 '뒤로 물러난 사람들' 또는 '떨어져 나온 사람들'을 뜻한다. 압바스 왕조 초기 칼리프가 권장한 이성주의 이슬람 사상 집단을 지칭하는 고유명사다. 이들은 하디스 추종자(아흘 알 하디스 참조)와의 신학 논쟁에서 이성주의를 이슬람 신학에 도입하였다. 이슬람에서 정치적 또는 종교적 중립주의자들을 뜻한다.

바틴(batin) 코란에 숨겨져 있는 의미. 수피나 시아들이 추구하였다. 반면 순니는 자구 해석에 따름.

살라트(Salat) 이슬람의 기도 의식을 일컫는다.

샤리아(Shariah) 어원은 샘이 흐르는 곳으로 통하는 길이며, 이슬람력으로 2~3세기(AD 8~9세기)에 체계화된 이슬람의 성법聖法, 즉 유일신론(타우히드)과 율법(피크)으로 이루어진 이슬람법을 지칭한다. 코란, 순나, 이즈마, 키야스의 법원에 근거를 두고 있다.

샤하다(Shahada) 새로 이슬람에 입교하는 사람들이 선서할 때 쓰이는 말로 "알라 이외에는 어떤 신도 부정하고 무함마드는 알라의 사도임을 선서한다"라는 내용의 이슬람교도의 신앙 고백이다.

수피(Sufi) 이슬람 신비주의자.

수피즘(Sufi, Sufism) 이슬람 신비주의.

순나(Sunnah) 코란과 관련하여 예언자가 생존시 보여준 말과 행동에 따라 신앙 생활에 그대로 적용하는 자세를 뜻한다.

순니 이슬람(Sunni Islam) 어원은 순나(예언자의 언행)를 엄격히 따르는 사람이다. 코란과 예언자의 언행(순나)을 율법으로 삼는 이슬람 2대 종파 중 다수파이고 중동의 아랍인 다수가 순니파이다.

시아 무슬림(Shii Muslim) 어원은 분파이다. 이슬람의 2대 종파 중 소수파이며, 현재 이란에서는 12이맘을 시아 정통으로 삼는다. 숨은 제12대 이맘은 인류를 구제하기 위해 다시 재림한다고 믿는다. 순니파와 같이 코란을 읽고 성지 순례와 금식을 의무로 하며 기도 의식을 함께 한다.

아미르(Amir) 아랍어로 '사령관', '제후'라는 뜻으로 아라비아 반도에 존재했던 지역 군사령관이나 고위 장교. 지금도 명목상 존재하고 있다.

아흘 알 키탑(Ahl al-Kitab) 이슬람 이전의 경전을 믿었던 당시의 유대교, 기독교도.

아흘 알 하디스(Ahl al-Hadith) 하디스 추종자. 고유명사로 법학파에서 쓰이고 있는 하디스.

안사르(Ansar) 예언자 시대에 사도를 지지했던 메디나 거주민, 조력자.

알람 알 미살(Alam al-mithal) 무슬림 신비주의자들이 예언자적 체험을 할 수 있도록 하는 상상의 근원.

알림(Alim) 울라마ulama 참조.

와크프(waqf) 이슬람 종교 재단.

우므라(Umrah) 성지 메카 순례 의식. 단, 하즈월의 지정한 날에 수행하는 의식은 하즈라 부른다.

울라마(Ulama, 단수는 Alim) 이슬람 신학자.

움마(Ummah) 이슬람 공동체. 공동체 구성원은 신체를 구성하는 신체의 구성 부위로 비유된다. 손가락이 절단된 채 방치되면 결국 전체가 죽게 되므로 이슬람 공동체 관점에서는 일부를 절단하여 없애 버린다는 이론은 해결 방법으로 존재할 수 없다. 이슬람을 믿지 않는 구성원은 당연히 움마 구성원의 개념에서 제외된다.

이르판(Irfan) 이슬람 신비주의(수피)의 전통.

이맘(Imam) 시아파 형성 초기에 주장되었던 이슬람 사회의 최고 지도자. 이란은 현 시아파의 종주국으로서 12명의 이맘을 신봉하고 있는 '12이맘 시아파'이다. 순니파에서는 기도를 수행할 때 제일 앞자리에서 기도를 안내하는 사람이거나 이 일을 위해 성전에 소속되어 있는 사람을 말한다.

이슬람(Islam) 예언자 이브라힘(아브라함)의 하나피 신앙을 따르는 절대 복종의 신앙. 메디나에서 일으킨 종교로 5주 6신, 즉 다섯 가지 의무와 여섯 가지를 믿도록 하고 있다. 여섯 가지 믿음 중 하나인 유일신을 뜻하는 아랍어는 알라이며, 계시를 기록한 경전은 읽는다는 어원의 '꾸란(코란)'이 있다.

이즈마(Ijmah) 이슬람 순니 4대 법학파 중 샤피이 법학파가 주장한 네 개의 법원 중 하나. 코란, 하디스, 키야스(유추적 추론)로 규명되지 않는 사안을 전문가들이 합의하여 결정하는 합의를 말한다.

이즈티하드(Ijtihad) 순니 4대 법학파 형성시 코란, 하디스, 키야스로 규명할 수 없는 사안에 대하여 당시 법학자들이 합의한 방법론을 벗어나지 않도록 취한 조치. 특히 현재는 시아파 법학자가 샤리아를 적용하여 추론할 수 있는 독자적인 판결권을 말한다.

일므(Ilm) 순니 4대 법학파 형성 이전에 전통적으로 판결에 사용되었던 지식.

자카트(Zakat) 가난한 이들을 돕기 위해 매년 모든 무슬림들이 그들의 수입과 재산의 정도에 따라 내는 세금(보통 총수입과 재산의 40분의 1, 즉 2.5퍼센트). 일종의 구빈세라고 볼 수 있다.

자힐리야(Jahilliya) 어원은 무지, 미개. 이슬람 이전의 아라비아 시대를 일컫는다. 이슬람은 경전 코란의 가르침을 따르는데 이 가르침이 없었던 때를 무지로 본다.

지즈야(Jizyah) 이슬람 정복지에 거주하였던 딤미(이교도)들에게 부과된 세금. 그 대가로 안전 보호, 종교 자유가 있었다.

지하드(Jihad) 코란상의 어의는 성전聖戰을 뜻한다. 이슬람 공동체(움마)가 외부 침입을 받았을 때의 방어를 위한 물리적, 정신적 투쟁을 의미한다. 정통 칼리프 시대의 하와리즈파도 자기파 이외의 무슬림을 성전 대상으로 삼은 바 있다.

카디(Qadi) 재판관. 오늘날의 카디 역시 과거와 마찬가지로 샤리아에 의해 재판을 하는 판사로 지칭되고 있다.

카바(Kabah) 어원은 정방형. 하람 사원(메카 중앙에 위치) 내에 축조된 장방형(약 30미터)의 작은 성소. 코란의 글귀가 수놓아진 검은 천으로 덮여 있으며 성소를 도는 순례객들의 발걸음이 365일 밤낮으로 끊임이 없다. 무슬림들은 카바를 기도 방향의 중심점으로 삼는다.

칸카(Khanqah) 이슬람 신비주의자들이 제자를 가르치고 의식 행사를 치르며 기거

했던 건물.

칼람(Kalam) 어원은 말話. 이슬람의 사변 신학.

키블라(Qiblah) 무슬림들의 일상적 기도 의식을 수행할 때의 기도 방향을 일컫는다. 이슬람 형성 초기에 유대인을 따라 예루살렘을 기도 방향으로 삼았으나, 메카의 쿠라이시족과 예언자가 성전을 치르는 동안 메카로 기도 방향을 바꾸었다. 그때의 장소가 지금 그대로 보존되어 있다.

타리카(Tariqah) 어원은 길. 이슬람 수피주의에서 일컫는 신과의 합일에 이르는 길을 뜻한다.

타우히드(Tawhid) 이슬람교에서 신의 유일성을 일컫는 말. 샤리아를 형성하는 율법 근원 중 하나이며, 코란의 가르침을 거부하는 자세이기도 하다. 알라와 다른 신을 함께 섬기거나 다른 신을 인정하는 자세를 금한다.

파키(Faqih) 이슬람 율법을 다루는 학자.

파트와(Fatwah) 법적 문제에 대한 이슬람 종교학자의 율법상의 의견.

푸투와(Futuwwah) 12세기경 도시 젊은이들로 구성된 조직의 이름. 입회식, 의례, 맹세식이 특징적이다. 수피의 이상주의적 사상과 관행 형성에 영향을 끼쳤다.

피르(Pir) 수피 대가를 일컫는다.

피크(Fiqh) 이슬람 율법(샤리아)을 구성하는 한 분야.

피트나(Fitnah) 어원은 시련, 고난을 뜻한다. 이슬람 정통 칼리프 시대와 우마이야 왕조에 걸쳐 벌어진 제1, 2차 내전. 이 내전은 칼리프 자격을 놓고 벌어진 이슬람 공동체의 내홍을 일컫는다.

하디스(Hadith) 예언자 무함마드의 언행록. 예언자 가족(부인)이나 교우가 기록한 것. 전승된 것을 후일 추적, 취합, 검증하여 책으로 엮어 놓은 것.

하즈(Hajj) 하즈월에 수행하는 성지 메카 순례 의식. 하즈는 이슬람 신사의 5대 의무 중 하나이며, 하지Hajji는 메카 순례를 한 사람에 대한 존칭어이다.

히즈라(Hijrah) 622년 9월 예언자 무함마드가 쿠라이시 박해를 피해 메카에서 메디나로 이주한 것을 지칭한다. 제2대 정통 칼리프 우마르가 이날을 이슬람력(히즈라) 원년으로 삼았다. 2002년은 히즈라 1423년이다.

연표

610	예언자 무함마드가 메카에서 코란의 첫번째 계시를 받고 2년 후부터 포교 시작.
616	무함마드의 추종자들에 대한 메카 지도자들의 박해로 무함마드가 메카에서 거주하기가 점차 어려워짐.
620	야스립(Yathrib: 이후 메디나로 불림)의 아랍계 주민들이 부족간의 분쟁 조정자로서 무함마드를 초청.
622	무함마드가 70여 명의 추종자들과 함께 메카에서 메디나로 이주(히즈라). 히즈라는 이슬람력의 기원이 되었고 메카 지도자들은 복수를 결심함.
624	무슬림들이 바드르 전투에서 메카군에게 극적으로 승리.
625	메디나 외곽 지역 우후드 전투에서 무슬림들이 메카군에게 패함. 유대 부족인 카이누카와 나디르가 메카와의 연합으로 인하여 메디나 밖으로 추방됨.
627	무슬림들이 참호 전투에서 메카군을 대파. 이 전투로 메카군을 지원해 온 유대 부족인 쿠라이자의 성년 남자들이 학살당함.
628	무함마드의 중재로 메카와 메디나 사이에 후다이비야 조약 체결. 여러 아랍 부족들이 아라비아 반도에서 가장 영향력 있는 사람이 된 무함마드에 자진 연합.

630	메카인들이 후다이비야 조약을 위반. 무함마드가 연합군을 포함한 대규모 군대를 이끌고 메카로 진격. 이에 메카군은 패배를 예견하고 무함마드에게 성문을 열어 주어 피 한방울 흘리지 않고 메카를 점령함.
632	예언자 무함마드 사망. 아부 바크르가 칼리프로 선출되어 칼리프 시대의 도래.
632~634	아부 바크르의 통치기 연맹에서 탈퇴한 부족과의 리다 전투 발생. 아부 바크르가 반란을 제압하고 아라비아 반도의 모든 부족을 통일시킴.
634~644	2대 칼리프 우마르 집권기. 무슬림군이 이라크, 시리아, 이집트 침략
638	무슬림들이 메카, 메디나에 이어 제3의 성지가 된 예루살렘 점령.
641	무슬림들이 시리아, 팔레스타인, 이집트를 관할. 페르시아 제국 정복 및 영토 획득, 쿠파의 전략 요충지 바스라와 푸스타트에 무슬림군의 수비대 병영 도시 거주지를 설립함.
644	칼리프 우마르가 페르시아인 전쟁 포로에 의해 암살되고 우스만이 3대 칼리프로 선출됨.
644~650	무슬림들이 북아프리카의 사이프러스, 트리폴리를 정복하고 이란, 아프가니스탄, 신드에 무슬림 통치체제를 확립.
656	우스만이 알리가 새로운 칼리프로 추대되어야 한다고 주장하던 무슬림군 반대파에 의해 암살됨.
656~660	제1차 내전 발생.
656	낙타전쟁: 예언자 무함마드의 아내인 아이샤, 탈하, 그리고 주바이르가 알리에 대항하여 일어난 전쟁으로 결국 알리의 추종자들에게 패배. 시리아에서는 우스만의 친척인 무아위야가 알리에 대항하여 반대파를 지휘.
657	시핀에서 아드루가 무아위야와 알리를 중재. 중재가 알리에게 불리하게 끝나자 무아위야는 그를 퇴위시키고 예루살렘에서 스스로를 칼리프라고 선언함. 하와리즈파가 알리 진영에서 탈퇴.

661	알리가 하와리즈파 과격분자에 의해 암살됨. 시아파(알리의 추종자들)는 알리의 장남 하산을 후계 칼리프로 선언하지만 하산은 무아위야와 의논 끝에 메디나로 물러남.
661~680	무아위야 1세의 칼리프제 통치기 : 우마이야 왕조를 설립하고 수도를 메디나에서 다마스쿠스로 옮김.
669	하산이 메디나에서 사망.
680	무아위야가 죽자 아들 야지드가 우마이야 왕조의 2대 칼리프가 됨.
680~692	제2차 내전 발발.
680	시아파는 다음 칼리프로 알리의 차남인 후세인을 임명. 후세인은 소수 병력을 이끌고 메디나에서 쿠파로 이동하고 야지드 군대에 의해 카르발라 평원에서 살해됨. 압둘라가 아라비아 반도에서 야지드에 대항하여 반란을 일으킴.
683	야지드 1세 사망. 그의 어린 아들 무아위야 2세(우마이야 왕조 3대 칼리프) 사망. 우마이야 칼리프제의 권리가 시리아인들의 지지를 받은 마르완 1세(우마이야 왕조 4대 칼리프)가 계승.
684	하와리즈파가 중앙 아라비아에서 독립 국가 건설을 위해 우마이야 왕조에 반란을 일으키고 이란과 이라크의 하와리즈파가 폭동을 일으킴. 쿠파의 시아파가 폭동을 일으킴.
685~705	우마이야 왕조 5대 칼리프 압드 알 말리크 집권기. 우마이야 왕조의 율법 재정비.
691	우마이야 왕조 세력이 하와리즈 및 시아파의 반란 진압. 예루살렘의 '바위의 돔' 완성.
692	내전에서 우마이야 왕조 세너니 마우마이야 세력에 대항하여 승리하고, 그 지도자인 주바이르를 처형. 내전 이후 바스라, 메디나, 그리고 쿠파에서 코란의 엄격한 적용을 주장하는 종교운동이 발생.
705~715	알 왈리드 1세(우마이야 왕조의 6대 칼리프)의 통치기 무슬림군은 북아프리카 정복을 계속하여 단행하고 스페인을 함락시킴.
717~720	우마르 2세(우마이야 왕조의 8대 칼리프: 이슬람으로의 개종을 장려한 최초

	의 칼리프)의 통치기. 종교운동의 이상을 이행하기 위해 노력함.
720~724	무자비한 통치자 야지드 2세(우마이야 왕조의 9대 칼리프)의 통치기. 우마이야 왕조에 불만을 품은 시아 및 하와리즈 세력의 확산.
724~743	독실하지만 전제적인 칼리프 히샴 1세(우마이야 왕조의 10대 칼리프)의 통치.
728	하디스 학자이자 종교 개혁가이며 수행자였던 하산 알 바스리 사망.
732	푸아티에 전투. 카를 마르텔이 스페인 무슬림들과 충돌. 아부 하니파가 최초로 이슬람 법률학 연구를 제창. 무함마드 이븐 이샤크가 예언자 무함마드의 최초의 전기를 작성.
743~744	압바스 당파가 이란의 시아파 신도들을 중심으로 반우마이야 세력 규합.
743	알 왈리드 2세(우마이야 왕조의 11대 칼리프)의 통치기.
744~749	마르완 2세(우마이야 왕조의 14대 칼리프)가 칼리프 자리를 빼앗고 모반자에 대항하여 우마이야의 권위 탈환을 위해 노력. 일부 시아 무슬림의 폭동 진압.
749	압바스 왕조는 쿠파를 정복하고 우마이야 왕조도 전복시킴.
750~754	알 압바스는 알 사파(al-saffah : 피의 복수자)라는 칭호로 초대 압바스 왕조의 칼리프가 됨. 우마이야 가문의 사람들을 모두 처형하는데, 이는 이슬람의 절대 군주 시대의 돌입을 상징.
755~775	알 만수르(압바스 왕조의 2대 칼리프)의 통치기. 그는 시아파의 주요 인사들을 살해함.
756	우마이야 왕조의 칼리프였던 히샴의 손자 압둘 라흐만이 스페인에 우마이야 왕조를 건립하여 압바스 왕조로부터 독립함.
762	바그다드가 압바스 왕조의 새 수도로 정해짐.
765	정치와 종교의 분리를 주장한 시아파의 제6대 이맘 자파르 앗 사디크 사망.
767	최초의 위대한 이슬람 법학파의 하나인 하나피학파의 창시자 아부 하니파 사망.

775~785	알 마흐디(압바스 왕조의 3대 칼리프)의 통치기.
	이슬람 법률학의 발전을 장려하여 압바스 왕조의 절대 군주제는 종교운동과 공존.
786~809	하룬 알 라쉬드(압바스 왕조의 5대 칼리프)의 통치기.
	압바스 왕조 권력의 절정기로 바그다드를 포함한 여러 도시의 문화 부흥기.
	장학제도, 과학, 예술을 후원하고 이슬람 법률학 및 이슬람법(샤리아)의 근원이 되는 하디스의 연구를 장려.
795	말리키 이슬람 법학파의 창시자 말리크 이븐 아나스 사망.
801	최초의 여성 신비주의학자 라비아 사망.
809~813	5대 칼리프 알 라쉬드의 두 아들 알 마문과 알 아민(압바스 왕조의 6대 칼리프) 사이의 내전 발발. 알 마문의 승리.
813~833	알 마문(압바스 왕조 7대 칼리프)의 통치기.
814~815	바스라에서 시아파의 반란 발생.
	하와리즈파가 호라산에서 폭동을 일으킴.
	지식인이자 예술과 학문의 후원자였던 칼리프 알 마문은 그 동안 천대받았던 무타질라파의 합리주의 사상을 적극적으로 정치에 반영. 경쟁 관계에 있는 종파들을 설득하여 대립 완화를 위해 노력.
817	알 마문은 알리 알 리다를 자신의 후계자로서 시아파의 제8대 이맘으로 지목.
818	알 리다 사망(살해로 추정).
	알 마문은 무타질라파의 '코란은 창조되었다'는 교리를 하디스 추종자들이 인정할 것을 설득하고 거부하면 투옥시키는 일종의 신앙심 심사를 실시.
833~842	알 무타심(압바스 왕조의 8대 칼리프)의 통치기. 터키계 노예로 구성된 군대를 창설하고 수도는 사마라로 옮김.
842~847	알 와티크(압바스 왕조의 9대 칼리프)의 통치기.
848	시아파의 제10대 이맘 알리 알 하디가 사마라의 아스카리 요새에 수감.

855	하디스에 역점을 두는 한발리 이슬람 법학파의 창시자 아흐마드 이븐 한발 사망.
861~862	알 문타시르(압바스 왕조의 11대 칼리프)의 통치기.
862~866	알 무스타인(압바스 왕조의 12대 칼리프)의 통치기.
866~869	알 무타즈(압바스 왕조의 13대 칼리프)의 통치기.
868	시아파의 제10대 이맘 사망, 그의 아들 하산 알 아스카리가 사마라에서 계속하여 수감 생활을 함.
869~870	알 무스타디(압바스 왕조의 14대 칼리프)의 통치기.
870	최초의 파일라수프, 즉 무슬림 철학자였던 야쿱 사망.
870~892	알 무타미드(압바스 왕조의 15대 칼리프)의 통치기.
874	시아파의 제11대 이맘 하산 알 아스카리가 사마라 옥중에서 사망. 그의 아들 아부 알카심 무함마드가 생명의 위협을 느끼고 은폐했다고 전해짐. 그가 숨은 이맘으로 알려져 있음. 최초의 '술 취한 듯한 무아경 수피' 신비주의자 아부 야지드 알 바스타미 사망.
892~902	알 무타디드(압바스 왕조의 16대 칼리프)의 통치기.
902~908	알 묵타피(압바스 왕조의 17대 칼리프)의 통치기.
908~932	알 묵타디르(압바스 왕조의 18대 칼리프)의 통치기.
909	시아파의 파티마 왕조가 튀니지의 이프리키야에서 세력 장악.
910	최초의 '경건한 비무아경 수피' 신비주의자 주나이드가 바그다드에서 사망.
922	알 할라즈(al-Hallaj : 양털 빗질하는 사람)로 알려진 '술 취한 듯한 무아경 수피' 후세인 알 만수르가 불경죄로 처형당함.
923	사학자인 아부 자파르 앗 타바리가 바그다드에서 사망.
932~934	알 카히르(압바스 왕조의 19대 칼리프)의 통치기.
934~940	알 라디(압바스 왕조의 20대 칼리프)의 통치기.
934	숨은 이맘의 초월계로의 '은폐' 선언.
935	신학자 알 하산 아샤리 사망.

이 시점부터 칼리프는 더 이상 막강한 힘을 갖지 못했고, 단지 상징적인 권위로 남았다. 실질적인 권력 행사자는 군소 독립 왕조를 설립한 지방 군주들이었다. 그들 중 대부분은 압바스 칼리프들의 권위를 인정하였다. 10세기에 대부분의 지방 군주들은 시아파의 경향을 갖고 있었다.

사만 왕조

874~999	순니 이란 왕조인 사만 왕조가 수도 부하라를 중심으로 호라산, 레이, 케르만, 트란스옥사니아를 통치.
사마르칸드는 페르시아 문학 부흥의 중요한 문화적 중심지. 990년대에 사만 왕조는 옥수스 동쪽의 카라한 왕조 터키인과 서쪽의 가즈나 왕조에 세력을 잃기 시작함.

알안달루스의 스페인 왕국

912~961	칼리프 아부 알 라흐만 3세의 통치.
969~1027	코르도바가 학문의 중심지가 됨.
1010	중앙 권력의 약화 및 군소 국가 난립.
1064	재상 겸 신학자이자 시인이었던 이븐 하즘 사망.
1085	기독교군이 톨레도를 재정복.

함단 왕조

929~1003	아랍인으로 구성된 함단 왕조가 알레포 및 모술 지역을 통치. 왕궁에서 학자, 역사가, 시인, 이슬람 철학자를 후원.
983	궁전 음악가이며 이슬람 철학자였던 아부 나스르 알 파라비가 알레포에서 사망.

부이 왕조

930~1030	930년대에 서부 이란의 다일람 지역 출신인 12이맘 시아파에 속하는 부이 가문의 세력 강화.
945	부이 왕조가 바그다드, 남부 이라크, 오만에서 점차 세력을 강화한 결과 학문의 중심지가 바그다드에서 시라즈로 옮겨감.
983	부이 왕조가 분열되기 시작하여 결국 레이의 가즈나 왕국의 마흐무드(971~1030)에게 세력을 잃고 서부 이란 고원에 가즈나 왕조가 성립됨.

이크쉬 왕조

935~969	터키인 무함마드 이븐 투그가 설립하여 이집트, 시리아, 히자즈 지방을 통치.

파티마 왕조

969~1171	(909년 튀니지에 설립되었던) 시아파 파티마 왕조가 북아프리카, 이집트, 시리아 일부 지역을 통치하고 반칼리프제 성립.
983	파티마 왕조는 수도를 카이로(이후 학문의 중심지가 됨)로 옮김. 알 아즈하르 대학교 설립.

가즈나 왕조

976~1118	
999~1030	가즈나 왕조의 마흐무드는 북인도에 찬란한 이슬람 왕국을 성립하고 이란의 사만 왕조로부터 권력 탈환.
1037	이슬람 철학자인 이븐 시나(라틴 명: 아비세나 Avicenna)가 하마단에서 사망.

990~1118	**셀주크 제국**
990년대	셀주크 투르크가 중앙 아시아에서 이슬람으로 개종, 11세기 초에 유목 기병부대를 이끌고 트란스옥사니아와 화레즘으로 이주.
1030년대	호라산 지역에 셀주크 왕조 성립.
1040	가즈나 왕조로부터 서부 이란을 빼앗고, 아제르바이잔으로 진격.
1055	셀주크 왕조의 창건자인 술탄 토그릴 베그가 바그다드를 함락시키고, 그 동안 명맥이 끊겼던 순니 압바스 왕조 칼리프의 권위 회복.
1063~1073	술탄 알프 아르슬란의 통치기.
1065~1067	바그다드에 니자미야 대학 설립.
1073~1092	말리크 샤가 제상 니자물물크와 함께 제국 통치.
	터키군이 시리아와 아나톨리아에 입성.
1071	셀주크 투르크군이 비잔틴군을 만지케르트에서 대파하고 아나톨리아에서 에게 해에 이르는 지역을 획득(1080).
	파티마 왕조와 시리아의 지방 군주와 전쟁.
1094	비잔틴 제국의 황제 알렉시우스 1세는 셀주크 왕조의 자국 영토 침입에 대항하기 위하여 서구 기독교 국가에 도움 요청.
1095	로마 교황 우르바누스 2세의 1차 십자군 설득.
1099	십자군의 예루살렘 정복, 십자군은 팔레스타인, 아나톨리아, 시리아 지역에 네 개의 십자군 국가 설립.
1090년대	이스마일파가 셀주크 및 순니파의 지도층에 대한 반란 도모.
	셀주크 제국의 각 지방에서 분리주의운동 확산.
1111	신학자이며 법률가인 알 가잘리가 바그다드에서 사망.
1118	셀주크 영지가 독립 공국으로 분열.
1118~1258	압바스 칼리프의 종주권을 인정하는 군소 독립 공국들의 자치가 실시되지만 실질적으로는 이웃 강대국에 복종.
1127~1173	셀주크 사령관에 의해 설립된 장기 왕조는 십자군에 대항하여 시

	리아를 통합.
1130~1269	순니파 왕국인 알모아데(베르베르인 연합체)는 알 가잘리의 원칙에 따라 북아프리카와 스페인에서 개혁 시도.
1150~1220	서북부 트란스옥사니아의 화레즘 샤는 이란의 남아 있던 소셀주크 왕조 점령.
1171~1250	쿠르드족 장군 살라딘에 의해 설립된 아유브 왕조는 장기 왕조의 뒤를 이어 십자군에 대항하여 이집트에서 파티마 왕조 칼리프를 패퇴시키고 순니 이슬람으로 개종.
1180~1225	바그다드의 압바스 왕조 칼리프 안 나시르가 시아파의 지지를 얻고자 푸투와라는 심신회心信會 조직.
1187	살라딘이 하틴 전투에서 십자군에게 승리하고 예루살렘을 탈환하여 이슬람의 도시로 재건.
1191	수피 신비주의자이자 철학자 야흐야 수흐라와르디가 알레포에서 사망. 그의 이설로 아유브 왕조에 의해 처형된 것으로 추정.
1193	이란의 구르 왕조가 델리를 점령하고 인도에 통치령을 세움.
1198	이슬람 철학자 이븐 루쉬드(중세 라틴 명: 아베로에스Averroes)가 알모하드 마라케시에서 사망.
1199~1220	화레즘 알라 알 딘은 이란에서 대군주국 설립.
1205~1287	터키인 노예 왕조가 인도에서 구르 왕조에 승리하고 델리에 술탄의 영토를 성립하여 갠지스 강 유역 전체를 통치. 그러나 곧 이러한 소왕국들은 몽골군의 침입에 직면하게 됨.
1220~1231	제1차 몽골군 침략기. 도시의 무차별적 파괴 및 약탈 자행.
1224~1391	몽골군 전성기. 금호르드 몽골이 카스피 해 및 흑해 북부를 점령하고 이슬람으로 개종시킴.
1225	알모아데는 스페인을 단념하고, 스페인 내의 무슬림 세력인 그라나다의 소왕국으로 축소됨.
1227	몽골군의 총지휘자 칭기즈칸 사망.
1227~1358	몽골의 차가타이칸이 트란스옥사니아를 점령하고 이슬람으로 개종.

1228~1551	알모아데의 총독 아부 자카리야 야흐야가 튀니지에 알모아데를 대신하여 하프스 왕조 성립.
1240	수피 철학자 이븐 알 아라비 사망.
1250	노예 군인이 주축이 된 몽골군이 아유브 왕조를 전복하고 이집트와 시리아에 왕국을 세움.
1256~1335	몽골군이 이라크, 이란 지역에 일한국을 설립하고 이슬람으로 개종시킴.
1258	일한국의 바그다드 함락.
1260	맘룩 왕조의 술탄 바이바르는 아인잘루트에서 침입한 일한국의 몽골군을 격퇴하고 시리아 국경의 요새들을 파괴.
1273	수피 종파의 일종인 '빙빙 맴도는 탁발승'의 창시자 잘랄 알 딘 루미가 아나톨리아에서 사망.
1288	오스만이 비잔틴 제국 국경 아나톨리아에 오스만 제국 건설.
1326~1359	오스만의 아들 오르한이 부르사를 수도로 하는 오스만 독립국가를 건설하고, 쇠망해 가고 있던 비잔틴 세력 제거.
1328	종교 개혁가 이븐 타이미야가 카이로에서 사망.
1334~1353	그라나다의 왕 유수프가 알함브라 궁전을 축조하고 그의 아들이 완성함.
1369~1405	티무르가 사마르칸드에서 차가타이를 부활시킴. 중동과 아나톨리아의 많은 국가들을 정복하고 델리 약탈. 그러나 티무르 사망 후 차가타이한국은 붕괴됨.
1389	오스만 제국은 코소보 평원에서 세르비아인들에게 승리하여 발칸 반도를 정복. 이후 아나톨리아에서 세력을 확장하지만 1402년 티무르 제국에 전복됨.
1403~1421	티무르 사망 후 메흐메드 1세에 의해 분할된 오스만 영토의 재통합.
1406	철학자이자 역사가인 이븐 할둔 사망.
1421~1451	무라드 1세가 헝가리와 서양에 대항해 오스만 세력 옹호.
1453	'정복자' 메흐메드 2세가 콘스탄티노플을 점령하고 이름을 이스탄

	불로 개명하여 오스만 제국의 수도로 정함.
1492	그라나다 무슬림 왕국이 페르디난드와 이사벨라의 기독교 전제군주국에 의해 전복됨.
1502~1524	사파비 수피 지도자 이스마일이 이란을 정복하고 사파비 왕조 수립. 12이맘 시아파를 국교로 선포. 그의 영토 내에서 순니 이슬람에 대한 이스마일의 강력한 억압은 오스만 제국의 시아파 박해를 부추김.
1510	이스마일이 우즈벡인 순니 무슬림들을 호라산 외부로 추방하고 그곳에 시아 통치체제 성립.
1513	포르투갈 무역선이 남중국해에 도착.
1514	술탄 셀림 1세가 찰디란 전투에서 이스마일이 이끄는 사파비군을 무찌르고 기울어 가는 사파비 왕조의 서부 지역을 오스만 제국 영토에 편입.
1517	오스만 제국은 맘룩 왕조의 영토였던 이집트와 시리아 정복.
1520~1566	술레이만 1세(라틴명 : Magnificent)가 오스만 제국의 영토를 확장하고 독특한 제도로 발전시킴.
1522	오스만 제국이 로도스 섬을 점령.
1524~1576	이란의 사파비 왕조의 두번째 왕 타흐마습 1세가 자국의 시아 통치체제를 강화함. 그의 궁전은 예술의 중심지가 되었고 특히 회화가 유명했음.
1526	바부르가 인도에서 몽골 제국 건립.
1529	오스만 제국이 빈을 포위 공격.
1542	포르투갈인이 최초의 유럽인 상업 국가 설립.
1543	오스만 제국의 헝가리 정복.
1552~1556	러시아가 볼가 강에서 아스트라칸과 카잔의 옛 몽골 칸 지역을 점령.
1560~1605	아크바르가 세력이 최고조에 달한 몽골 인도의 지도자가 됨. 아크바르는 인도-무슬림 연합을 권장하고 남부 인도를 정복했으며 문화 부흥의 주역이 됨. 오스만과 포르투갈의 인도양 해전.

1570	오스만 제국의 사이프러스 정복.
1578	오스만 제국의 건축가 시난 사망.
1580년대	인도에서 포르투갈 세력 약화.
1588~1629	압바스 1세가 이란에서 사파비 왕조를 통치하고 페르시아의 수도를 이스파한으로 정하고 그곳에 거대한 궁전 축조, 오스만을 아제르바이잔과 이라크에서 추방함.
1590년대	인도에서 네덜란드의 무역이 시작됨.
1601	네덜란드인이 포르투갈령들을 점령하기 시작함.
1602	수피 역사가 압둘파즐 알라미 사망.
1625	종교 개혁가 아흐마드 시르힌디 사망.
1627~1658	샤 자한의 몽골 제국 통치기. 타지마할 건축.
1631	시아파 철학자 미르 다마드가 이스파한에서 사망.
1640	이란인 철학자이자 신비주의자 물라 사드라 사망.
1656	오스만 제국 재상의 노력으로 오스만 제국의 쇠퇴를 막음.
1658~1707	무굴 제국의 마지막 황제 아우랑제브는 전 인도를 이슬람화하려고 시도하지만 지속적인 힌두교도와 시크교도의 반대로 좌절됨.
1669	오스만 제국은 베네치아로부터 크레타 정복.
1681	오스만 제국은 키에프를 러시아에 양도.
1683	오스만 제국은 빈의 두번째 포위 공격에 실패하지만 사파비 왕조로부터 이라크 탈환.
1699	오스만 제국의 최초의 치욕적 사건인 칼로위츠 조약으로 오스트리아에 오스만령 헝가리를 할양.
1700	이란의 저명한 시아 신학자 무함마드 바키르 마즐리시 사망.
1707~12	몽골 제국의 남부 및 동부 영토 상실.
1715	오스트리아 및 프로이센 왕국의 세력 강화.
1718~1730	술탄 아흐마드 3세가 오스만 제국의 최초의 서구화를 시도하지만 예니체리, 즉 근위보병의 반란으로 종결.
1722	아프간 반군이 이스파한을 공격하고 귀족들 학살.

1726	나디르 샤가 일시적으로 이란 시아파 제국의 군사력 회복.
1739	나디르 샤가 델리를 약탈하고 인도에서의 몽골족 통치체제 종결. 힌두교도, 시크교도, 아프간인 사이의 세력 다툼 발생. 나디르 샤는 이란을 순니 이슬람으로 회복시키기 위해 노력했지만, 고위 성직자들이 이란을 떠나 왕을 기반으로 하는 독립 세력을 형성한 오스만 이라크로 피난.
1748	나디르 샤 피살. 무정부 상태가 지속되던 이 기간에 다수의 이란인들은 우술리학파의 이론 추종.
1762	수피 개혁가 샤 발리 울라가 인도에서 사망.
1763	영국이 분할된 인도 영토로 세력 확장.
1774	오스만 제국은 러시아에 참패하여 크림 반도를 잃고 러시아 황제는 오스만 제국 영토 내에서 그리스 정교회 기독교 국가의 '보호자'가 됨.
1779	아가 무함마드 칸이 이란에서 카자르 왕조를 성립하고 세기말까지 강력한 정부를 재건하는 데 성공.
1789	프랑스 혁명.
1789~1807	셀림 3세가 오스만 제국의 신서구화에 근원을 둔 개혁을 단행하고, 유럽의 수도에 최초의 공식적인 오스만 대사관 설치.
1792	아랍의 급진주의적 개혁가 무함마드 이븐 압드 알 와합 사망.
1793	최초의 개신교 선교사가 인도에 도착.
1797~1818	파트흐 알리 샤가 이란을 통치, 이란에서 영국 및 러시아의 영향력 강화.
1798~1801	나폴레옹의 이집트 정복.
1803~1813	와하비 세력이 오스만 통치하에 있던 아랍의 히자즈(Hijaz : 이슬람의 성지 메카와 메디나가 있는 지역)를 점령.
1805~1848	무함마드 알리가 이집트의 근대화 시도.
1808~1839	오스만 제국의 술탄 마흐무드 2세가 근대화 개혁인 '탄지마트'를 도입.

1814	굴리스탄 조약으로 이란의 카자르 왕조는 그루지야, 아제르바이잔, 다게스탄을 러시아에 양도.
1815	세르비아가 오스만 통치에 반발.
1821	오스만 제국에 대항한 그리스 독립 전쟁.
1830	프랑스가 알제리 점령.
1831	무함마드 알리가 오스만령 시리아를 점령하고 아나톨리아 반도 장악, 오스만 영토 내부에 사실상의 독립 국가 설립. 오스만 제국은 유럽의 지원으로 무함마드 알리를 시리아에서 철수시킴(1841).
1836	신수피 개혁가 아흐마드 이븐 이드리스 사망.
1839	영국이 예멘의 아덴 점령.
1839~1861	오스만 제국의 쇠퇴를 막기 위해서 압둘하미드는 사회, 정치 개혁령을 공포하여 근대화 개혁의 새로운 시대에 들어섰음을 알림.
1843~1849	영국이 인더스 강 유역 점령.
1854~1856	크림 전쟁: 러시아가 오스만 제국 내의 정교회 교도들에 대한 보호권을 주장한 것이 직접적인 요인이 되어 발발. 오스만 제국의 이집트 부왕인 사이드 파샤가 수에즈 운하를 프랑스에 양도하고 이집트의 외채 도입.
1857~1858	영국의 통치에 대항한 인도의 저항. 영국은 공식적으로 마지막 몽골 통치자를 퇴위시킴, 시르 사이드 아흐마드 칸이 서구에서의 이슬람의 개혁과 영국 문화 수용을 주장.
1860~1861	레바논에서 드루즈파에 의한 기독교인 대학살 후, 프랑스는 레바논을 자치 구역으로 간주.
1861~1876	술탄 압둘아지즈는 오스만 제국의 개혁을 계속하였으나 막대한 외채로 결국 파산하고 오스만 재정은 유럽 정부에 의해 통제됨.
1863~1879	이집트 통치자 이스마일 파샤가 광범위한 근대화에 착수하지만, 외채 때문에 파산하고 결국 수에즈 운하 주식을 영국에 매각(1875). 이집트 재정에 대한 유럽의 통제 시행.

1871~1879	이집트에 거주하는 이란인 개혁가 자말 앗 딘 알 아프가니가 이슬람의 회복과 근대화를 통한 유럽의 문화 지배 중단을 목표로 하는 무함마드 압두를 포함한 이집트 개혁가 단체 창설.
1872	이란에서 영국과 러시아의 대립 심화.
1876	오스만 제국의 술탄 압둘아지즈가 개혁파들에 의해 퇴위됨. 압둘아지즈의 뒤를 이은 압둘하미드 2세는 헌법을 제정하고 최초의 오스만 국회를 공표. 교육, 운송, 통신 분야에서 개혁 추진.
1879	이스마일 파샤 퇴임.
1881	프랑스의 튀니지 정복.
1881~1882	이집트인 장교의 반란이 입헌주의자 및 케딥(군주) 타우피크를 지지하는 개혁 세력과 합세, 그러나 반란은 크로머 경을 총독으로 하는 영국군의 이집트 점령의 빌미를 제공함(1882~1907).
	시리아 독립을 위한 비밀결사체의 운동.
1889	영국이 수단 점령.
1892	이란의 왕이 영국에 양도한 담배 특허권의 취소를 요구하는 대중의 담배 불매운동 성공.
1894	오스만 통치에 대항한 1만~2만여 명의 아르메니아인 혁명가들이 대량 학살됨.
1896	이란의 나시르 딘 샤가 알 아프가니의 추종자에 의해 살해됨.
1897	제1회 시온주의자 회의가 바젤에서 개최, 회의의 궁극적인 목적은 팔레스타인 지역(당시 오스만 제국의 영토)에 유대 국가를 건설하는 것이었음.
	자말 앗 딘 알 아프가니 사망.
1901	이란에서 석유 발견 및 석유 이권을 영국에 양도.
1903~1911	영국의 벵골 분할. 영국이 인도 내의 힌두교도들과 무슬림들을 분리시키는 경향은 무슬림 연맹 창설(1906)의 근원이 됨.
1905	이집트의 개혁가 무함마드 압두 사망.
1906	이란에서 발생한 입헌 혁명은 왕에게 헌법 공포 및 국회 설립 촉구.

	영-러 협정(1907)과 러시아의 지지를 받은 보수 왕당파의 역 쿠데타는 헌법을 무산시킴.
1908	청년 투르크당의 혁명 세력은 술탄에게 헌법 회복을 강요.
1914~1918	제1차 세계대전.
	이집트가 영국의 보호령이 됨. 영국 및 러시아군의 이란 점령.
1916~1921	아랍이 영국과 동맹하여 오스만 제국에 대항하여 반란을 일으킴.
1917	밸푸어 선언으로 영국이 팔레스타인에서의 유대 국가 건설을 지지.
1919~1921	터키 독립 전쟁.
	케말 아타튀르크가 유럽 강대국들 사이에서 세력을 유지하여 독립 터키 국가를 설립. 그는 급진적인 세속주의와 근대화 정책을 채택함(1924~1928).
1920	사이크스-피코 협정 공포로 제1차 세계대전 후 오스만의 영토가 영국과 프랑스 사이에서 분할되었고, 아랍에게 전쟁 후 독립을 약속했음에도 불구하고 이곳에 위임 통치령 및 보호령 설립.
1920~1922	간디가 영국 통치에 대항하여 인도 대중을 동원하여 불복종운동 전개.
1921	레자 칸(샤)이 이란에서 쿠데타를 성공시켜 팔레비 왕조가 성립됨, 그는 강력한 근대화 및 세속화 정책을 이란에 도입함.
1922	이집트가 공식적으로 독립을 인정받지만 영국은 국방, 외교정책 및 수단에 대한 통제 유지. 1923~1930년에 대중적인 와프드당이 세 번의 대선에서 승리했으나 매번 영국이나 왕의 강압으로 권력을 포기함.
1932	사우디아라비아 왕국 창선.
1935	이집트 살라피야운동의 창시자이며 무슬림 개혁가이자 저널리스트인 라쉬드 리다 사망.
1938	인도의 시인이자 철학자 무함마드 이크발 사망.
1939~1945	제2차 세계대전. 영국은 레자 샤 팔레비를 퇴위시키고, 그의 아들 무함마드 레자가 왕위 계승(1941).

1940년대	무슬림 형제당이 이집트에서 가장 영향력 있는 정치 세력이 됨.
1945	터키가 국제연합에 가입하여 복수정당 국가가 됨(1947).
	아랍연맹 창설.
1946	이슬람 국가 창설을 위해 인도로부터 무슬림 연맹의 분리주의운동이 일어나자 종교 공동체의 폭동 발생.
1947	다수의 무슬림으로 구성된 국가인 파키스탄 설립.
	인도의 분할은 무슬림과 힌두교도들을 학살과 죽음으로 몰아감.
1948	영국의 팔레스타인 위임 통치가 끝나고 국제연합의 성명으로 이스라엘의 유대 국가 탄생.
	이스라엘군은 자국 영토를 침입한 5개 아랍 국가의 군대를 완전히 패배시킴(제1차 아랍-이스라엘 전쟁). 75만 명의 팔레스타인 사람들 중 일부는 전쟁 기간 동안 국가를 떠났고 이 후 조국으로 돌아가는 것이 허락되지 않음.
1951~1953	이란의 수상 무함마드 모사데크가 민족전선과 손을 잡고 이란 내 영국 석유회사를 국유화시키고 국왕의 축출을 기도했으나 실패함. 이란을 떠난 팔레비 왕은 미국중앙정보국CIA과 영국정보기관에 의해 왕의 자리를 되찾고 유럽 제국의 석유회사와 새로운 조약 체결.
1952	이집트에서 자말 압드 알 나세르가 이끄는 자유청년 장교단의 혁명으로 파루크 왕이 퇴임. 나세르는 무슬림 형제당을 탄압하고 수천 명의 당원을 집단 수용소에 감금시킴.
1954	세속적인 알제리 민족해방전선FLN이 알제리에 대한 프랑스 식민 통치에 반발하여 개혁 단행.
1956	최초의 파키스탄 헌법 비준.
	자말 압드 알 나세르가 수에즈 운하를 국유화(제2차 아랍-이스라엘 전쟁)함.
1957	이란의 무함마드 레자 샤 팔레비가 미국의 중앙정보국 및 이스라엘의 모사드MOSSAD와 유사한 비밀 경찰 조직인 사바크SAVAK를 창설.
1958~1969	파키스탄의 무함마드 아유브 칸 장군의 세속 정부 창설.

1961	이란의 왕 무함마드 레자 팔레비가 근대화를 위해 이란 사회 내의 분열을 격화시키고, 종교 집단의 사회적 지위를 약화시킨 백색혁명 단행.
1963	알제리 민족해방전선이 알제리 사회주의 국가를 설립.
	팔레비 정부를 공격하고 이란 전역에 가두 시위를 부추긴 호메이니가 감금되고 결국 이라크로 망명.
1966	나세르는 이집트인 원리주의자 사이드 쿠틉의 이념 실천 강요.
1967	이스라엘과 이웃 아랍국 간의 6일 전쟁(제3차 아랍-이스라엘 전쟁)이 발발하여 이스라엘이 승리, 아랍의 굴욕적인 패배는 과거 세속주의 정책의 불신과 실패에서 그 원인을 찾을 수 있음.
	이슬람 원리주의운동은 중동의 종교적 부흥의 원인이 됨.
1970	나세르 사망, 그의 뒤를 계승한 사다트 대통령이 이슬람 원리주의자들의 지지를 얻기 위해 유화정책 전개.
1971	아흐마드 야신이 무자마, 즉 의회 성격의 복지기구를 설립하고 팔레스타인의 이슬람 정체성을 확립하려는 팔레스타인 해방기구PLO의 세속적 민족주의에 대항하는 운동 전개. 무자마는 이스라엘의 지원을 받음.
1971~1977	파키스탄 수상 부토가 좌파 세속 정부를 이끌면서 이슬람 원리주의자들에게 포용정책을 펼쳤으나 이러한 수단은 적절하지 못했음.
1973	이집트와 시리아가 이스라엘의 욤키푸르, 즉 유대인의 속죄일에 전격적으로 공격(제4차 아랍-이스라엘 전쟁).
	사다트는 이스라엘과의 단독 강화조약을 추진하여 결국 1978년 캠프데이비드 협정에 서명.
1977~1988	파키스탄에서 독실한 무슬림 지아 울 하크의 쿠데타 성공으로 강력한 이슬람 정부를 조직. 현실 정치와 종교는 여전히 분리됨.
1978~1979	이란 이슬람 혁명.
	호메이니가 이슬람 공화국의 최고 파키, 즉 이슬람 법학자로서 정신적 지도자가 됨(1979~89).

1979	파키스탄인 이슬람 원리주의자 아불 알라 마우두디 사망.
	사우디아라비아에서 수백 명의 순니 이슬람 원리주의자가 메카의 카바를 점령하고, 그들의 지도자는 마흐디라고 선언함. 사우디 정부가 반란 진압.
1979~1981	테헤란의 미국 대사관 점거 사건 및 미외교관 인질 사건 발생.
1981	이집트인에 대한 부당한 대우와 이스라엘과의 평화조약 체결을 주도한 사다트 대통령이 무슬림 과격주의자에 의해 피살.
1987	인티파다 : 가자 지역과 요르단 강 서안 지구의 이스라엘 점령에 대항한 팔레스타인의 민중저항운동. 무자마에서 발전한 하마스가 팔레스타인 해방기구 및 이스라엘에 대항하여 싸우기 시작함.
1989	호메이니가 소설 『악마의 시 The Satanic Verses』에서 예언자 무함마드를 모욕하는 내용을 기술한 영국인 작가 살만 루쉬디에 대하여 사형 선고. 한달 후 이슬람 회의에 참석한 49개국 중 48개국이 루쉬디에 대한 사형 선고가 비이슬람적이라고 비판함.
	호메이니 사망 후 하메네이가 이란의 최고의 파키 지위를 계승하고 라프산자니가 대통령이 됨.
1990	이슬람 구국전선FIS은 세속주의자를 표방하는 알제리 민족해방전선을 제압하고 알제리 지역 선거에서 승리. 1992년 대통령 선거에서도 이슬람 구국전선이 승리함.
	세속적인 통치자 사담 후세인 대통령이 쿠웨이트 침공. 이에 미국과 서구 및 중동 다국적군이 이라크에 대항하여 '사막의 폭풍작전'을 단행(1991).
1992	알제리에서 이슬람 구국전선의 세력 확장 및 정권의 획득 저지를 위한 군부 쿠데타(서구 세력의 묵인 내지는 동조) 발생. 이 때문에 극단적 이슬람 원리주의자들이 테러 자행.
	힌두교 인도민중당BJP의 당원들이 아요다의 바부르 이슬람 성원 파괴.
1992~1999	세르비아인과 크로아티아인 민족주의자들이 소위 무슬림 인종 청

	소의 일환으로 보스니아와 코소보의 무슬림 거주자들을 살해하고 영토를 떠날 것을 강요함.
1993	이스라엘과 팔레스타인이 오슬로 협정에 서명.
1994	유대인 과격주의자가 헤브론 성원에서 29명의 무슬림을 살해한 사건에 대한 보복으로 하마스는 이스라엘에서 유대인을 대상으로 자살 폭탄 테러 감행.
	이스라엘 라빈 대통령이 오슬로 협정에 서명했다는 이유로 유대인 과격주의자에 의해 살해당함.
	탈레반 이슬람 원리주의자들이 아프가니스탄에서 세력 장악.
1997	하타미가 이란에서 압도적인 지지율로 대통령에 당선.
1998	하타미 대통령이 루쉬디에 대한 호메이니의 사형 선고 철회.
2000	하타미 대통령이 유엔 총회에서 2001년을 '문명간 대화의 해'로 선포할 것을 제창했고 그 제안이 받아들여짐.
2001	이란의 하타미 대통령이 개혁을 바라는 국민들의 지지로 대통령 재선에 당선.
	오사마 빈 라덴과 과격 이슬람 원리주의 집단 알 카에다에 의해 자행된 것으로 추정되는 미국에 대한 9. 11 테러 발생. 미국의 대아프가니스탄 보복 전쟁 선포.
2002	부시 정권의 대테러 전쟁의 해 선포.

옮긴이의 말

 현대 세계에 있어서 어떠한 종교도 이슬람만큼 두려움의 대상이 되거나 잘못 알고 있는 종교도 없을 것이다. 서구인들에게 이슬람이란, '테러와 폭력 그리고 전쟁'이라는 과격하고 극단주의적인 이미지로 인식되어 왔다.
 평화라는 의미를 갖고 있는 이슬람은 역설적으로 권위주의를 고무하는 극단적인 종교로서 여성들을 억압하고, 내전을 야기시키고, 테러리즘을 유발하는 것으로 서구 세계에 잘못 알려져 있다. 이러한 이슬람의 폭력성에 대한 이미지는 1,400여 년의 전통을 이어 온 이슬람의 역사와 문화를 폄하하거나 외면한 데서 비롯된 것이다. 이 책은 이슬람에 대해 갖고 있는 이런 편견을 바로잡는 데 중요한 가치 중립적인 시각을 제공해 준다.
 저자는 이슬람은 세계에서 가장 빠르게 성장하고 있으며, 현재 전 세계의 무슬림이 세계 인구의 20퍼센트를 차지할 만큼 그 규모 또한 엄청난 것이라고 이야기하고 있다. 그렇기 때문에 이슬람은 현대 원리주의자(근본주의자)들의 시각에서 바라본 사상보다 더 다양하고 복잡한 현상이다.
 이 책은 7세기에 이슬람교의 창시자인 무함마드와 그의 가족이 메디나로 이주한 이후 모스크, 즉 이슬람 성원의 건립부터 거슬러 올라간다. 무함마드의 생애와 위업에서부터 이슬람의 정치·사회·경제 생활의 특징, 신학과 철학에 이르기까지 이슬람교와 무슬림의 생활상에 어떤 관련이 있는지 상세하게 설명하고 있다. 또한 이슬람의 분파, 특히 시아파와 순니파의 분열의 기원과 그 과정에 대하여 자세하게 기술하고 있다. 수피즘, 즉 이슬람 신비주의의 탄생 배경과 이슬람이 북아프리카, 레반트, 아시아까지 확산된 과정, 십자군들에 의해 조각조각 깨져 나갔던 무슬림 세계의 배경 등 이슬람의 형성과 발전 과정을 살펴볼 수 있다.

저자는 이슬람 혁명의 기원과 영향을 언급하면서 이슬람에 대한 평가와 극복해야 할 문제점들을 제기하고 있다. 특히 이슬람에 대한 뿌리 깊은 편견을 종식시키기 위해 오늘날의 이슬람이 안고 있는 문제, 즉 이슬람 국가의 무장 단체의 폭력성 및 여전히 전쟁의 화약고인 이스라엘과 팔레스타인 문제의 해결을 첫번째로 꼽는다. 이에 덧붙여 서구 문명과 이슬람 문명이 정해진 진로에 따라 충돌할 수밖에 없는 문명으로 보는 문명충돌론자들에게 서구적 편견을 걷어낼 때 비로소 이슬람을 제대로 볼 수 있음을 힘있게 경고하고 있다.

현재 우리 나라에서 이슬람을 '회교'라고 말하는데, 이것은 올바른 표현이 아니다. 회교 또는 회회교란 명·청나라 시대의 중국인들이 자국의 서북부 변경의 돌궐계 위구르족이 믿는 종교를 일컬었던 것으로 보편적인 이슬람을 나타내기에는 부적합한 용어이다.

이와 관련하여 '회교도'나 '회교사원' 역시 잘못 사용되고 있는 용어로서, 각각 아랍어 원음에 가까운 무슬림Muslim과 모스크Mosque (또는 마스지드Masjid)라는 용어를 쓰거나, 그렇지 않으면 이슬람교도와 이슬람 성원이라는 우리말을 사용해야 한다. 무슬림을 모슬렘Moslem, 이슬람 경전인 꾸란 또는 쿠란Quran을 코란Koran이라고 하거나 이슬람 교조인 무함마드Muhammad를 마호메트Mahommet라 하는 것은 영어식 표기이다. 따라서 크리스트교 또는 예수교라고 불리는 기독교적 발상의 마호메트교Mahommetism 역시 적절한 표현이 아니다. 왜냐하면 무함마드는 하나의 인간으로서 위대한 예언자에 불과하므로 무슬림 세계에서는 유일신의 계시 종교인 이슬람을 인간의 이름으로 붙여 부르지 않는다. '알라신'이라는 칭호는 유일신의 개념이라기보다는 하나의 우상 신의 이름을 나타내는 칭호로서 잘못된 표현이다. 무슬림들은 우리가 말하는 유일신인 '하느님', 영어로는 'God'라는 말을 '알라Allah'라고 한다. 알라의 의미가 신神인데, 알라신이라고 한다면 신신神神이라는 말이 된다.

이 책에서는 꾸란 또는 쿠란 대신에 이미 굳어진 용어인 코란을 사용했으며, 아랍어 원음으로는 '갈리파, 할리파Khalifa'이지만 보편적으로 사용하는 칼리프Caliph라는 영어식 표현을 사용하기로 한다. 또 모스크를 이슬람 사원, 코란을 이슬람 성서로 하지 않고, 각각 이슬람 성원, 이슬람 경전이라고 한 이유는 불교 및 기독교적 표현과 유사할 수 있으므로 이슬람에서는 이러한 용어가 더 적합할 것으로 생각된다.

끝으로 소중한 시간을 할애하여 이슬람 연표를 작성하고, 수정에 정성을 다해 준 한국외국어대학교 아랍어과 문지영, 이란어과 석정윤 두 연구조교와 서울대 대학원 언어학과의 곽세라 조교, 그리고 을유문화사 편집부 여러분께 감사의 마음을 전한다.

찾아보기

ㄱ

가잘리, 아부 하미드 무함마드 알 112~114, 219
가주ghazu 32
가지ghazi 134
간노우치, 라쉬드 알 215, 219
구루 나나크 152
「국가에 대한 권고」 219
굴라트 70, 231
금호르드 123, 133, 246

ㄴ

나디르 칸 150, 219
나세르, 자말 압드 알 187, 198~200, 219
나시르, 칼리프 알 121, 246, 219
나이니, 셰이크 무함마드 후세인 177, 219
니자물물크 109, 110, 112, 219, 245

ㄹ

라마단 13, 14, 17, 88
라프산자니, 하세미 256
레자 팔레비, 샤 221, 255
루미, 잘랄 알 딘 126~129, 220
루쉬디, 살만 204, 206, 256, 257
리다, 라쉬드 182
리다 전쟁 41, 42

ㅁ

마문, 칼리프 알 82, 83, 95, 220, 225, 229, 241
마스지드 260
『마쓰나비』 127
마왈리 46, 70, 73, 232
마우두디, 아불 알라 191, 197, 198, 220, 256
마즐리시, 무함마드 바키르 147, 148, 220, 249
마흐디, 칼리프 알 72, 81, 91, 93, 135, 220, 241, 256
마흐무드 2세 178, 220, 244, 250
만수르, 후세인 알 242
만지케르트 전투 120

말리크 이븐 아나스 79, 81, 221, 241
말리키학파 79
말쿰 칸 177
맘룩 122, 130, 132, 222, 223, 247, 248
메흐메드 2세 157, 221, 247
무라드 1세 221, 247
무사 알 카짐 91, 228
무스타파 케말 177, 221
무슬림 형제당 183, 184, 187, 190, 198, 214, 215, 229, 230, 254
무아위야 48, 51~53, 57, 59~61, 63, 65, 78, 221, 224, 238, 239
무자마 185, 255, 256
무즈타히드 149, 177, 232
무타심, 칼리프 알 83, 229, 241
무타와킬, 칼리프 알 89, 221, 225
『무타와타』 79
무함마드 레자 팔레비, 샤 221, 255
무함마드 알 바키르 75, 221
무함마드 알리 179, 187, 191, 221, 250, 251
무함마드 이븐 압달라 13, 222
민족해방전선 210~213, 254, 255

ㅂ
바드르 전투 33, 43, 237
바위의 돔Dome of the Rock 61, 226, 239
반나, 하산 알 183~184, 230
백호르드 123
벡타시야 종단 135
벨라야티 파키 이론 203~204
부토, 줄파키르 알리 191, 222
부하리, 알 80, 222
비교비전주의운동 87, 93

비스타미, 아부 야지드 알 98, 222

ㅅ
사누시, 무함마드 이븐 알리 알 163, 222
사누시야운동 163, 222
사다트, 안와르 199
살라트 23, 163, 232
살라흐 앗 딘 118, 223
샤 발리 울라 156, 223, 250
샤 자한 153, 223, 249
샤리아 78, 81~83, 85~86, 88~89, 95, 111, 113~114, 121, 124, 128, 130, 142, 153, 155~156, 159, 161, 177, 182~183, 187, 191, 214, 217, 229, 232, 234~235
샤피이 79~81, 86, 117, 223, 234
샤피이, 무함마드 이드리스 알 79, 223
셀림 1세 144, 223, 248
셀림 3세 223, 250
소루쉬, 압돌카림 214~215, 223
수피 96~99, 111, 113~114, 116~117, 121, 126~128, 133~134, 137, 143, 147, 152~153, 156, 163, 187, 220, 222~224, 226, 231, 232~233, 235, 242, 246~250
수피 타리카 116, 127
수피즘 96~97, 99, 109, 111, 114, 116, 130, 135, 142, 147, 152~153, 183, 219, 227, 232
수흐라와르디, 야흐야 116~117, 148, 223, 246
순나 79~80, 85, 111, 129~130, 162, 215, 232
순니교의 91

순례hajj 21, 23, 26, 37~38, 99, 187, 197, 229, 233, 235
술레이만 알 카누니 158~159, 161, 164, 223, 248
시아교의 75, 88, 91, 130
「시온 장로들의 의정서」 36
신비주의irfan 9, 68, 75, 96, 100, 114, 116~117, 124, 147~149, 162~163, 183, 222~223, 227, 232~233, 260
신인동형동성론神人同型同性論 84, 95
『신학의 부흥』 113
12이맘파 143~144, 146~147, 228

ㅇ
아가 무함마드 150, 223, 250
아미르 105, 110~112, 118, 120, 124, 133~135, 233
아베로에스 108, 227, 246
아부 바크르 14, 26, 40, 42, 70, 144, 224, 231, 238
아부 수피안 24, 33, 48, 49, 67, 224
아부 알 압바스 알 사파 72
아부 알 하캄 24, 224
아부 자파르 알 만수르 72
아부 자흘 24, 25, 224
아부 하니파 67, 77, 80, 224, 240
아샤리, 아부 알 하산 알 84, 230, 242
아야톨라 무다리스 188
아우랑제브 155, 191, 224, 249
아윱 칸, 무함마드 191, 229
아이샤 28, 38, 50, 224, 238
아크바르 151~153, 224, 226, 248
아타튀르크 177, 187, 221, 253
아흐마드 시르힌디 153, 224, 249
아흐마드 이븐 이드리스 163, 225, 251
아흐마드 이븐 한발 83, 225, 242
아흐마드 칸, 사이드 178, 251
아흘 알 키탑 20, 233
『악마의 시』 204, 206, 208, 256,
알라 14~17, 19, 23, 25, 31, 32, 38, 39, 51, 61, 73, 88, 94, 98, 117, 133, 232, 235, 234, 261
알라미, 압둘파즐 152, 226, 249
알람 알 미살 116, 117, 233
알리 이븐 아비 탈립 14, 40, 224, 225, 228, 230
압드 알 말리크 61, 62, 64, 68, 226, 239
압드 알 와합, 무함마드 이븐 162, 226, 250
압드 알라 이븐 앗 주바이르 60
압바스 샤 1세 146, 226, 249
야르무크 전투 43
야신, 셰이크 아흐마드 185, 226
야지드 1세 59, 226, 239
야지드 2세 69, 240
『역사 입문』 132, 227
예니체리yeni-cheri 157, 178, 249
와실 이븐 아타 65, 226
와하비즘 162
우마르 1세 42, 43, 238
우마르 2세 68, 69, 226, 239
우술 196
우술리야 197
우술리학파 149, 150, 250
우스만 이븐 아판 14, 47, 227
우후드 전투 34, 237
울라마 79, 87, 88, 90, 93, 95, 98~112, 114, 124, 128~130, 133, 134, 146,

177, 179, 187, 188, 190, 199, 203, 204, 225, 226, 233
움마 17, 19, 23, 26~29, 33~35, 37~44, 48, 50~52, 54, 59~63, 65, 67, 70, 75, 76, 80, 86, 89, 90, 93, 97, 100, 101, 105, 109, 111, 114, 135, 153, 156, 159, 162, 180~182, 188, 189, 199, 229, 233, 234
이맘 7, 40, 75~77, 83, 86~91, 96, 105, 112~114, 135, 143, 144, 146, 147, 149, 150, 178, 188, 202, 203, 211, 220, 221, 224~230, 233, 240~242, 244, 248
이븐 루쉬드, 아부 알 왈리드 아흐마드 108, 227, 246
이븐 시나, 아부 알리 106, 108, 227, 244
이븐 알 아라비, 무이드 앗 딘 117, 127, 227, 247
이븐 이샤크, 무함마드 67, 227
이븐 타이미야 130, 162, 227, 247
이븐 하잠 108, 227
이븐 하즈, 알리 211
이븐 할둔, 압드 알라흐만 131, 132, 227, 247
이스마일 30, 31, 38, 46, 91, 228, 229
이스마일 파샤 179, 228, 251, 252
이슬라미 자마아티 191
이슬람 구국전선 210~213, 256
이즈마 80, 180, 232, 234
이즈티하드 77, 80, 124, 130, 232, 234
이즈티하드의 문 124, 128, 129, 149, 180
이크발, 무함마드 182, 183, 228, 253

일한국 123, 247

ㅈ

자말 앗 딘 알 아프가니 180, 228, 252
자이드 이븐 알리 76, 228
자파르 알 사디크 76, 89, 91, 229
자파리학파 88
자힐리야 197, 198, 234
제1차 내전 49, 54, 57, 221, 224, 227, 238
제로알, 리아민 212
조력자ansar 32, 49, 233
지아 울 하크, 무함마드 192, 222, 255
지하드 17, 37, 53, 112, 144, 157, 184, 186, 197, 199, 234
진나, 무함마드 알리 191

ㅊ

차가타이한국 132
찰디란 전투 144, 248
첼레비, 아부 알 순드 홀라 229
7이맘파 91
칭기즈칸 123, 122, 246

ㅋ

카다리야 64, 65
카피툴레이션 164
칼리프 38, 39, 40, 42, 47~49, 51~54, 57~61, 63, 64, 67, 69, 70, 72~76, 78, 79, 81~83, 86, 89~91, 95, 100, 101, 105, 106, 108~111, 117, 121, 122, 130, 136, 142, 144, 189, 202, 219~227, 230~232, 234, 235
코란 9, 10, 15~17, 19~21, 23, 24,

26~32, 36, 39, 41, 44, 46, 47, 49~52, 58, 59, 61~67, 69, 70, 75~80, 84, 85, 89~93, 95, 97, 98, 100, 101, 108, 113, 116, 117, 129~131, 142, 152, 159, 162, 178, 180, 181, 183, 184, 187, 190, 198, 199, 203~205, 216, 217, 221, 222, 224, 227, 229, 231~235, 237, 239, 241, 261
쿠빌라이칸 123
쿠틉, 사이드 198, 255
키르마니, 아가 칸 177
키야스 80, 232, 234
킨디, 야쿱 이븐 이샤크 알 95

ㅌ

타바리, 아부 자파르 109, 229, 242
타우히드 27, 61, 94, 95, 186, 215, 232
타윌 92
타지예 147, 148
타키야 87
타흐타위, 리파 알 178, 229
탄지마트 178, 250
탈레반 192, 199~201, 257
티무르 대왕 132, 133, 136

ㅍ

파라비, 아부 나스르 알 96, 106, 229
파일라수프 93, 95, 99, 152, 229, 242
파트와 149, 204, 235

팔사파 93, 106, 108, 113, 116, 130, 142, 147, 152, 161, 162, 178, 220, 227
푸아티에 전투 68, 240
푸투와 116, 121, 235, 246
피르 114, 235
피크 66, 78, 79, 80, 126, 130, 224, 232, 235

ㅎ

하갈 30, 31, 38, 228, 229
하나피학파 67, 240
하디스 66, 67, 77, 78, 80, 82~85, 108, 113, 221, 222, 225, 227, 230, 232, 234, 235, 240, 241, 242
하디자 14, 25, 28, 230
하룬 알 라쉬드 73, 74, 77, 81, 82, 241
하렘 75
하산 알 바스리 117, 230, 240
하와리즈 52, 53, 59~63, 65, 82, 225, 234, 238~241
하즈 21, 23, 233
한발리학파 86
호메이니, 아야톨라 루홀라 149, 202~205, 215, 230, 255~257
화레즘 투르크 122
후세인 이븐 알리 230
히즈라 21, 26, 27, 30, 199, 230, 235, 237